表現が広がる これからの韓国語

会話＋文法

権在淑 著

三修社

本書は『表現が広がるこれからの朝鮮語』を改題し、新にCDを附加したものです。
日本では学術的には「朝鮮語」を用いるのが主流ですので、本書中では「朝鮮語」を用いています。

はじめに

　本書は会話文を軸にして学ぶ、初心者のための朝鮮語の入門書である。文字と発音の学習より始まって、基礎的な文法を押えながら会話を通して学んでゆく仕組みになっている。初心者の独習に耐えられるよう、さまざまな点に気を配った。本書は次のような特徴をもっている。

■学習事項を一つずつ積み重ねて体系的に学べる

　いきなり難しい文法的な要素が一つの課の中にいくつも出てくるのではなく、基本的で簡単なものから少しずつ体系に沿って積み重ねていけるよう配慮した。丁寧に読み進めていけば一つ一つの学習事項がそれぞれの課の中で解決がつくようになっている。ポイントとなる部分は線で囲んだり色で示すなどひと目でわかるようにした。

■実用性の高い対話形式の例文で学べる

　覚えたものがそのまま実際の会話に役に立つよう、自然でかつ有用性・実用性の高い例文を書き下ろした。ほとんどの例文が対話形式をとっているのも本書の大きな特色である。

■朝鮮語と日本語を対照させて学べる

　見開きの左側のページに朝鮮語、右側のページに日本語と、いつでもたやすく対照して見ることができるようにした。

■日本語との表現・用法の違いにこだわり、くわしく説明した

　それぞれの文法事項や単語・語法を説明する際に、朝鮮語の内部における各用法の違いはもちろんのこと、常に日本語との違いにもこだわり、どのような点で表現の仕方が異なるのかを端的に示すよう努めた。

■ **辞書が無くても、あるいは辞書が引けなくても学べる**

　初出の単語にはその意味と発音を示した。学習者の方々は与えられた表現と単語をひたすら覚えて自分のものとするために努力するだけでよい。学習の便をはかって巻末には本書で出てきたすべての単語や文法形式の詳細な索引を付し、またそれらの他に意味別の単語リストを付した。

■ **繰り返し覚えられるよう一度出てきた単語でも何度も用いた**

　言語の学習、特に外国語の学習にとって「繰り返すこと」はとても大切である。課ごとに次々と新しい単語を出すのではなく、単語によっては一度出てきたものでも自然に身につくよう、意図的に何度も用いている。

　さて、本書のよって立つところは東京外国語大学教授・菅野裕臣先生の文法論である。先生は夫の恩師でもあり、私にとっても、1987年以来東京外国語大学などで朝鮮語を教える機会を与えてくださったほか、朝鮮語学についてもお教えいただいた恩人でもある。菅野裕臣先生にこの場を借りてお礼を申し上げたい。

　またこの本を書くにあたっては、数年に渡っていくつかの大学で教材に用いた、野間秀樹著『朝鮮語への道』（有明学術出版社）をとりわけ参考にした。

　本書のもとになった本は、元来ナツメ社より出版されていたのであるが、同社の快諾を得て内容を大幅に増補・改訂し、装いを新たに三修社より出版させていただくこととなった。新たによみがえった本書に関わってくださった皆さんに心より感謝を捧げるものである。

　本書の不十分な点については、どうぞお知らせいただきたい。率直なご批判を心からお願いする次第である。

本書の学び方

■文法を頭で理解するに留まらず、あくまでも会話として自由に駆使することを目指すとなると、どうしても生きた音声が欲しい。そのために付録としてDiscをつけた。十分に活用して欲しい。朝鮮語の雰囲気に慣れるのにもよいし、発音もより正確に習得できるだろう。

■まずは「朝鮮語とはこんなことば」のページで、朝鮮語についていくつかの側面から日本語と対照しつつ述べてあるが、ここは具体的な勉強に入る前にできれば一読されたい。そしておぼろげでもいいから朝鮮語というものについて大まかな全体像をつかんでほしい。

■次に文字と発音をできるだけ早く、正確に覚えることである。外国語の勉強において文字と発音を正しく覚えることは避けては通れないものである。場合によってはカタカナ表記にたよるだけでも、ある程度学習は可能かもしれない。しかし、そうした曖昧なやり方では結局征服感にとぼしいばかりでなく、習得したものに基づいた自由な応用となるとすぐに限界が生じることにもなり、いろいろな意味で能率が悪い。どうせ避けて通れないとなれば、なるべく早く覚えてしまった方が得なのである。

　ただ文字と発音の両方をできれば全部完璧に覚えてしまうに越したことはないが、完全に覚えられるまでは次に進めないと考えるならばそれはまた愚かである。そもそも最初の段階から完璧に覚えることはなかなか難しいからである。従って文字と発音についてある程度の見当がついたら具体的な文に進むことである。そして具体的な文を学んでいく中で、文字と発音をより確実なものにしていければそれでよいのだ。そして文字は必ず手で書きながら、発音はそれぞれのこつをおさえ、規則をしっかり守りながら実際に何度も口に出して練習することをぜひともお勧め

する。

■最初は挨拶から始まっているが、これらの挨拶は丸ごと覚えてしまうこと。場面に応じた適切な挨拶というものが自由自在に駆使できるよう、習熟したいものである。人と人との出会いにおいて挨拶はまず何よりも大事だからである。挨拶にまつわる文法的な事柄は勉強が進んでいくうちにおいおい解ってくるだろう。

■挨拶のあとからは本書の順序に沿って丁寧に進めていけばよい。全体は日常最も頻度が高いと思われる表現から順を追って構成されている。課が進むにつれて新しい文法事項を一つずつ積み重ねていく形になっているので、一つ一つの要素をその都度自分のものとして、着実にとり入れていけばいい。途中でつまずいたらつまずいたところまで前に何度でも戻ればいいのだ。

■例文に発音記号と発音のカタカナ表記を付した。
　例文に発音記号やカタカナ表記を付すことで、読みの正確さを期すように配慮してある。特に実際の文の中で音の変化を起こす場合や、間違いやすい発音には解説の部分で注意を喚起した。なお最後の便覧編にも「**発音の変化について**」のページで、音の変化についてまとめておいたので参照してほしい。

■ある程度の学習が進んだところで朝鮮語の勉強において一番難しいとされる**用言の活用**の勉強に入る。ここで何よりも大事なことは用言の活用の仕組みを理解することである。それさえ理解すれば一見難しくつかみどころがないように見える用言でも、その姿を体系的に把握することができる。そしてその根幹の仕組みが理解でき、さらにいくつかの変格用言の特徴をも把握できれば後はしめたものである。初めて出会う用言でも自分の望む形を必要に応じて作り出すことができるばかりでなく、

用言が実際に使われる形から辞書に載る基本形を知ることさえ可能になる。そのためにも「用言の活用について」のところを何度も熟読することをお勧めする。なお変格活用の用言はそのつど基本形と変格活用の型を明示しておいた。

■例文の中で用いられた単語には初出の時点で発音と意味を示した。単語の意味が知りたいときなど、前に戻って参照するのももちろん構わないが、巻末の「語彙索引」も利用できる。「語彙索引」は辞書に載る順序で並んでいるので検索のためには辞書に載る字母の順番を知る必要がある。できることならゆくゆくの勉強のためにもこの字母の順序も覚えてしまいたい。またこの「語彙索引」と「意味別単語リスト」を、最初に覚えるべき基本語彙の小辞典として縦横に活用してほしい。

　皆さんのご健闘を心よりお祈りする。

■本書の略号・記号
- ➡p.　　参照ページを示す
- ⬅　　　単語の原形（辞書に載る形）などの説明に用いる
- ★　　　朝鮮民主主義人民共和国での表記や発音
- ⌒　　　大韓民国では間をあけて書くが朝鮮民主主義人民共和国ではつけて書く部分を示す。実際にはこの⌒は書かれない
　　　　　例：한⌒개 とあれば北朝鮮では한개、韓国では한 개と書く
- [ ]　　発音記号と発音を示すカナはこのかっこでくくる
- 〈 〉　漢字語（➡p.16）の漢字表記を正字で示し、このかっこでくくる
　　　　　例：한국〈韓國〉

動は動詞、他は他動詞、自は自動詞、形は形容詞、存は存在詞、指は指定詞、名は名詞、不は不完全名詞、名数は名数詞、数は数詞、代は代名詞、接は接続詞、冠は冠形詞、副は副詞、間は間投詞、をそれぞれ示す

CONTENTS

はじめに 1
本書の学び方 3
朝鮮語とはこんなことば 12
 1）朝鮮語の使用地域
 2）朝鮮語の名称
 3）朝鮮語の文法
 4）朝鮮語の発音
 5）朝鮮語の文字
 6）朝鮮語の語彙
 7）朝鮮語の表記
ハングル字母と発音 18
 1.母音
 2.子音

STEP 1　あいさつと最重要表現編 —— 29

こんにちは　出会いのあいさつ 30
さようなら　別れのあいさつ 32
ありがとうございます　感謝とお詫び 34
初めまして　初対面のあいさつ 36
どうぞお召し上がりください　食卓でのあいさつ 38
いいですか？　いくつかの決まり文句 40
学生ですか？　〈～です〉〈～ですか？〉その1 42
学生でいらっしゃいますか？
 〈～でいらっしゃいます〉〈～でいらっしゃいますか？〉　その1 44
会社員ですか？　〈～です〉〈～ですか？〉その2 46
ここは初めてでいらっしゃいますか？
 〈～でいらっしゃいます〉〈～でいらっしゃいますか？〉　その2　〈～は〉 48

本は・本を・本も・本だけ… 〈てにをは〉その1 ……………………………… 50
学校を・学校に・学校で… 〈てにをは〉その2 ……………………………… 52
部屋がありますか？
　〈あります・います〉〈ありません・いません〉その1 …………………… 54
時間がありますか？
　〈あります・います〉〈ありません・いません〉その2 …………………… 56
約束がおありですか？
　「ある・ない」の尊敬表現〈おあります・おありですか？〉……………… 58
李先生はいらっしゃいますか？
　「いる」の尊敬表現〈いらっしゃいます・いらっしゃいますか？〉……… 60
これ・それ・あれ・どれ　〈こそあどことば〉その1 ……………………… 62
これ・それ・あれ・どれ
　〈こそあどことば〉その2 ―話しことばで用いられる形 ………………… 64
ここ・そこ・あそこ・どこ　場所を表す〈こそあどことば〉……………… 66
これは何ですか？　疑問詞〈何・いつ・誰〉など ………………………… 68
いいえ、日本人ではありません
　否定の指定詞〈〜ではありません〉………………………………………… 70
私たちは夫婦ではなくてただの友達です
　〈〜ではなくて〜〉　指定詞と存在詞の〈〜ですが〜〉………………… 72
今日は何曜日ですか？　曜日名 ……………………………………………… 74
コラム　子音字母の名称 ……………………………………………………… 76

STEP 2　重要用言編　　　　　　　　　　　　　　77

用言の活用について ………………………………………………………… 78
　1　四つの品詞と基本形
　2　語幹と語尾
　3　語基
　4　三つの語基の作り方
　5　語幹末がㅏ[a]・ㅓ[ɔ]・ㅕ[jɔ]の母音語幹の用言
　6　語幹末が母音ㅣ[i]の母音語幹の用言

7　話しことばでの第Ⅲ語基の母音の縮約
　8　하다[hada]用言の場合

どれが一番いいですか？　子音語幹の用言　その1　합니다体 ……………… 84
お泊まりになります　子音語幹の用言　その2　합니다体の尊敬形 ……… 86
お読みになりますか？　子音語幹の用言　その3　해요体 ……………… 88
お会いになりますか？　母音語幹の用言　その1　합니다体 ……………… 90
来年の春に来ます　母音語幹の用言　その2　해요体 …………………… 92
医者になられますか？　母音語幹の用言　その3 ………………………… 94
明日は会社へ行きません　用言の否定形〈～しない〉 …………………… 96
あさっても学校に来られません　用言の不可能形〈～できない〉 ……… 98
ご存じですか？　ㄹ(リウル)語幹の用言　その1　해요体 ……………… 100
駅はここから遠いですか？
　　ㄹ(リウル)語幹の用言　その2　합니다体 ……………………………… 102
勉強なさいますか？　하다(ハダ)用言(～하다の形の用言) ………… 104
さっきから頭が痛いのです　으(ウ)語幹の用言 ………………………… 106
その人はよく知りません　르(ル)変格活用の用言　その1　陽母音 ……… 108
おなかがいっぱいです　르(ル)変格活用の用言　その2　陰母音 ……… 110
朝鮮語は難しいですか？　ㅂ(ピウプ)変格活用の用言 ………………… 112
そうですか？　ㅎ(ヒウッ)変格活用の用言 ……………………………… 114
音楽はステレオで聞きます　ㄷ(ティグッ)変格活用の用言 …………… 116
コラム　ことわざを少しだけ　1 …………………………………………… 118

STEP 3　表現意図編　119

これは朝鮮語で何といいますか？　ことばについて尋ねる …………… 120
ピビンパはお好きですか？　好き嫌いを尋ねる ………………………… 122
ええ？　パンソリって何ですか？　聞き返す　Xって何ですか？ ……… 124
お名前は何とおっしゃいますか？　名前や住所などを尋ねる ………… 126
おわかりですか？　理解を確認する ……………………………………… 128
朝鮮語もお上手だし、英語もお上手です
　　二つの事柄を並べて述べる ……………………………………………… 130

私の発音はどうですか？　評価・判断を求める	132
いくらですか？　漢字語の数詞〈一二三…〉	134
ひとつ・ふたつ・みっつ　固有語の数詞	136
今何時ですか？　時刻	138
何月何日ですか？　年月日	140
何時間ぐらいかかりますか？　時間	142
いくらぐらいかかりますか？　お金	144
ちょっとお待ちください 　ていねいに命令する〈お～ください〉〈～してください〉	146
ぜひ一度日本に来てください　依頼する〈～してください〉	148
なかなか面白いでしょう？　同意を求める〈～でしょう？〉	150
忘れないでください　ていねいに禁止する〈～しないでください〉	152
よくわからないのですが　婉曲に述べる　その１〈～するのですが〉	154
ちょっと高すぎるのですが　婉曲に述べる　その２〈～なのですが〉	156
日本語がお上手ですね　発見的な驚きを述べる〈～ですね！〉	158
では東京にお住まいなんですね 　確認的な驚きを述べる　その１〈～するのですね〉	160
お忙しいんですねえ 　確認的な驚きを述べる　その２〈～なのですね！〉	162
雪が降れば行けません　仮定を述べる〈～すれば〉	164
こんなふうにすればいいですか？　〈～すればよい〉	166
ピョンヤンに行きたいです　願望を述べる〈～したい〉	168
朝鮮語を学んでいます　継続進行形〈～している〉	170
フィルムが入っています　状態持続形〈～している〉	172
帽子をかぶっています　例外的な〈～している〉	174
電話してもいいですか？　許可を求める〈～してもいい〉	176
昼食はさっき食べました　過去形〈～した〉その１	178
何が一番難しかったですか？　過去形〈～した〉その２	180
まだ昼食は食べていません　日本語と異なる過去形の使い方	182
よい映画　形容詞の連体形〈～な～〉　指定詞の連体形〈～である～〉	184

私が知っている人　動詞の現在連体形〈〜する〜〉 ……………… 186
昨日買った本　動詞の過去連体形〈〜した〜〉 ………………… 188
ソウルに行ったことがありますか？
経験を述べる〈〜したことがある〉 ……………………………… 190
明日韓国に行かれる方　用言の未来連体形〈〜する〜〉〈〜すべき〜〉 …… 192
あのホテルに泊まるつもりです
意図・予定を述べる〈〜するつもりだ〉 ………………………… 194
日本でも買えますか　可能を述べる〈〜することができる〉 …… 196
たぶんとても高いと思いますよ
推量を述べる〈〜だろう〉　意志を述べる〈〜する〉 ………… 198
コーヒーでも飲みましょうか
聞き手を誘う、判断を仰ぐ〈〜しましょうか〉〈〜でしょうか〉 ……… 200
いつまでにしなければなりませんか
当為を述べる〈〜しなければならない〉 ………………………… 202
時間がなくてできませんでした
原因・理由を述べる〈〜なので〉〈〜だから〉 ………………… 204
コラム　ことわざを少しだけ 2 ……………………………………… 206

便覧編　207

発音の変化について ……………………………………………………… 207
　　1　終声の初声化
　　2　濃音化
　　3　鼻音化
　　4　流音化＝[n]のㄹ[l]化
　　5　ㅎ[h]による激音化
　　6　ㅎ[h]の弱化と発音しない字母
　　7　終声の脱落や同化
　　8　[n]の出現（リエーゾン）
　　9　2文字の終声とその発音
　　10　長母音の短母音化

■ 索引 ──────────────────────────── **226**
　　ことがら索引
　　語尾などの索引
　　単語索引
　　意味別単語リスト

■ 初声の子音字母と10個の基本母音字母との組み合わせ（反切表） ── **252**

■ 終声字母とその発音／母音字母とその発音 ──────── **254**

朝鮮語とはこんなことば

　具体的な勉強に入る前にまず予備知識として朝鮮語というものがどんなことばなのか、日本語と対照しつつ簡単にながめてみよう。

1）朝鮮語の使用地域

　朝鮮語の使用地域は朝鮮半島が中心である。南の大韓民国（以下「韓国」とする）の人口約4000万と北の朝鮮民主主義人民共和国（以下「北朝鮮」とする）の人口約2000万の、合わせて6000万の人々は南北を問わずそのほとんどが朝鮮語を母語としている。さらに日本にいる約70万の在日韓国・朝鮮人の間で、また主に吉林省を中心に180万ほどいるといわれている中華人民共和国の朝鮮族の人々の間で、そして100万以上といわれる移民による在米韓国人たちや、戦前の日本の植民地政策の一環である強制連行などによって旧ソ連のサハリンへの移住を余儀なくさせられた人々、さらに旧ソ連領の中央アジアの朝鮮族の間においても朝鮮語が使われている。

　このように話し手の数で見ると、数千あるといわれる世界の言語の中でも第15位内外の位置を占め、フランス語やイタリア語にも匹敵するような、かなりの大言語なのである。

2）朝鮮語の名称

　次にこの言語の名称だが、韓国における名称はいずれも「韓国語」という意味の「ハングゴ」あるいは「ハングンマル」である。北朝鮮では「朝鮮語」という意味の「チョソノ」あるいは「チョソンマル」という。また、南北を問わずそれぞれ自分達の間では「ウリマル」（我々のことばの意）あるいは「クゴ」（国語の意）を用いることもある。

　日本における名称は「朝鮮語」「韓国語」「コリア語」「ハングル語」といろいろあるが、学界では一般に「朝鮮語」と呼ばれている。「コリア語」という名称は韓国・北朝鮮では使われていないので母語話者たちにとってはあまりなじみがない。「ハングル語」という名称に至っては明らかな

間違いである。というのは後ほど述べるように「ハングル」というのは「かたかな」とか「ひらがな」などのような文字の名前であって言語の名ではないからである。

3）朝鮮語の文法

　朝鮮語の文法は日本語と類似しているところが多い。したがって日本人と韓国人にとってお互いの言語は、もっともとっつきやすく習いやすい外国語であるといえよう。

　まず**語順だが、これは日本語にきわめてよく似ている**。したがって基本的には日本語で頭に浮かんだ順で朝鮮語に置きかえていけばよい。「私は（ナヌン）ご飯を（パブル）食べた（モゴッタ）」とか「青い（プルン）海（パダ）渡って（コンノソ）春が（ポミ）来ます（ワヨ）」などのように。しかし、語順はどんな場合でも日本語とまったく同じように対応するというわけではない。たとえば「もうすこし」を「チョムド」（すこしもっと）と表現するとか、「行きません」のような否定を「否定の副詞＋行きます」という順で言うなど、若干異なる点もある。

　また日本語と同じく「**てにをは**」がある。この「てにをは」にあたるものを本書では〈語尾〉とよんでいる。このうち〈体言語尾〉は「私が」「私を」「私に」などと、名詞など体言の後ろにくっついて体言類の変化を受け持つものである。また〈用言語尾〉といって日本語の「～です・ます」「～（すれ）ば」「～（する）から」など、動詞など用言の後ろについて用言類の変化に携わるものもある。そして日本語の「～させ～」「～られ～」のように用言の語幹と語尾の間に入る要素もある。朝鮮語でもこれらのさまざまな要素が「私＋に＋も」「私＋に＋だけ＋は」とか「食べ＋させ＋ます」「食べ＋させ＋られ＋ない＋でしょう」などのように、それぞれの順番や秩序にしたがって後ろにくっつくことで語形がさまざまに変化していく。**単語のこうした変化の仕方も日本語・朝鮮語は原理的には同じ**なのである。そして日本語や朝鮮語のように単語の元の語形を残したまま、後ろにさまざまな文法的要素を次々とくっつけていくような変化のしかたをする言語を〈膠着語（こうちゃくご）〉と呼んでいる。

この膠着語的な性格が英語などとはたいそう違った印象を与えることだろう。

朝鮮語には英語のI am、You are、He isのような人称による動詞の変化はなく、ドイツ語やロシア語などに見られる男性・中性・女性といった単語の文法上の性の区別もなく、またbook、booksのような単数・複数の数の表示もしない。この点も日本語と同様なので安心できる。

また日本語と同じように**敬語**の体系がある。敬語の使い方・用法はかなり複雑で、日本語と異なる点も目立つ。とくに会話では気をつけなければならない。日本語の場合、一般に目上の人には尊敬語を使うが、目上の家族や会社の上司など自分の身内のことを外部の人に言うときには尊敬語を用いないのに対し、朝鮮語はそういう場合でも尊敬語を用いて「私どものお母さまがそうおっしゃいました」などと言う。こうした点が日本語ともっとも異なる点である。朝鮮語のような敬語を〈絶対敬語〉、日本語のような敬語を〈相対敬語〉と呼ぶことがある。

なお「てにをは」も「～を」は「-ルル」と「-ウル」、「～は」は「-ヌン」と「-ウン」という2通りの形があって使い分けねばならないことや、「～に会う」「～に乗る」を朝鮮語では「～を会う」「～を乗る」と言うなどの違いを始め、「ある」ということを強く主張するのに「どうしてないでしょうか」と言うなどの反語法がよく使われるなど、発想法や言語習慣に至るまで、細かく見ていくと語順が似ていても安心できない点も多い。したがってどこが日本語と異なっているかをひとつひとつ確認しながら正確に身につけていくことが大切である。

4) 朝鮮語の発音

発音についてはすぐあとでくわしく学ぶが、これは日本語とかなり異なっている。おそらく日本語の話し手にとっては一番難しく感じられるところであろう。そもそも**子音と母音が日本語に比べてはるかにバラエティーにとんでいて、日本語にない発音が多い**。ただ、日本語の「雨」と「飴」のように音の高低の位置で単語の意味を区別したり、英語のようにアクセントつまり音の強弱の位置で単語の意味を区別したりするこ

とがない点は朗報に違いない。したがってひとつひとつの音さえ正しく発音できていれば一応は通じるわけである。また例えば日本語のおばさん［obasaN　オバサン］とおばあさん［obaːsaN　オバーサン］は第2音節目の［a　ア］という母音を長く発音するか短く発音するかだけの違いで、まったく意味の異なった単語になるが、外国人によっては日本語のこの母音の長短を発音し分けるのが意外に難しい。だが朝鮮語には母音の長短で意味を区別するような単語が数えるほどしかなく、現在のソウルの若い人たちの間では長母音・短母音自体があまり意識されなくなってきているので、母音の長短にはあまりこだわらなくてもよい。ともあれ、発音やイントネーションはDiscを利用してできるだけまねるようにしてほしい。

5）朝鮮語の文字

　朝鮮語の文字は韓国では普通〈ハングル〉と呼ばれている。これは「大いなる文字」の意であるとされている。しかし、この呼称は北朝鮮では一般的ではなく、北朝鮮では普通〈ウリグル〉（私たちの文字）と呼ばれている。

　さてハングルは、文字通り独創的で人工的な発明品としての文字である。朝鮮王朝、いわゆる李氏朝鮮の4代目の王・世宗（セジョン）とその学者たちによって1443年に完成され、1446年に「訓民正音」（くんみんせいおん）という名で公布された。そして文字と同じ名前を持つ「訓民正音」という本が現在まで伝わることによって、今でも我々はひとつひとつの文字の成り立ちを文献の上できちんと知ることができる。このことは世界の文字の中でも大変めずらしいことだろう。子音は発音器官の形をかたどって、母音は天（・）・地（ー）・人（｜）をかたどって作られ、制字原理には、李朝時代の支配思想であった朱子学的な世界観が反映されている。当時の中国音韻学の理論に学んだところも多かったようだが、文字の形は漢字やローマ字などとはまったく異なった独創的なものである。

　ハングルは表音文字でかつ音節文字であるという点では日本語の仮名と同じである。しかし、ひとつひとつの音節がまた子音字と母音字という字母に分けられるという点が日本語と異なる。そして子音字・母音字

はアルファベットのようにそれぞれ1字母が1音を表している。

例えば字母 ㄱ は子音 k を表す
字母 ㅏ は母音 a を表す
⬇
これを組み合わせて
文字 가 は　ka という音を表す

このように二つ以上の字母が集まってハングルの1文字を構成する。そしてこのハングルの1文字は常に1音節である。要するに**ハングルは仮名のような音節文字的な性格と、アルファベットのような1字1音的な性格を両方兼ね備えている**のである。このあたりのことについては次の「ハングル字母と発音」でくわしく学ぶことにしよう。

6）朝鮮語の語彙

朝鮮語の語彙は大きく固有語・漢字語・外来語の三つに分類することができる。**〈固有語〉**は朝鮮語起源と考えられている固有の語彙で日本語で言えば「やまと言葉」に相当する。固有語は「나라」(「国」の意、[ナラ]と読む)のように、もともと漢字では書かず、必ずハングルで表記する。**〈漢字語〉**は日本語の「漢語」に相当し、漢字とハングルの両方の表記が可能である。例えば「韓国」という意味の単語は「한국」とハングルでも書けるし、「韓國」のように漢字でも書ける。なお読み方はいずれも[ハングㇰ]。なお本書では漢字語は〈　〉に入れて漢字での表記を示しておいた。またハングルで書いても漢字で書いても文字数は変わらないことも覚えておいてほしい。**〈外来語〉**は「햄」[ヘㇺ]（ハム）や「컴퓨터」[コㇺピュト]（コンピューター）、「커피」[コーピ]（コーヒー）など、日本語の「外来語」に相当するものであり、これもハングルのみで表記する。

新聞や学術書などでは固有語と外来語に比べて漢字語の使用頻度が高く、小説では固有語の頻度が高い。

さて、朝鮮語の語彙の中で大きな比重を占める漢字語の読み方であるが、日本語と違って漢字は訓読みはいっさいしない。**漢字は常に音読み**

でしか読まないのである。その音読みも金［キㇺ］（キム、人の姓）と金［クㇺ］（金属の「金」）のように2通りの読み方があるものもまれにあるが、**基本的に一つの漢字につき読み方は1通り**である。したがってある一つの漢字の読み方を覚えておけば他の場合にも容易に応用がきく。この点は日本語と違って学習には非常に便利である。しかも「新聞」は朝鮮語でも［シンムン］と発音するなど、日本語で音読みする漢語は、発音が似ていると感じられるものも多く、楽しく学習できるであろう。

7）朝鮮語の表記

　漢字語は漢字とハングルの両方による表記が可能なので、文章中の漢字語だけを漢字で書き、それ以外をハングルで書く、漢字交じりの表記をすることもあるし、文章のすべてをハングルだけで表記することもある。日本語と違って同じ文章を表記するのなら、漢字交じり文で表記しても、ハングルだけで表記しても、文の長さ、つまり文字の数は変わらない。日本語は仮名だけで表記したら漢字交じり文よりずっと長くなるのが普通だろう。また、日本では子供の童話・教科書から大人向けの本、新聞に至るまであらゆる印刷物に漢字が多く使われているが、現在韓国では新聞や一部の学術書などを除いては漢字はあまり使われていない。公用の文書や小説などもほとんどがハングルだけで表記されている。次第に**漢字廃止＝ハングル専用の方向**に向かって来ているのが現状だ。北朝鮮では1955年以来漢字はまったく用いられていない。

　ハングルも日本語と同様、横書きと縦書きの両方が可能である。けれども横書きの方が主流で、韓国では新聞や一部の書籍を除いては教科書などほとんどの出版物が横書きである。北朝鮮では1955年以来すべての出版物は横書きで書かれている。若干の違いはあるが南北両方とも単語と単語の間は離して書く**〈分かち書き〉**が行われている。文末には普通ピリオド（．）を用いるが、疑問文の場合は日本語と違って「？」を必ず用いる。なお、韓国と北朝鮮とでは単語の表記自体が異なるものがわずかながらある。

　以上のようなことを簡単に心にとめおいて、いよいよ文字と発音を学ぶことにしよう。

ハングル字母と発音

基本的なハングル字母は母音字母が10個、子音字母が14個ある。これら24個の字母を組み合わせてひとつひとつの文字を作り出すのである。

1. 母音

現在ハングルで用いられている母音字母は基本的なもの10個と、それらを組み合わせてできた11個の母音字母、計21個である。それらを発音の面から見ると大きく3種類に分けることができる。①単母音、②半母音＋単母音の組み合わせ、③二重母音である。半母音とは日本語の「や」[ja]行の頭の音と同じ[j]、および「わ」[wa]行の頭の音と同じ[w]の音、つまり[j]と[w]の二つを言う。以下、くわしく見ていこう。

①単母音

日本語で言えば「あいうえお」にあたる単母音は朝鮮語では全部で8個ある。それぞれ右の表のような字母で表され、各説明の要領で発音される。右の表はそれらを「あいうえお」順にならって並べてみたものである。朝鮮語の場合、日本語の「う」・「え」・「お」に似た母音にそれぞれ2通りずつある。また日本語の母音はあまり口の形を大きく変えなくても発音できるのに対し、朝鮮語の母音は口を大きく開いたり唇をまるくすぼめて前に突き出したりと、日本語の母音より口の動きが大きい。

ただしソウルでは ㅔ と ㅐ を発音上は区別しなくなっている。いずれも日本語の「エ」のように発音しても実際上はかまわない。

これらはまだ文字を組み立てる要素、つまり〈字母〉であってこの形のままでは〈文字〉としては使われない。ハングルは普通これらの字母が「子音字母＋母音字母」という形で最低2個から最高4個まで組み合わさって始めて1文字となるのである。「ア」や「カ」など、ひと息で発

あ ㅏ [a ア]	日本語の「ア」とほとんど同じ。日本語より口をやや大きめに開いて発音すればよい。
い ㅣ [i イ]	これも日本語の「イ」とほとんど同じ。口を「イ」よりもっと横に引くような感じで発音すればよい。
う ㅜ [u ウ]	唇を円くすぼめて突き出して「ウ」と発音する。
ㅡ [ɯ ウ]	唇を横に引いて「ウ」を言うつもりで発音する。唇の形は「イ」のときとほとんど変わらない。
え ㅔ [e エ]	唇を少しだけ開いて「エ」（＝狭い「エ」）。発音は日本語の「エ」の場合とほとんど同じである。
ㅐ [ɛ エ]	唇を大きく開いて「エ」と発音する（＝広い「エ」）。
お ㅗ [o オ]	唇を円めてすこし突き出して「オ」。
ㅓ [ɔ オ]	口をすこし大きく開いて「オ」をいうつもりで発音する。

音される発音上の単位を〈音節〉と言うが、ハングルでは1文字は必ず1音節、1拍となる。子音を持たず母音だけからなる［a ア］のような音節は、子音がないことを示すㅇ［イウん］という字母を組み合わせることになっている。こうして「ㅇ＋母音字母」という形にして初めて1文字になるわけである。

このㅇはそれぞれの母音字母の左または上に書き加える。このㅇを組み合わせて文字にして示すと以下のようになる。

| 아 | 이 | 우 | 으 | 에 | 애 | 오 | 어 |
| [a ア] | [i イ] | [u ウ] | [ɯ ウ] | [e エ] | [ɛ エ] | [o オ] | [ɔ オ] |

基本はあくまでもこの8個の単母音の形と発音である。残りの母音は、どれもこれらの単母音に1画付け加えたり、あるいは互いに組み合わせたりしてできている。

Disc1 2 ②半母音＋単母音の組み合わせ

　先にも述べたように半母音は［j］と［w］の二つがある。これらが組み合わさっている母音がそれぞれ6個ずつある。

(1)「や」行の半母音［j］との組み合わせ──形の上ではそれぞれ単母音に「ー」または「｜」の1画を次のように付け加えてできている。

아 [a ア] ➡	야 [ja ヤ]	우 [u ウ] ➡	유 [ju ユ]
어 [ɔ オ] ➡	여 [jɔ ヨ]	에 [e エ] ➡	예 [je イェ]
오 [o オ] ➡	요 [jo ヨ]	애 [ɛ エ] ➡	얘 [jɛ イェ]

(2)「わ」行の半母音［w］との組み合わせ──形の上では単母音の左下にㅗ［o］またはㅜ［u］が書かれる。どれも唇をすぼめてつき出してから発音し始める音である。

ㅗ[o オ]＋아[a ア]➡	와[wa ワ]	ㅜ[u ウ]＋어[ɔ オ]➡	워[wɔ ウォ]
ㅗ[o オ]＋애[ɛ エ]➡	왜[wɛ ウェ]	ㅜ[u ウ]＋에[e エ]➡	웨[we ウェ]
ㅗ[o オ]＋이[i イ]➡	외[we ウェ]	ㅜ[u ウ]＋이[i イ]➡	위[wi ウィ]

　「オ＋ア」を早く言うと「ワ」になるような具合に文字が成り立っていることがわかるだろう。외は［we ウェ］と発音することに注意。

Disc1 3 ③二重母音

　一つだけ二重母音がある。ㅡ［ɯ ウ］とㅣ［i イ］を組み合わせたㅢ［ɯi ウィ］である。ただ、この字母は場合によって3通りに読まれる。単語の頭、つまり語頭で子音を持たないときは文字通り［ɯi ウィ］と発音されるが、語頭以外や子音と組み合わされると普通ただの［i イ］で発音され、日本語の「〜の」にあたる体言語尾として의の形で名詞などの後ろにくっついて用いられるときは［e エ］と発音される。

　以上、すべての母音字母について見てきた。これら21個の母音字母のうちとくに10個を取り出して普通次のような順番で並べる。いわばこれが朝鮮語の「あいうえお」である。

아 [a ア]	야 [ja ヤ]
어 [ɔ オ]	여 [jɔ ヨ]
오 [o オ]	요 [jo ヨ]
우 [u ウ]	유 [ju ユ]
으 [ɯ ウ]	이 [i イ]

　これはまた**辞書に載る順序**でもある。したがって覚えておくと早速役に立つだろう。ここに出ていない母音例えば에 [e エ] などは辞書からどのようにして探すかというと、에は形の上で「어+ㅣ」からできているから어の後ろ、여 [jɔ ヨ] の前に並ぶという具合である。この「アヤオヨ…」を是非覚えておくことをお勧めする。➡ 254 ページを参照。なお北朝鮮の辞書では上の10個以外の에などの配列はやや異なっているのでそれぞれの辞書で確かめてほしい。

2. 子音

　前述のように、ハングルの場合、1文字は必ず1音節をなしている。そして朝鮮語の音節には開音節と閉音節の2種類がある。**開音節は母音で終わる音節**をいい、**閉音節は子音で終わる音節**をいう。日本語では [a-sa-ga-o ア・サ・ガ・オ] のようにほとんどの音節が母音で終わる。しかし朝鮮語の場合はこの開音節に加えて子音で終わる閉音節がかなりの比重を占めている。

　そこで朝鮮語学では、音節の頭の子音のことをとくに〈初声〉、真ん中の母音のことを〈中声〉、音節末の子音のことを〈終声〉と呼んでいる。

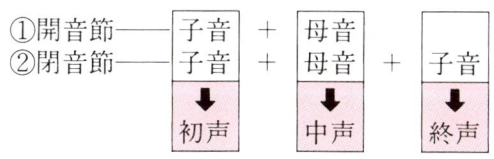

①開音節——子音 + 母音
　　　　　　　↓　　　↓
　　　　　　 初声　　中声

②閉音節——子音 + 母音 + 子音
　　　　　　　↓　　　↓　　　↓
　　　　　　 初声　　中声　　終声

中声はどんな場合でも母音なので中声についてはすでに学んだことになる。なお、中にはたとえば[a ア]や[an アン]など、母音で始まる音節、つまり頭の子音がない音節の場合は、発音の上でたとえ頭に子音（初声）がなくても、文字の上ではたとえば아 [a ア] のように頭に子音のないことを示すㅇを書き加えて一つの文字とすることはすでに述べた通りである。

さて、問題は初声と終声の位置に現れる子音の数やその形と発音であるが、以下初声と終声の場合に分けて見てみよう。

①初声──音節の頭の子音

初声の位置に現れる子音字母は先に学んだ〈子音がないことを示すㅇ〉を含め全部で19個ある。それらのうちには、まずそれぞれ5個の子音字母からなる〈平音〉・〈激音〉・〈濃音〉と呼ばれる一連のグループがあり、そのほか〈鼻音〉が2個、〈流音〉と呼ばれるものが1個ある。

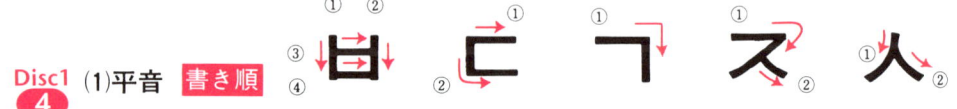

Disc1 4 **(1)平音** 書き順 ㅂ ㄷ ㄱ ㅈ ㅅ

平音は以下の5個である。これらの平音はㅅ [s] を除き、語頭と語中では違う音で発音されるのが特徴である。語頭では声帯の振動を伴わない〈**無声音**〉、つまり、日本語の清音（カ [ka] やタ [ta] の [k] [t] など）のように澄んだ音である。ところが語中、くわしくは語頭以外の有声音の後では濁音（ガ [ga] やダ [da] の [g] [d] など）、つまり〈**有声音**〉で発音される。なお、〈**有声音**〉とは声帯の振動を伴う音で、子音の一部のほか、母音もこれに属する。

字母	語頭	語中	例えばト [a] をつけて文字にすると
ㅂ	[p] →	[b]	바 [pa パ]　　語中で [ba バ]
ㄷ	[t] →	[d]	다 [ta タ]　　語中で [da ダ]
ㄱ	[k] →	[g]	가 [ka カ]　　語中で [ga ガ]
ㅈ	[tʃ] →	[dʒ]	자 [tʃa チャ]　語中で [dʒa ジャ]

바다 [pada パダ] 海　　부부 [pubu プブ] 〈夫婦〉夫婦
두부 [tubu トゥブ] 〈豆腐〉豆腐　　부두 [pudu プドゥ] 〈埠頭〉埠頭
기자 [kidʒa キジャ] 〈記者〉記者　　고기 [kogi コギ] 肉
자기 [tʃagi チャギ] 〈自己〉自分　　바지 [padʒi パジ] ズボン

| ㅅ | 普通は[s]で、母音의 ㅣ[i]の前でのみ[ʃ]で発音される。 | 사[sa サ] |

소 [so ソ] 牛　　가사 〈歌詞〉[kasa カサ] 歌詞　　시 [ʃi シ] 〈詩〉詩

(2) 激音　書き順

Disc1 5

激音は強い息を伴う音である。平音と同じく無声音で、声帯の振動は伴わない。ㅎ [h] を除く激音の字母の形は、いずれも平音に１画足すなどして作ったものである。発音記号では平音の発音記号の右上に小さな [ʰ] を付して [kʰ] などと表すが、決して二つの音ではないので注意。語頭・語中など、位置に関係なく常に同じ音で発音される。ㅎ [h] は喉音で日本語のハ行に似た音だが激音の中に分類されている。

ㅍ	[pʰ]	파 [pʰa パ]
ㅌ	[tʰ]	타 [tʰa タ]
ㅋ	[kʰ]	카 [kʰa カ]
ㅊ	[tʃʰ]	차 [tʃʰa チャ]
ㅎ	[h]	하 [ha ハ]

타자기 〈打字機〉[tʰa:dʒagi タージャギ] タイプライター
파티 [pʰa:tʰi パーティ] パーティー
카피 [kʰapʰi カピ] コピー
차 〈茶〉[tʃʰa チャ] 茶
혀 [hjɔ ヒョ] 舌

파 [pʰa パ] ねぎ
포도 〈葡萄〉[pʰodo ポド] ぶどう
코 [kʰo コ] 鼻
커피 [kʰɔ:pʰi コーピ] コーヒー
기차 〈汽車〉[kitʃʰa キチャ] 汽車
오후 〈午後〉[o:hu オーフ] 午後

Disc1 6 **(3) 濃音** 書き順

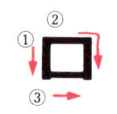

ㅃ ㄸ ㄲ ㅉ ㅆ

のどの緊張を伴う無声音である。激音が強い息を伴う音であるのに反し、濃音は息はまったく伴わない。したがって濃音を発音した際、口から息がもれているようであれば発音がまだ完全でない。字母の形はどれも平音の字母を二つ重ねたものである。濃音の発音は平音のそれの左上に小さく [ʔ] を書き入れることで表している。濃音も語頭・語中に関係なく常に同じ音である。

ㅃ	[ʔp]	빠 [ʔpa パ]
ㄸ	[ʔt]	따 [ʔta タ]
ㄲ	[ʔk]	까 [ʔka カ]
ㅉ	[ʔtʃ]	짜 [ʔtʃa チャ]
ㅆ	[ʔs]	싸 [ʔsa サ]

오빠 [oʔpa オッパ](妹からみた)お兄さん
뽀뽀 [ʔpoʔpo ポッポ](幼児語で)キッス
때 [ʔtɛ テ] 時
따개 [ʔtagɛ タゲ] 栓抜き
띠 [ʔti ティ] 帯
까치 [ʔkatʃʰi カーチ](鳥の)かささぎ
아까 [aʔka アッカ] さっき
어깨 [ɔʔkɛ オッケ] 肩

가짜 [ka:ʔtʃa カーチャ]にせもの   째즈 [ʔtʃɛdʒɯ チェジュ] ジャズ
씨 [ʔʃi シ] 種   아저씨 [adʒɔʔʃi アジョッシ]おじさん

Disc1 7 **(4) 鼻音** 書き順

ㅁ ㄴ

初声の鼻音を表す子音字母は二つある。ㅁとㄴである。ㅁは [m]、ㄴは [n] という鼻音を表し語頭でも語中でも変わらない。

| ㅁ | [m] | 마 [ma マ] |
| ㄴ | [n] | 나 [na ナ] |

모자〈帽子〉[modʒa モジャ] 帽子
메모 [memo メモ] メモ
나그네 [nagɯne ナグネ] 旅人
나무 [namu ナム] 木

누나 [nu:na ヌーナ](弟からみた)お姉さん

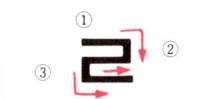

(5)流音　書き順

朝鮮語の流音は ㄹ だけで、初声では [r] で発音する。なお韓国の場合、外来語にのみ ㄹ で始まる単語があり、固有語や漢字語の場合は語頭に ㄹ が用いられることは普通ない。しかし北朝鮮の場合は漢字語の語頭にも ㄹ が使われる。

ㄹ [r]	라 [ra ラ]

머리 [mɔri モリ] 頭
라디오 [radio ラディオ] ラジオ　★北朝鮮では 라지오[radʒio ラジオ]という
나라 [nara ナラ] 国

以上が初声の子音のすべてである。

❷終声──音節末の子音

初声の位置に用いられる子音字母のうち、ㅃ・ㄸ・ㅉ の3個を除く残りはそのままの形で終声の位置にも用いられる。したがって16個の子音字母が終声の位置にも書かれ得るわけだが、それらの発音つまり、終声の実際の音は [ᵖ ㇷ゚] [ᵗ ッ] [ᵏ ㇰ] [m ㇺ] [n ㇴ] [ŋ ん] [l ㇽ] の7個しかない。字母が16あるのに音が7しかないということは、終声の位置では字母は違っても発音の同じものがあるということである。

(1)終声の口音

7個の終声のうち、[ᵖ] [ᵗ] [ᵏ] の3個を〈口音〉と呼ぶ。3個とも破裂させてはっきりと聞こえる形でp、t、kを発音するのではなく、息を外部にもらさない音である。

ㅂ [ᵖ ㇷ゚]	밥 [paᵖ パㇷ゚] ご飯

唇をしっかり閉じて [p] を発音する形でとめる。発音し終わったあと決して息をもらさない。たとえば英語の語末の [p] は唇を閉じたあとわ

ずかに息をもらすが、朝鮮語の [ᵖ] では決して息をもらさず、唇を閉じたままでなければならない。

| ㄷ [ᵗ ッ] | 곧 [koᵗ コッ] すぐ |

舌の先を上の歯の裏あるいは歯茎にしっかりとくっつけてとめる。舌の先を歯や歯茎から絶対に離してはいけない。

| ㄱ [ᵏ ク] | 국 [kuᵏ クク] スープ |

音節末にはっきりと [k] が聞こえるように発音せず、[k] を発音するときのままの形で口を止める。このときは舌の奥が上あごに密着する形になる。

(2)**終声の鼻音**

終声には鼻音が3個ある。[m ム] と [n ン] と [ŋ ん] であり、それぞれㅁ、ㄴ、ㅇで表される。

| ㅁ [m ム] | 남 [nam ナム] 他人 |

唇をしっかり結んで発音する。たとえば [namɯ ナム]のように唇を開いて最後に母音をつけたりしてはいけない。

| ㄴ [n ン] | 안 [an アン] 中 |

舌先を上の歯の裏・歯茎にしっかりくっつけて発音する。最後に舌は絶対離さぬこと。

| ㅇ [ŋ ん] | 강〈江〉 [kaŋ かん] 河 |

舌の奥をしっかりと上あごに密着させて発音する。この際、舌先は下の前歯の歯茎の下の方にしっかりとついていなければならず、唇も開いていなければ

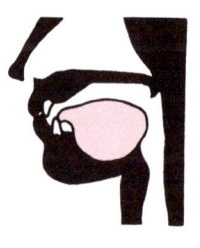

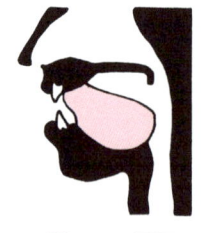

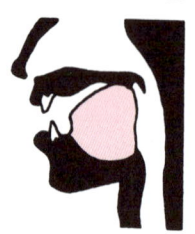

ならない。本書では ㄴ [nン] と区別して発音のカナは [ん] で示す。

なお、初声で〈子音がないことをあらわす字母 ㅇ〉と〈[ŋ] を表す終声の字母〉は同じ形である。

(3)終声の流音

初声の位置で [r] で発音される子音字母「ㄹ」は、終声の位置では [l] で発音される。この [l] は舌を歯茎より少し奥の方にしっかりとくっつけて発音する。

ㄹ [l ル]	길 [kil キル] 道　　발 [pal パル] 足

以上、16のうちの7の字母の終声についてはわかったことになる。それ以外の以下9個の子音字母はすべて口音、つまり [ᵖ] [ᵗ] [ᵏ] のうちのどれかに還元して読まれる。

ㅍ	/p/の系列 ➡ 平音の ㅂ [ᵖ] と同じ
ㅌ	/t/の系列 ➡ 平音の ㄷ [ᵗ] と同じ
ㅋ ㄲ	/k/の系列 ➡ 平音の ㄱ [ᵏ] と同じ
ㅈ ㅊ ㅎ ㅅ ㅆ	残りは ➡ 全部 ㄷ [ᵗ] で読む たとえば젓・걷・겉 [kɔᵗ コッ] は皆同じ発音

잎 [iᵖ イプ] 葉　　　　끝 [ʔkɯᵗ クッ] 終わり
부엌 [puɔᵏ プオク] 台所　　꽃 [ʔkoᵗ コッ] 花

このほか、읽だとか앉のように終声の位置に二つの子音字母が書かれるものがまれにあるが、どれも終声字母のうちいずれか一方しか読まない。ただし後ろに母音が後続すると両方の終声字母が読まれることになるのだが、それについてはそうした文字を含む単語が出てきたときに覚えればよいだろう(くわしくはp.222、2文字の終声とその発音を参照)。ともかく、日本語の話し手は終声が苦手で、とくに ㄴ [n ン] と ㅇ [ŋ ん] の区別はとりわけ難しい。がんばっていただきたい。

Disc1 10 練習 いくつかの単語を読んでみよう

아버지	[abɔdʒi アボジ] お父さん：語中の平音 ㅂ [p] ㅈ [tʃ] は濁って [b] [dʒ]
어머니	[ɔmɔni オモニ] お母さん：ㅓは広い「オ」、鼻音は語頭でも語中でも同じ
우리	[uri ウリ] 私たち：母音ㅜ [u ウ] はしっかり唇を丸く突き出して
모두	[modu モドゥ] 皆：母音ㅗ [o オ] は唇を丸く、語中の平音ㄷは濁って [t] ➡ [d]
입	[iᵖ イㇷ゚] 口：終声のㅂ [ᵖ ㇷ゚]、唇をしっかり結んでとめる
씨름	[ʔʃirum シルㇺ]（朝鮮式の）相撲：ㅆは濃音、終声のㅁ [m] は唇を結ぶ
떡	[ʔtɔᵏ トㇰ] 餅：終声のㄱは「ク」の形でぴたりととめる
아리랑	[ariraŋ アリラん] アリラン（民謡）：最後の終声ㅇ [ŋん] をよく響かせて
조선	[tʃosɔn チョソン] 朝鮮：終声ㄴ [nン] は舌を歯・歯茎から離さない
한국	〈韓國〉[haŋguᵏ ハングㇰ] 韓国：終声ㄴ [nン] とㄱ [ᵏㇰ] に注意
한글	[haŋgɯl ハングル] ハングル：母音のㅡ、한국とは違う。終声ㄹ [l] をしっかり
컴퓨터	[kʰɔmpʰjutʰɔ コムピュト] コンピューター：初声は三つとも激音、息を出す
그것	[kɯgɔᵗ クゴッ] それ：平音ㄱ [k] は語中で [g]、ㅅ [s] の終声字母は [ᵗ] で発音
겉	[kɔᵗ コッ] おもて：激音の終声字母ㅌは平音ㄷ [ᵗ] と同じに発音
책	〈冊〉[tʃʰɛᵏ チェㇰ] 本：激音ㅊ [tʃʰ] は息を出し終声ㄱ [ᵏ] ではぴたりととめる
왼쪽	[weːnʔtʃoᵏ ウェーンチョㇰ] 左：왼は [we]、쪼の母音ㅗは唇を丸く突き出す
신문	〈新聞〉[ʃinmun シンムン] 新聞：심문と発音すると「尋問」の意になる
커피	[kʰɔːpʰi コーピ] コーヒー：코피 [kʰopʰi コピ] は「鼻血」、母音に注意

STEP 1
あいさつと最重要表現編

こんにちは

出会いのあいさつ

> 안녕하십니까？／안녕하세요？

안녕하십니까？——네，안녕하십니까？

[annjɔŋhaʃimniʔka　　ne　annjɔŋhaʃimniʔka]
[アンニョンハシムニッカ　　ネ　アンニョンハシムニッカ]

안녕하세요？——네，안녕하세요？

[annjɔŋhasejo　　ne　annjɔŋhasejo]
[アンニョンハセヨ　　ネ　アンニョンハセヨ]

김⌒선생님，안녕하십니까？——네，안녕하세요？

[kimsɔnsɛŋnim annjɔŋhaʃimniʔka　　ne　annjɔŋhasejo]
[キムソンセンニム アンニョンハシムニッカ　　ネ　アンニョンハセヨ]

---

*하십니까は[haʃiʔniʔka]ではなく[haʃimniʔka]と発音すると覚えておこう。
　鼻音ㄴ[n]の前のㅂ[ᵖ]をㅁ[m]で発音するこの現象について詳しくは➡口音の鼻音化 p.214

*「⌒」の記号は、朝鮮民主主義人民共和国ではつけて書くことを示す。「⌒」自体は実際には書かない。発音上は「⌒」で切らず、ひと息で発音するのが普通

> **POINT**
> 「おはようございます」「こんにちは」「こんばんは」のあいさつはいずれも「안녕하십니까?」あるいは「안녕하세요?」でよい。元の意味は「お元気でいらっしゃいますか」である。家族には用いない。疑問文なので文末に「?」を書く。尋ねられているので네（はい）と答えてからあいさつを返す場合が多い。

こんにちは！──こんにちは！
＊안녕하십니까 安寧でいらっしゃいますか。お元気でいらっしゃいますか。합니다体（ハムニダたい）という文体のあいさつ◆辞書に載る形、つまり 基本形 は안녕하다〈安寧ー〉[annjɔŋhada アンニョンハダ] 形（目上の人が）お元気だ。お健やかだ。　＊네 [ne ネ] 間（肯定の返事）はい

こんにちは！──こんにちは！

＊안녕하세요 は안녕하십니까と文体だけが異なる。해요体（ヘヨ たい）という文体の言い方。◆基本形は上と同じく안녕하다

金先生、こんにちは！──こんにちは！

＊김〈金〉[kim キム]（韓国で最も人口の多い姓）金　＊선생님〈先生ー〉[sɔnsɛŋnim ソンセンニム] 先生（尊敬語）。姓なしでただ선생님とも言える

합니다体と해요体
朝鮮語のていねいな文体には**합니다** [hamnida ハムニダ] **体（たい）**と**해요** [hɛjo ヘヨ] **体**という2種類がある。文体は異なるが意味はいずれも同じで、日本語の「です・ます」体にあたる。합니다体 はあらたまった、男性が多用する文体であるのに対し、해요体 は元来ソウル方言で、どちらかというと女性的で柔らかく親しみのある文体である。日常的にはソウルでは男性も해요体を多用する。합니다体と해요体を混用してもかまわない。

Disc1 12

さようなら

別れのあいさつ

안녕히 가십시오／안녕히 가세요
안녕히 계십시오／안녕히 계세요

안녕히　가십시오.──네, 안녕히　가세요.

[annjɔŋ(h)i　kaʃipˀʃo]　　　　[ne　annjɔŋ(h)i　kasejo]
[アンニョンヒ　カシプショ]　　[ネ　アンニョンヒ　カセヨ]

안녕히　계십시오.──안녕히　가세요.

[annjɔŋ(h)i　keːʃipˀʃo]　　　[annjɔŋ(h)i　kasejo]
[アンニョンヒ　ケーシプショ]　[アンニョンヒ　カセヨ]

안녕히　계세요.──네, 또 오세요.

[annjɔŋ(h)i　keːsejo]　　[ne　ˀto　osejo]
[アンニョンヒ　ケーセヨ]　[ネ　ト　オセヨ]

＊一息ではやく言うと
안녕히 가십시오.　[annjɔŋigaʃipˀʃo　アンニョンイガシプショ]
안녕히 가세요.　　[annjɔŋigasejo　アンニョンイガセヨ]
안녕히 계십시오.　[annjɔŋigeːʃipˀʃo　アンニョンイゲーシプショ]
안녕히 계세요.　　[annjɔŋigeːsejo　アンニョンイゲーセヨ]
と가や계の子音ㄱが濁って発音され、かつ히の子音ㅎ [h] が弱化してほとんど聞こえなくなる。
＊また가십시오のㅂ [ᵖ] の次のㅅ [s] は濃音 [ˀs] で発音される。くわしくは➡濃音化 p.210

POINT 「さようなら」には 2 通りの区別がある。**立ち去る相手には**「안녕히 가십시오」（합니다体）あるいは「안녕히 가세요」（해요体）を、**とどまる相手には**「안녕히 계십시오」（합니다体）あるいは「안녕히 계세요」（해요体）を用いる。電話で最後に「さようなら」を言うときやテレビなどで番組の最後に視聴者にあいさつをするとき、手紙の結びのあいさつの場合なども「とどまる相手」に対するものであるから안녕히 계십시오／계세요の方を用いる。

（去る人に）さようなら。── （去る人に）さようなら。

＊いずれも帰る人に対して用いる。道などで別れる場合は互いにこれを用いる　＊안녕히〈安寧→〉 [annjɔŋ(h)i アンニョんヒ]〔副〕ご無事に。お健やかに。안녕하다の副詞形　＊가십시오お行きください。합니다体◀基本形は가다 [kada カダ]〔自〕行く　＊가세요お行きください。해요体◀가다

（とどまる人に）さようなら。── （去る人に）さようなら。

＊계십시오居らっしゃってください。합니다体◀基本形は계시다 [keːʃida ケーシダ] 居らっしゃる　＊「안녕히 계십시오」は、訪問して帰るほうの人が用いる。見送る場合は「안녕히 가세요」または「안녕히 가십시오」

（とどまる人に）さようなら。── ええ、またいらしてください。

＊계세요居らっしゃってください。해요体◀基本形は계시다　＊또また　＊오세요来てください。해요体◀基本形は오다 [oda オダ] 来る

1 あいさつと最重要表現編

33

ありがとうございます

感謝とお詫び

> 감사합니다
> 미안합니다

감사합니다. ── 저야말로 감사합니다.

[kaːmsahamnida]　　[tʃɔjamallo kaːmsahamnida]
[カームサハムニダ]　　[チョヤマルロ　カームサハムニダ]

감사합니다. ── 천만에요.

[kaːmsahamnida]　　[tʃʰɔnmanejo]
[カームサハムニダ]　　[チョンマネヨ]

정말 고맙습니다. ── 천만의 말씀입니다.

[tʃɔːŋmal koːmapʔsɯmnida]　　[tʃʰɔnmane maːlʔsɯmimnida]
[チョーンマル コーマプスムニダ]　　[チョンマネ　マールスミムニダ]

미안합니다. ── 괜찮습니다.

[miːan(h)amnida]　　[kwɛntʃʰanʔsɯmnida]
[ミーアナムニダ]　　[クェンチャンスムニダ]

죄송합니다. ── 아니, 정말 괜찮아요.

[tʃweːsoŋ(h)amnida]　　[ani　tʃɔːŋmal　kwɛntʃʰanajo]
[チェーソンハムニダ]　　[アニ　チョーンマル　クェンチャナヨ]

POINT 「ありがとうございます」には漢字語を用いた 감사합니다 と固有語を用いた 고맙습니다 の2通りがある。いずれもていねいだが、前者の方がどちらかというとあらたまった言い方。감사합니다・고맙습니다は합니다体。해요体ならそれぞれ감사해요[ka:msahɛjo カームサヘヨ]・고마워요[ko:mawɔjo コーマウォヨ]となるが、ややくだけているので目上の人や初対面の人には避けた方がよい。詫びるときも同様に합니다体がよい。

ありがとうございます。──こちらこそありがとうございます。

＊감사합니다◀감사하다〈感謝ー〉[ka:msahada カームサハダ] 他・形 感謝する。ありがたい。합니다 [hamnida] の発音➡口音の鼻音化 p.214　＊저야말로私こそ。저 [tʃɔ チョ] は「私」、-야말로は「こそ」の意の語尾

ありがとうございます。──どういたしまして。

＊천만에요〈千万ー〉間 どういたしまして。만 [man] +에 [e] は [mane マネ] と発音する。一般に終声の直後に母音が来ると終声は次の母音に続けて初声として発音される➡終声の初声化 p.203

本当にありがとうございます。──どういたしまして。

＊정말〈正ー〉[tʃɔ:ŋmal チョーンマル] 名・副 本当。本当に　＊고맙습니다◀고맙다[ko:mapʔta コーマプタ] 形 ありがたい　＊「천만의 말씀입니다」直訳すると「千万のおことばです」。천만에요よりさらにあらたまった言い方。　말씀は「おことば」

すみません。──かまいませんよ。

＊미안합니다◀미안하다〈未安ー〉[mi:an(h)ada ミーアナダ] 形 すまない。呼びかけには使わない➡ㅎの弱化 p.218　＊괜찮습니다◀괜찮다[kwɛntʃʰantʰa クェンチャンタ] 形 かまわない。大丈夫だ➡2文字の終声とその発音 p.222

申しわけございません。──いや、本当に大丈夫ですよ。

＊죄송합니다◀죄송하다〈罪悚ー〉[tʃwɛ:soŋ(h)ada チェーソンハダ] 形 申しわけない　＊아니 [ani アニ] 間 いや　＊괜찮아요◀괜찮다の해요体

あいさつと最重要表現編

初めまして

初対面のあいさつ

> 처음 뵙겠습니다

안녕하십니까? 처음 뵙겠습니다.

[annjɔŋhaʃimniˀka]　　[tʃʰɔum　pwe⁽ᵖ⁾ˀkeˀsɯmnida]
[アンニョンハシムニッカ]　[チョウム　プェプケッスムニダ]

처음 뵙겠습니다. 야마다입니다.

[tʃɔum　pwe⁽ᵖ⁾ˀkeˀsɯmnida]　　[jamadaimnida]
[チョウム　プェプケッスムニダ]　　[ヤマダイムニダ]

박순자입니다. 잘 부탁합니다.

[pakˀsundʒaimnida]　　[tʃal　puːtʰaᵏkʰamnida]
[パクスンジャイムニダ]　　[チャル　プータッカムニダ]

저야말로 잘 부탁드립니다.

[tʃɔjamallo tʃal　puːtʰaᵏˀtɯrimnida]
[チョヤマルロ チャル　プータクトゥリムニダ]

반갑습니다.——정말 반갑습니다.

[paŋapˀsɯmnida]　　[tʃɔːŋmal　paŋapˀsɯmnida]
[パンガプスムニダ]　　[チョーンマル パンガプスムニダ]

> **POINT** あいさつには、文法的に考えると難しい点も含まれているが、とりあえず丸ごと覚えてしまおう。名乗るときは日本人はしばしば姓だけを言うが、韓国人は姓と名を言うのが普通。

こんにちは！　初めまして。

＊안녕하십니까？は初対面でも可　＊처음 [tʃʰɔum チョウム] 名・副 初め。初めて　＊뵙겠습니다◀뵙다 [pweːpta ペープタ] 他 お目にかかる

初めまして。山田です。

＊야마다 [jamada ヤマダ]（日本の姓）山田　＊-입니다 [imnida イムニダ] 〜です。〜の部分に名を入れればよい◀이다 [ida イダ] 指 〜である　＊-ㅂ니다の発音は [ᵖnida ㇷ゚ニダ] ではなく常に [mnida ムニダ] ➡口音の鼻音化 p.214

パクスンジャです。よろしくお願いします。

＊박〈朴〉[paᵏ パク]（姓）朴　＊순자〈順子〉[sundʒa スンジャ]（女性の名）スンジャ　＊잘 [tʃal チャル] 副 よく　＊부탁합니다◀부탁하다〈付託―〉[puːtʰaᵏkʰada プータッカダ] 他 頼む。お願いする。「잘 부탁합니다」で「よろしくお願いします」　＊부탁합니다のㄱは激音 [kʰ] で発音➡激音化 p.217

こちらこそよろしくお願い申し上げます。

＊부탁드립니다◀부탁드리다 [puːtʰaᵏturida プータクトゥリダ] 他 お願い申し上げる。부탁합니다よりさらにへりくだった言い方。平音のㄷは終声のㄱの次で濃音化してㄸとなる➡濃音化 p.210

（お会いできて）うれしいです。──本当にうれしいです。

＊반갑습니다◀반갑다 [pangaᵖta パン　ガㇷ゚タ] 形 （人やなつかしいものに会えて）うれしい。なつかしい

どうぞお召し上がりください

食卓でのあいさつ

> 잘 먹겠습니다

어서 오세요.

[ɔsɔ osejo]
[オソ　オセヨ]

많이 잡수세요.──네, 감사합니다.

[maːni tʃapˀsusejo]　　[ne kaːmsahamnida]
[マーニ　チャプスセヨ]　[ネ　カームサハムニダ]

많이 드세요.──네, 잘 먹겠습니다.

[maːni tɯsejo]　　[ne tʃal mɔkˀkeˀsɯmnida]
[マーニ　トゥセヨ]　[ネ　チャル　モッケッスムニダ]

그럼, 잘 먹겠습니다.──네, 어서 잡수세요.

[kɯrɔm tʃal mɔkˀkeˀsɯmnida]　　[ne ɔsɔ tʃapˀsusejo]
[クロム　チャル　モッケッスムニダ]　[ネ　オソ　チャプスセヨ]

잘 먹었습니다.

[tʃal mɔgɔˀsɯmnida]
[チャル　モゴッスムニダ]

POINT ここに出てくる 오세요・잡수세요・드세요はいずれも動詞のていねいな命令の形。学習が進んだら ➡ p.146を参照。

いらっしゃいませ。

＊飲食店や個人の家などでこう言って客を迎える　＊어서 [ɔsɔ オソ] 副 さあ。早く　＊오세요おいでください◀오다 [oda オダ] 自 来る

たくさん召し上がってください。——ええ、ありがとうございます。

＊많이 [maːni マーニ] 副 たくさん。この終声字母ㅎは読まない➡ p.218。するとㄴ [n] ＋이 [i] で [ni ニ] となる➡終声の初声化　p.207　＊잡수세요お召し上がりください◀잡수시다 [tʃaᵖsuʃida チャㇷ゚スシダ] 他（目上の人が主に食べ物を）召し上がる

たくさんお召し上がりください。——はい、ごちそうになります。

＊드세요お召し上がりください◀드시다 [tɯʃida トゥシダ] 他（目上の人が食べ物・飲み物を）召し上がる　＊먹겠습니다食べます◀먹다 [mɔᵏta モクタ] 食べる。「잘 먹겠습니다」は「よく食べます」、つまり「いただきます」

では、いただきます。——ええ、どうぞお上がりください。

＊그럼 [kɯrɔm クロム] 接 では。じゃあ

ごちそうさまでした。

＊먹었습니다食べました◀먹다。直訳すると「よく食べました」つまり「ごちそうさまでした」。食べ終わったときやごちそうになったときに用いる

いいですか？

いくつかの決まり文句

> 좋아요
> 그래요

좋아요？——네, 좋아요.

[tʃoːajo]　　　　[ne　tʃoːajo]
[チョーアヨ]　　　[ネ　チョーアヨ]

그래요？——네, 그래요.

[kɯrɛjo]　　　　[ne　kɯrɛjo]
[クレヨ]　　　　　[ネ　クレヨ]

됐어요？——네, 됐어요.

[twɛːʔsɔjo]　　　[ne　twɛːʔsɔjo]
[トェーッソヨ]　　[ネ　トェーッソヨ]

아뇨, 아니에요.

[aːnjo　aniejo]
[アーニョ　アニエヨ]

실례합니다.

[ʃillehamnida]
[シルレハムニダ]

> **POINT**　좋아요・그래요・됐어요・아니에요はいずれも해요体。해요体は形は同じだがイントネーションで平叙文と疑問文を区別する。疑問文では文末をきちんと上げること。

いいですか？——はい、いいです。

*좋아요←좋다 [tʃoː(ʰ)tʰa チョーッタ] 形 よい。 좋아요の終声字母ㅎは発音しない➡ p.218。この좋아요は断るときには用いないので注意。합니다体については➡ p.84

そうですか？——はい、そうです。

*그래요←그렇다 [kɯrɔtʰa クロッタ] 形 そうだ。합니다体については➡ p.114

いいですか？——はい、いいです。

*됐어요←되다 [tweda トェダ] なる。됐어요は「それでOKです、十分です、大丈夫です」ということ。断るときにも用いる。形の上では되다の해요体の過去形である➡ p.178

いいえ、違います。

*아뇨 [aːnjo アーニョ] 間 いいえ　*아니에요 [aniejo アニエヨ] 違います。そうではありません←아니다 [anida アニダ] 指 ～ではない　*합니다体なら「 아뇨, 아닙니다 」[aːnjo animnida アーニョ アニムニダ] となる

失礼します。

*실례합니다←실례하다〈失禮ー〉 [ʃillehada シルレハダ] 自 失礼する　*「 실례 했습니다 」なら 실례 했습니다 [ʃillehɛʔsumnida シルレヘッスムニダ]

学生ですか？

〈～です〉〈～ですか？〉その1

指定詞の합니다体 -입니다と-입니까？

유학생 입니까？——네，**유학생 입니다**．
[juhakʔsɛŋ imniʔka]　　　[ne　juhakʔsɛŋ imnida]
[ユハクせン イムニッカ]　　　[ネ　ユハクせン イムニダ]

학생 입니까？——아뇨，**회사원 입니다**．
[hakʔsɛŋimniʔka]　　　[aːnjo　hweːsawɔnimnida]
[ハクセンイムニッカ]　　　[アーニョ　フェーサウォニムニダ]

커피 입니까？——아뇨，**홍차 입니다**．
[kʰɔpʰiimniʔka]　　　[aːnjo　hoŋtʃʰaimnida]
[コピイムニッカ]　　　[アーニョ　ホンチャイムニダ]

커핍니까？——아뇨，**홍찹니다**．
[kʰɔpʰimniʔka]　　　[aːnjo　hoŋtʃʰamnida]
[コピムニッカ]　　　[アーニョ　ホンチャムニダ]

선생님⌒것 입니까？——네，**제⌒것 입니다**．
[sɔnsɛŋnim ʔkɔʃimniʔka]　　　[ne　tʃegɔʃimnida]
[ソンセンニムコシムニッカ]　　　[ネ　チェゴシムニダ]

POINT

「学生ですか」「学生です」のように、名詞など体言について「〜ですか」「〜です」を表すには -**입니까** [imniʔka イムニッカ]と- **입니다** [imnida イムニダ] を用いる。これらは 指定詞 という品詞に属する -**이다** [ida イダ]（〜である）という単語の活用形である。-입니까と-입니다が母音で終わる単語につくと、-이- [イ] の部分はしばしば脱落する。子音で終わる単語につくと終声の初声化（➡ p.207）が起こる。なお、例文のように朝鮮語では日本語同様必要なとき以外は主語はいらない。

留学生 ですか？──はい、留学生 です。

＊유학생〈留學生〉[juhakʔsɛŋ ユハクセン] 留学生 ★류학생 [rjuhakʔsɛŋ リュハクセン]。終声ㄱ [k] ＋初声ㅅ [s] は [kʔs] と発音する。平音の初声ㅅがㅆと濃音化する点については➡濃音化 p.210

学生ですか？──いいえ、会社員です。

＊학생〈學生〉[hakʔsɛŋ ハクセン] 学生 ＊회사원〈會社員〉[hweːsawɔn フェーサウォン] 会社員 ＊회사원＋입니다のㄴ [n] ＋이 [i] は [ni ニ] と発音される➡終声の初声化 p.207

コーヒーですか？──いいえ、紅茶です。

＊커피 [kʰɔpʰi コピ] コーヒー ＊홍차〈紅茶〉[hoŋtʃʰa ホンチャ] 紅茶

コーヒーですか？──いいえ、紅茶です。

＊これは母音で終わる名詞の後ろで指定詞の-이-が落ちたもの。会話ではこの-이-が落ちた形が多用される。

先生のものですか？──はい、私のです。

＊것 [kɔt̚ コッ]（もの。こと）は、しばしば [ʔkɔt̚ コッ] と濃音で発音される ＊「AのB」は普通「A B」といえばいい ＊제 [tʃe チェ] 私の ＊「⌒」の記号は、朝鮮民主主義人民共和国ではつけて書くことを示す。「⌒」自体は実際には書かない。発音上は「⌒」で切らず、ひと息で発音するのが普通

あいさつと最重要表現編

学生でいらっしゃいますか？

〈～でいらっしゃいます〉〈～でいらっしゃいますか？〉その1

指定詞の尊敬形の합니다体
-이십니다と-이십니까？

학생 이십니까？── 아뇨, 회사원입니다.
[hakʔsɛŋiʃimniʔka]　　　[aːnjo　hweːsawɔnimnida]
[ハクセンイシムニッカ]　　[アーニョ　フェーサウォニムニダ]

유학생 이십니까？── 네, **유학생 이십니다**.
[juhakʔsɛŋiʃimniʔka]　　　[ne　juhakʔsɛŋiʃimnida]
[ユハクセンイシムニッカ]　　[ネ　ユハクセンイシムニダ]

한국분 이십니까？── 네, 교포입니다.
[hangukʔpuniʃimniʔka]　　[ne　kjopʰoimnida]
[ハングクプニシムニッカ]　　[ネ　キョポイムニダ]

일본분 이십니까？── 아뇨, 한국사람입니다.
[ilbonʔpuniʃimniʔka]　　　[aːnjo　hangukʔsaramimnida]
[イルボンプニシムニッカ]　　[アーニョ　ハングクサラミムニダ]

처음 이십니까？── 네, 처음입니다.
[tʃʰɔɯmiʃimniʔka]　　　　[ne　tʃʰɔɯmimnida]
[チョウミシムニッカ]　　　　[ネ　チョウミムニダ]

POINT 朝鮮語には聞き手や話題になっている人に対する話し手の尊敬の意を表す 尊敬形 があり、会話では多用される。初対面の人や目上の人には尊敬形を使いたい。指定詞-입니다〈~です〉の尊敬形〈~でいらっしゃいます〉は -이십니다 [iʃimnida イシムニダ]、-입니까〈~ですか〉の尊敬形〈~でいらっしゃいますか〉は- 이십니까 [iʃimniʔka イシムニッカ] なる。なお、-이십니다・-이십니까に入っている -시- は尊敬の意味を表わす働きをするもので、尊敬の接尾辞-시-と呼ばれる。

学生 でいらっしゃいますか ?――いいえ、会社員です。

(第三者のことを話題にして) 留学生 でいらっしゃいますか ?
――はい、 留学生 でいらっしゃいます 。

＊自分のことには尊敬形を使わないこと。

韓国の方でいらっしゃいますか？
――はい、僑胞（キョウホウ）です。

＊한국분〈韓國－〉[hanguᵏʲpun ハングクプン] 韓国の方　＊교포〈僑胞〉[kjopʰo キョポ] 僑胞。同胞（在外の韓国人・朝鮮人）

日本の方でいらっしゃいますか？――いいえ、韓国人です。

＊일본분〈日本－〉[ilbonʔpun イルボンプン] 日本の方。発音は [일봄뿐]。合成語における濃音化➡ p.214　＊한국사람〈韓國－〉[hanguk'saram ハングクサラム] 韓国人

初めてでいらっしゃいますか？――はい、初めてです。

＊처음 [tʃʰɔum チョウム] 名・副 初め。初めて

1 あいさつと最重要表現編

会社員ですか？

〈～です〉〈～ですか？〉その2

指定詞の해요体 -이에요／-에요
-이에요？／-에요？

회사원 이에요? ── 아뇨, 학생 이에요.
[hweːsawɔniejo]　　　[aːnjo hakʔsɛɲiejo]
[フェーサウォニエヨ]　　[アーニョ ハクセンイエヨ]

홍차 에요? ── 아뇨, 인삼차 에요.
[hoŋtʃʰaejo]　　　[aːnjo insamtʃʰaejo]
[ホンチャエヨ]　　　[アーニョ インサムチャエヨ]

또 눈 이에요? ── 아뇨, 비 에요.
[ʔto nuːniejo]　　　[aːnjo piejo]
[ト ヌーニエヨ]　　　[アーニョ ピエヨ]

벌써 출발 이에요? ── 아뇨, 아직 이에요.
[pɔlʔsɔ tʃʰulbariejo]　　　[aːnjo adʒigiejo]
[ポルソ チュルバリエヨ]　　[アーニョ アジギエヨ]

선생님 꺼 에요? ── 네, 제 꺼 에요.
[sɔnsɛŋnim ʔkɔejo]　　　[ne tʃe ʔkɔejo]
[ソンセンニムコエヨ]　　[ネ チェッコエヨ]

POINT 名詞や代名詞など、体言について「～です」を表すには前頁の-입니다と並んで-이에요［イエヨ］も用いられる。母音で終わる単語につくときは-이-が落ちて-에요［エヨ］となる。この-이에요／-에요は해요体（ヘヨタイ）である。해요体と합니다体については➡ p.31。

| 体言＋です | 母音で終わる体言＋에요 | 비 | 에요 |
| ＋ですか | 子音で終わる体言＋이에요 | 눈 | 이에요 |

会社員 ですか？──いいえ、学生 です。

＊해요体であるから、文末を下げれば平叙文になり、文末を上げて発音すれば疑問文になる

紅茶 ですか？──いいえ、人参茶 です。

＊인삼차〈人蔘茶〉[insamtʃʰa インサムチャ] 朝鮮人参茶

また雪ですか？──いいえ、雨です。

＊또 [ʔto ト] 副 また　＊눈 [nuːn ヌーン] 雪　＊비 [pi ピ] 雨

もう出発ですか？──いいえ、まだです。

＊벌써 [pɔlʔsɔ ポルソ] 副 もう　＊출발〈出發〉[tʃʰulbal チュルバル] 出発　＊아직 [adʒik アジㇰ] 副 まだ

先生のものですか？──はい、私のです。

＊거 [kɔ コ] は 것 [kɔt̚ コッ]（もの。こと）の話しことば形で、しばしば [ʔkɔ コ] と濃音で発音される　＊제 [tʃe チェ] 私の

ここは初めてで いらっしゃいますか？

〈～でいらっしゃいます〉〈～でいらっしゃいますか？〉その2　〈～は〉

指定詞の尊敬形の해요体	-이세요／-세요
	-이세요？／-세요？
～は	-는／-은

저分은　주재원 이세요？ ── 아뇨, 유학생 이세요.
[tʃɔbunɯn　tʃuːdʒɛwɔnisejo]　　　　　[aːnjo　juhakˀsɛŋisejo]
[チョブヌン　チュージェウォニセヨ]　　[アーニョ　ユハクせンイセヨ]

내일은　학교 세요？ ── 네, 학교에요.
[nɛirɯn　hakˀkjosejo]　　　　[ne　hakˀkjoejo]
[ネイルン　ハッキョセヨ]　　　[ネ　ハッキョエヨ]

여기는　처음 이세요？ ── 네, 처음이에요.
[jɔginɯn　tʃʰɔumisejo]　　　[ne　tʃʰɔumiejo]
[ヨギヌン　チョウミセヨ]　　　[ネ　チョウミエヨ]

선생님은　비빔밥 이세요？ ── 아뇨, 저는 국밥이에요.
[sɔnsɛŋnim ɯn　pibimˀpabisejo]　　　[aːnjo　tʃɔ nun　kukˀpabiejo]
[ソンせンニムン　ピビムパビセヨ]　　　[アーニョ　チョヌン　ククパビエヨ]

또 기침 이세요？ ── 네, 감기에요.
[ˀto kitʃʰimisejo]　　　　[ne　kaːmgiejo]
[ト　キチミセヨ]　　　　　[ネ　カームギエヨ]

48

POINT 指定詞-이에요／-에요の尊敬形は-이세요［isejo イセヨ］／-세요［sejo セヨ］である。母音で終わる単語には-세요の方を用いる。これらも해요体なので文末を上げると疑問文になる。なお、-이세요・-세요の-세-は実は尊敬の接尾辞-시-（➡ p.45）の変化した形である。
朝鮮語にも〈てにをは〉があるが、日本語の〈～は〉にあたるのは-는／-은である。여기［jɔgi ヨギ］のように母音で終わる単語には-는［nɯn ヌン］がつき、분［pun プン］など子音で終わる単語には-은［un ウン］がつく。 ➡ p.50

あの方は駐在員でいらっしゃいますか？
　　　　　　　　──いいえ、留学生でいらっしゃいます。

＊저［tʃɔ チョ］冠 あの　＊분［pun プン］不 方（かた）。사람［saːram サーラム］（人）の尊敬語　＊주재원〈駐在員〉[tʃuːdʒɛwʌn チュージェウォン］駐在員

明日は学校でいらっしゃいますか？　（行くか行かないか）
　　　　　　　　　　　　　　　　──はい、学校です。

＊내일〈來日〉［nɛil ネイル］★래일［rɛil レイル］明日　＊학교〈學校〉[haᵏºkjo ハッキョ］学校。학꾜と発音される➡濃音化 p.210

ここは初めてでいらっしゃいますか？ ──はい、初めてです。

＊여기［jɔgi ヨギ］代 ここ

（飲食店で）先生はピビンパですか？
　　　　　　　　──いいえ、私はククパプです。

＊비빔밥［pibimˀpaᵖ ピビムパㇷ゚］ピビンパプ（まぜご飯）　➡合成語における濃音 p.214
＊저［tʃɔ チョ］代 私　＊국밥［kuᵏºpaᵖ ククパㇷ゚］ククパプ（おじや）

また咳ですか？──ええ、風邪ですよ。

＊기침［kitʃʰim キチㇺ］咳　＊감기〈感氣〉[kaːmgi カームギ］風邪

本は・本が・本も・本だけ…
〈てにをは〉その1

	ここ□ 私の家です。	あの方□お客様です。
は	여기는 저희 집입니다. [jɔgi nɯn tʃi tʃibimnida] [ヨギヌン チョイ チビムニダ]	저〜분은 손님이십니다. [tʃɔbun ɯn sonnimiʃimnida] [チョブヌン ソンニミシムニダ]
が	여기가 저희 집입니다. [jɔgi ga tʃi tʃibimnida] [ヨギガ チョイ チビムニダ]	저〜분이 손님이십니다. [tʃɔbun i sonnimiʃimnida] [チョブニ ソンニミシムニダ]
も	여기도 저희 집입니다. [jɔgi do tʃi tʃibimnida] [ヨギド チョイ チビムニダ]	저〜분도 손님이십니다. [tʃɔbun do sonnimiʃimnida] [チョブンド ソンニミシムニダ]
だけ	여기만 저희 집입니다. [jɔgi man tʃi tʃibimnida] [ヨギマン チョイ チビムニダ]	저〜분만 손님이십니다. [tʃɔbun man sonnimiʃimnida] [チョブンマン ソンニミシムニダ]

＊집 [tʃiᵖ チプ] 家　＊저〜분 [tʃɔbun チョブン] あの方　＊손님 [sonnim ソンニム] お客様　＊여기 [jɔgi ヨギ] ここ　＊저희 [tʃi チョイ] 私たち。私たちの。私ども。私どもの

日本語の「本で・本に・本を・本は…」などの〈てにをは〉にあたる 語尾（助詞）が朝鮮語にもある。
　「〜は」と「〜が」にあたる語尾は,2種類ずつあり、それぞれ前に来る単語が母音で終わるか子音で終わるかによって使い分ける。

〜は	母音で終わる単語には	-는 [nɯn ヌン]
	子音で終わる単語には	-은 [ɯn ウン]
〜が	母音で終わる単語には	-가 [ga ガ]
	子音で終わる単語には	-이 [i イ]

　子音で終わる単語につく-은や-이はその子音（＝終声）が初声として発音されるので注意➡終声の初声化 p.207。

책	[tʃʰɛᵏ チェク]	[책]	〈冊〉	本
책은	[tʃʰɛgɯn チェグン]	[채근]		本は
책이	[tʃʰɛgi チェギ]	[채기]		本が

　「〜も」にあたる語尾は-도で、形は一つしかないが発音に注意。終声のつまる音 [ᵖ プ] [ᵗ ッ] [ᵏ ク] につくと [ʔto ト] と濃音で発音され、それ以外では [do ド] と濁って発音される➡濃音化 p.210。

책도	[tʃʰɛᵏʔto チェクト]	[책또]	本も
손님도	[sonnim do ソンニムド]		お客様も

　「〜だけ」「〜のみ」は-만 [man マン]。これ自体の発音は変わらないがその直前に終声のつまる音 [ᵖ プ] [ᵗ トゥ] [ᵏ ク] が来るとそれらは鼻音化してそれぞれ [m ム] [n ン] [ŋ ん] と発音される➡口音の鼻音化 p.214。

국밥만	[kuᵏʔpamman ククパムマン]	[국빱만]	ククパプだけ
제⌒것만	[tʃeʔkɔnman チェッコンマン]	[제껀만]	私のものだけ
책만	[tʃʰɛŋman チェンマン]	[챙만]	本だけ

学校を・学校に・学校で…
〈てにをは〉その2

前頁にあげたもののほか、主な〈てにをは〉には次のようなものがある。
学校のように母音で終わる単語を 母音語幹 の単語、들のようにㄹで終わる単語を ㄹ語幹 の単語、산のように子音で終わる単語を 子音語幹 の単語という。たとえば「〜を」は母音語幹には-를、その他には-을がつくが、このように母音語幹・ㄹ語幹・子音語幹のいずれにつくかによって形の異なる〈てにをは〉がある。

	母音語幹に	ㄹ語幹に	子音語幹に
-를／-을 [rɯlルル]／[ɯlウル] 〜を	학교를 [hakʔkjorɯl] 学校を	들을 [tɯːrɯl] 野を	산을 [sanɯl] 山を
-의 [eエ] 〜の	우리의 [urie] 我々の	말의 [maːre] 言葉の	한국의 [hanguge] 韓国の
-에 [eエ] 〜(もの・こと・場所など)に	학교에 [hakʔkjoe] 学校に	들에 [tɯːre] 野に	산에 [sane] 山に
-한테 [hantʰeハンテ] 〜(人)に	저한테 [tʃɔhantʰe] 私に	딸한테 [ʔtar(h)antʰe] 娘に	학생한테 [hakʔsɛŋhantʰe] 学生に
-에게* [egeエゲ] 〜(人)に	저에게 [tʃɔege] 私に	딸에게 [ʔtarege] 娘に	학생에게 [hakʔsɛŋege] 学生に
-에서 [esɔエソ] 〜(場所)で 〜(場所)から	학교에서 [hakʔkjoesɔ] 学校で 学校から	들에서 [tɯːresɔ] 野で 野から	산에서 [sanesɔ] 山で 山から
-한테서 [hantʰesɔハンテソ] 〜(人)から	저한테서 [tʃɔhantʰesɔ] 私から	딸한테서 [ʔtar(h)antʰesɔ] 娘から	학생한테서 [hakʔsɛŋhantʰesɔ] 学生から

-에게서* [egesɔエゲソ] ～(人)から	저에게서 [tʃoegesɔ] 私から	딸에게서 [ˀtaregesɔ] 娘から	학생에게서 [hakˀsɛŋegesɔ] 学生から
-로／-으로 [roロ]/[ɯroウロ] ～へ(方向)	학교로 [hakˀkjoro] 学校へ	들로 [tɯːllo] 野へ	산으로 [sanɯro] 山へ
～で (道具・手段)	머리로 [mɔriro] 頭で	발로 [pallo] 足で	손으로 [sonɯro] 手で
-하고 [hagoハゴ] ～と(並列)	학교하고 [hakˀkjohago] 学校と	들하고 [tɯːr(h)ago] 野と	산하고 [san(h)ago] 山と
-와／-과* [waワ]/[gwaグァ] [ˀkwaクァ]＊＊ ～と(並列)	학교와 [hakˀkjowa] 学校と	들과 [tɯːlgwa] 野と	산과 [sangwa] 山と

＊印は**書き言葉**で用いる。
＊＊-과は子音語幹とㄹ語幹につくが、子音語幹のうち[ᵖ][ᵗ][ᵏ]で終わるものにつくと［ˀkwa クァ］と発音され、それ以外の子音で終わるもの、およびㄹ語幹につくと［gwa グァ］と発音される。

――――――〈てにをは〉の尊敬形――――――

「～に」の「～」のところに目上の人を表す名詞が来る場合には-에게のかわりに-께［ˀke ケ］という尊敬形を用いる。「～(目上の人)に」の意である。

-에게 (～に) ➡ -께 [ˀke ケ]

　선생님께 [sɔnsɛŋnimˀke ソンセンニムケ] 先生に

「～が」「～は」「～も」にも次のような尊敬形がある。

-가／-이 (～が) ➡ -께서　 [ˀkesɔ ケソ]
-는／-은 (～は) ➡ -께서는 [ˀkesɔnɯn ケソヌン]
-도　　　 (～も) ➡ -께서도 [ˀkesɔdo ケソド]

　선생님께서　　[sɔnsɛŋnimˀkesɔ ソンセンニムケソ]　　　　先生が
　선생님께서는　[sɔnsɛŋnimˀkesɔnɯn ソンセンニムケソヌン] 先生は
　선생님께서도　[sɔnsɛŋnimˀkesɔdo ソンセンニムケソド]　　先生も

部屋がありますか？

〈あります・います〉〈ありません・いません〉その1

存在詞の합니다体 있습니다と있습니까？
없습니다と없습니까？

방이 있습니까? —— 아뇨, 없습니다.
[paŋi iʔsɯmniʔka]　　　　[aːnjo ɔːpʔsɯmnida]
[パンイ イッスムニッカ]　　[アーニョ オープスムニダ]

영숙이는 집에 있습니까? —— 지금은 없습니다.
[jɔŋsuginɯn tʃibe iʔsɯmniʔka]　　[tʃigɯmɯn ɔːpʔsɯmnida]
[ヨンスギヌン チベ イッスムニッカ]　[チグムン オープスムニダ]

오늘은 시간이 있습니까? —— 네, 있습니다.
[onɯrɯn ʃigani iʔsɯmniʔka]　　[ne iʔsɯmnida]
[オヌルン シガニ イッスムニッカ]　[ネ イッスムニダ]

맛이 있습니까? —— 네, 아주 맛이 있습니다.
[maʃi iʔsɯmniʔka]　　　　[ne adʒu maʃi iʔsɯmnida]
[マシイッスムニッカ]　　　[ネ アジュ マシ イッスムニダ]

화장실은 어디 있습니까? —— 저쪽에 있습니다.
[hwadʒaŋʃirɯn ɔdi iʔsɯmniʔka]　　[tʃɔʔtʃoge iʔsɯmnida]
[ファジャンシルン オディ イッスムニッカ]　[チョッチョゲ イッスムニダ]

POINT 朝鮮語は日本語と違って「ある」と「いる」の区別がない。いずれも 있다（イッタ）で表す。同様に「ない」と「いない」も 없다（オープタ）だけで表せる。있다・없다は 存在詞 という品詞に属する。합니다（ハムニダ）体の形は次の通り。

平叙	あります・います	있습니다
疑問	ありますか・いますか	있습니까？
平叙	ありません・いません	없습니다
疑問	ありませんか・いませんか	없습니까？

部屋がありますか？──いいえ、ありません。

＊방〈房〉[paŋ パン] 部屋

ヨンスクは家にいますか？──今はいません。

＊영숙이 ヨンスク（女性の名）。영숙までが名で、-이は子音語幹の名にのみつける接尾辞。友人や目下の者の名に使用する。　＊지금〈只今〉[tʃigum チグム] 今

今日は時間がありますか？──はい、あります。

＊오늘 [onɯl オヌル] 今日　＊시간〈時間〉[ʃigan シガン] 時間

おいしいですか？──はい、とてもおいしいです。

＊맛 [matˈ マッ] 味。「おいしい」は「맛이（味が）있다（ある）」という。「おいしくない」は「맛이（味が）없다（ない）」　＊맛이を [maʃi] と発音することについては ➡p.207　＊아주 [adʒu アジュ] 副 とても

トイレはどこにありますか？──あっちにあります。

＊화장실〈化粧室〉[hwadʒaŋʃil ファジャンシル] トイレ　＊어디 [ɔdi オディ] どこ。どこに
＊저쪽 [tʃɔˀtʃokᵏ チョッチョク] あっち

1 あいさつと最重要表現編

時間がありますか？

〈あります・います〉〈ありません・いません〉その2

存在詞の해요体 있어요と있어요？
없어요と없어요？

시간이 있어요? —— 아뇨, 지금은 없어요.

[ʃigani iʔsɔjo] [aːnjo tʃigumɯn ɔːpʔsɔjo]
[シガニ　イッソヨ] [アーニョ　チグムん　オープソヨ]

영숙이는 집에 있어요? —— 네, 있어요.

[jɔŋsuginɯn tʃibe iʔsɔjo] [ne iʔsɔjo]
[ヨんスギヌン　チベ　イッソヨ] [ネ　イッソヨ]

오늘도 시간이 없어요? —— 네, 없어요.

[onɯldo ʃigani ɔːpʔsɔjo] [ne ɔːpʔsɔjo]
[オヌルド　シガニ　オープソヨ] [ネ　オープソヨ]

여기에는 유학생도 있어요? —— 네, 그럼요.

[jɔgienɯn juhakʔsɛŋdo iʔsɔjo] [ne kɯrɔmnjo]
[ヨギエヌン　ユハㇰせンド　イッソヨ] [ネ　クロムニョ]

화장실은 어디 있어요? —— 이쪽에 있습니다.

[hwadʒaŋʃirɯn ɔdi iʔsɔjo] [iʔtʃoge iʔsumnida]
[ファジャんシルン　オディ　イッソヨ] [イッチョゲ　イッスムニダ]

POINT 存在詞있다（イッタ）と없다（オープタ）の해요（ヘヨ）体は 있어요・없어요 である。합니다（ハムニダ）体と違って、形の上では平叙形と疑問形の区別がない。文末を上げて発音すれば疑問形になる。表記上は、疑問形には「？」をつける。

平叙	あります・います	있어요
疑問	ありますか・いますか	있어요？
平叙	ありません・いません	없어요
疑問	ありませんか・いませんか	없어요？

時間がありますか？――いいえ、今はありません。

ヨンスクは家にいますか？――はい、います。

＊집 [tʃiᵖ チㇷ゚] 家

今日も時間がありませんか？――はい、ありません。

ここには留学生もいますか？――ええ、もちろんですよ。

＊여기 [jɔgi ヨギ] ここ　＊-에는◀-에（に）+-는（は）　＊그럼요そうですとも。もちろんです。[그럼뇨] と発音することについては➡ [n] の出現　p.220

トイレはどこにありますか？――こっちにあります。

＊이쪽 [iʔtʃoᵏ イッチョㇰ] こっち　＊해요体に対して합니다体で答えるのも、またその逆も可

1 あいさつと最重要表現編

約束がおありですか？

「ある」「ない」の尊敬表現〈おありです・おありですか〉

합니다体	있으십니다と있으십니까？ 없으십니다と없으십니까？
해요体	있으세요と있으세요？ 없으세요と없으세요？

약속이 있으십니까? —— 아뇨, 없습니다.
[jakʔsogi iʔsɯʃimniʔka]   [aːnjo ɔːpʔsɯmnida]
[ヤクソギ イッスシムニッカ]   [アーニョ オープスムニダ]

맛이 없으십니까? —— 아뇨, 오늘은 좀 식욕이 없어요.
[maʃi ɔːpʔsɯʃimniʔka]   [aːnjo onɯrɯn tʃom ʃigjogi ɔːpʔsɔjo]
[マシ オープスシムニッカ]   [アーニョ オヌルン チョム シギョギ オープソヨ]

내일은 시간이 있으세요? —— 아뇨, 전혀 없으세요.
[nɛirɯn ʃigani iʔsɯsejo]   [aːnjo tʃɔn(h)jɔ ɔːpʔsɯsejo]
[ネイルン シガニ イッスセヨ]   [アーニョ チョニョ オープスセヨ]

왜 그렇게 기운이 없으세요? —— 아, 네, 열이 좀 있어요.
[wɛː kɯrɔkʰe kiuni ɔːpʔsɯsejo]   [a ne jɔri tʃom iʔsɔjo]
[ウェー クロケ キウニ オープスセヨ]   [ア ネ ヨリ チョム イッソヨ]

질문은 없으십니까? —— 저, 질문이 하나 있어요.
[tʃilmunɯn ɔːpʔsɯʃimniʔka]   [tʃɔ tʃilmuni hana iʔsɔjo]
[チルムヌン オープスシムニッカ]   [チョ チルムニ ハナ イッソヨ]

POINT

存在詞있다（ある）・없다（ない）の尊敬形は次の通り。

	합니다体	해요体
平叙	있으십니다	있으세요
	없으십니다	없으세요
疑問	있으십니까？	있으세요？
	없으십니까？	없으세요？

「ある・ない」という存在の主体が必ず目上の人に関わる事物の場合に限る。人間の存在を問題にする場合は使わない。

約束がおありですか？──いいえ、ありません。

＊약속〈約束〉[jakʔsoᵏ ヤクソク] 約束

おいしくありませんか？
　　　　　　　　──いいえ、今日はちょっと食欲がないのです。

＊식욕〈食慾〉[ʃigjoᵏ シギョク] 食欲　＊좀 [tʃom チョム] ちょっと

（目上の第三者のことを話題にして）明日は時間がおありですか？
　　　　　　　　　　　　　　　　　──いいえ、全然ありません。

＊전혀〈全-〉[tʃɔn(h)jɔ チョニョ] 全然。後ろに必ず否定を伴う

どうしてそんなに元気がないのですか？
　　　　　　　　　　──ああ、ええ、ちょっと熱があるんです。

＊왜 [wɛː ウェー] なぜ。どうして　＊그렇게 [kɯrɔkʰe クロケ] そのように　＊기운 [kiun キウン] 元気　＊열〈熱〉[jɔl ヨル] 熱

ご質問はございませんか？──あの、質問が一つあります。

＊질문〈質問〉[tʃilmun チルムン] 質問　＊저 [tʃɔ チョ] 間 あの。その　＊하나 [hana ハナ] 数 一つ

1 あいさつと最重要表現編

李先生はいらっしゃいますか？

「いる」の尊敬表現 〈いらっしゃいます・いらっしゃいますか〉

> 합니다体　계십니다と계십니까？
> 해요体　계세요と계세요？

이 선생님은 지금 댁에 계십니까 ? —— 네, 계십니다.
[i sɔnsɛŋnimɯn tʃigɯm tɛge keːʃimniʔka]　　　[ne　keːʃimnida]
[イ　ソンせんニムン　チグム　テゲ　ケーシムニッカ]　　　[ネ　ケーシムニダ]

부모님도 같이 계세요 ? —— 아뇨, 부모님은 따로 계세요.
[pumonimdo katʃʰi keːsejo]　　　[aːnjo　pumonimɯn ʔtaro keːsejo]
[プモニムド　カチ　ケーセヨ]　　　[アーニョ プモニムン　タロ　ケーセヨ]

자제분은 지금 어디 계십니까 ? —— 미국에 있습니다.
[tʃadʒebunɯn tʃigɯm ɔdi keːʃimniʔka]　　　[miguge iʔsɯmnida]
[チャジェブヌン　チグム　オディ　ケーシムニッカ]　　　[ミグゲ　イッスムニダ]

동생분도 계세요 ? —— 아뇨, 형님만 한 분 계십니다.
[toŋsɛŋbundo keːsejo]　　　[aːnjo　hjɔŋnimman hanbun keːʃimnida]
[トンセンブンド ケーセヨ]　　　[アーニョ ヒョンニムマン ハンブン ケーシムニダ]

가족이 다 한국에 계세요 ? —— 네, 그래요.
[kadʒogi taː hanguge keːsejo]　　　[ne kɯrɛjo]
[カジョギ　ター　ハングゲ　ケーセヨ]　　　[ネ　クレヨ]

> **POINT**
> 「おありです」「おありではありません」のようにものやことがらの存在を問題にする場合の尊敬形は前ページの通りであったが、「いらっしゃる」のように人間の存在を問題にする場合の尊敬形には 계시다 [keːʃida ケーシダ] という単語を用いる。합니다体は平叙形 계십니다 、疑問形 계십니까？ 、해요体は平叙形 계세요 、疑問形 계세요？ となる。なお、「いらっしゃいません」という否定には「안 계시다」や「계시지 않다」という形を用いる ➡ p.96。

李先生は今お宅にいらっしゃいますか？──はい、おります。

＊댁〈宅〉[tɛᵏ テㄱ] お宅　＊自分の身内であっても目上に当たる場合は敬語を用いる

ご両親も一緒にいらっしゃるんですか？
　　　　　　　　　　　　　──いいえ、両親は別の所にいます。

＊부모님〈父母-〉[pumonim プモニム] ご両親　＊같이 [katʃʰi カチ] 一緒に。ゆっくり読むと [katʃʰi カッチ]、普通に読むと [katʃʰi カチ] と発音される ➡ 口蓋音化 p.207　＊따로 [ˀtaro タロ] 別(の所)に

お子様は今どこにいらっしゃるんですか？──アメリカにいます。

＊자제분〈子弟-〉[tʃadʒebun チャジェブン] お子様。他人の子に対する敬称　＊미국〈美國〉アメリカ★미국〈米國〉

弟さんもいらっしゃるんですか？──いいえ、兄だけ一人おります。

＊동생분〈同生-〉他人の弟・妹に対する敬称。弟様。とくに年が離れている場合など、自分の身内にも用いる　＊형님〈兄-〉（弟から見た）お兄様。　＊-만（体言について）〜のみ。〜だけ　＊한 분 お一人

＊家族はみんな韓国にいらっしゃるのですか？──はい、そうです。

＊가족〈家族〉家族　＊다 [taː ター]〔副〕皆。全部　＊한국〈韓國〉韓国

あいさつと最重要表現編 1

これ・それ・あれ・どれ

〈こそあど言葉〉その1

この	이	これ	이것
その	그	それ	그것
あの	저	あれ	저것
どの	어느	どれ	어느 것

저 분은 어느 나라 분이십니까? —— 일본분이세요.
[tʃɔbunɯn ɔnɯ narabuniʃimniʔka]   [ilbonʔpunisejo]
[チョブヌン オヌ ナラブニシムニッカ]   [イルボンプニセヨ]

이 분이 영숙씨 어머님이십니까? —— 네, 그래요.
[ibuni   jɔŋsukʔʃi ɔmɔnimiʃimniʔka]   [ne kɯrɛjo]
[イブニ   ヨンスクシ オモニミシムニッカ] [ネ クレヨ]

어느 사전이 제 거에요? —— **저** 사전이에요.
[ɔnɯ sadʒɔni tʃeʔkɔejo]   [tʃɔ sadʒɔniejo]
[オヌ サジョニ チェッコエヨ]   [チョ サジョニエヨ]

그것이 무엇입니까? —— **이것**은 한국어사전입니다.
[kɯgɔʃi   muɔʃimniʔka]   [igɔsɯn   hangugɔ sadʒɔnimnida]
[クゴシ   ムオシムニッカ]   [イゴスン   ハングゴ サジョニムニダ]

김 명자씨도 한국분이십니까? —— 네, **그** 분은 재일교포세요.
[kimmjɔŋdʒaʔʃido hangukʔpuniʃimniʔka] [ne kɯbunɯn tʃeːilgjopʰosejo]
[キムミョンジャシド ハングクプニシムニッカ] [ネ クブヌン チェーイルギョポセヨ]

POINT 朝鮮語にも〈こそあど〉にあたるものがあり、使い方もおおむね一致している。話し手の近くにあるものは **이**（この）、聞き手の近くにあるものは **그**（その）、話し手と聞き手の両方から離れた遠くに**見えるもの**には **저**（あの）を用いる。ただし、会話の現場にいない第三者やものを指す場合、日本語では「あの」を使うのに対し、朝鮮語では「その」にあたる그を用いる。

あの 方はどこの国の方でいらっしゃいますか？
　　　　　　　　　　　──日本の方でいらっしゃいます。

＊나라国　＊일본분 発音は [일본뿐]。合成語における濃音化➡ p.214

この 方がヨンスクさんのお母様でいらっしゃいますか？
　　　　　　　　　　　──ええ、そうです。

＊영숙ヨンスク（女性の名）　＊－씨〈氏〉～さん　＊어머님（어머니の尊敬語）お母様。日本語と違って他人の前で自分の母親のことをいうときも用いる

どの 辞典が私のですか？── あの 辞典ですよ。

＊사전〈辭典〉[sadʒɔn サジョン] 辞典

それ は何ですか？── これ は朝鮮語の辞典です。

＊무엇 [muɔᵗ ムオッ] 何　＊「그것이 무엇입니까？」は直訳すると「それが何ですか」であるが、ある事柄について最初に話題を切り出すときは普通このように言う　＊한국어〈韓國語〉[hangugɔ ハングゴ] 朝鮮語★조선어〈朝鮮語〉

金明子さんも韓国の方でいらっしゃいますか？
　　　　　　──はい、 あの 方は在日の方でいらっしゃいます。

＊김명자〈金明子〉人名　＊그⌒분その方。あの方。話の現場にいない第三者には그（その）を用いる　＊재일교포〈在日僑胞〉在日同胞

これ・それ・あれ・どれ

〈こそあど言葉〉その2 ——話しことばで用いられる形

これ	이거	(←이것)
それ	그거	(←그것)
あれ	저거	(←저것)
どれ	어느 거	(←어느 것)

이게 뭡니까? —— 생일 선물이에요.

[ige mwɔːmniʔka]　　　[sɛŋil sɔːnmuriejo]
[イゲ　ムォームニッカ]　　[センイル　ソーンムリエヨ]

그럼 **이건** 또 뭐에요? —— 그것도 생일 선물이에요.

[kɯrɔm igɔn ʔto mwɔːejo]　　[kugɔtʔto sɛŋil sɔːnmuriejo]
[クロム イゴン ト　ムォーエヨ]　[クゴット　センイル　ソーンムリエヨ]

둘 다 제 겁니까? —— 아뇨, 하나는 제 동생 거에요.

[tuːl da: tʃeʔkomniʔka]　　[aːnjo hananɯn tʃe toŋsɛŋʔkɔejo]
[トゥール ター チェッコムニッカ]　[アーニョ ハナヌン　チェ トンセンコエヨ]

어느 게 제 겁니까? —— 저게 선생님 거에요.

[ɔnɯge   tʃeʔkomniʔka]　　[tʃɔge sɔnsɛŋnimʔkɔejo]
[オヌゲ　　チェッコムニッカ]　　[チョゲ ソンセンニムコエヨ]

저건 혹시 사전입니까? —— 네, 사실은 한일사전이에요.

[tʃɔgon hokʔʃi saːdʒɔnimniʔka]　　[ne saːʃirɯn hanilsadʒɔniejo]
[チョゴン ホクシ サジョニムニッカ]　[ネ　サーシルン　ハニルサジョニエヨ]

POINT

〈こそあど〉は話しことばでは下のようにそれぞれ終声のㅅ（シオッ）がとれた形を用いる。これらに「〜が」「〜は」「〜を」を表す語尾がついた形もそれぞれ変わってくる。「何」もあわせて示す。

		-가/-이 〜が	-는/-은 〜は	-를/-을 〜を
これ	이거	이게	이건	이걸
それ	그거	그게	그건	그걸
あれ	저거	저게	저건	저걸
どれ	어느〜거	어느〜게	어느〜건	어느〜걸
何	뭐	뭐가	뭔	뭘

|これは| 何ですか？──誕生日のプレゼントです。

*直訳すると「これが何ですか」だが、最初に話題を切り出す場合は体言語尾-가/-이（〜が）を用いるのが普通　*뭡니까←뭐+입니까の-이-が落ちた形　*생일〈生日〉[sɛŋil セㇰイル] 誕生日　*선물〈膳物〉[sɔːnmul ソーンムル] 贈り物

じゃ、|これは| また何ですか？──それも誕生日のプレゼントですよ。

*그럼[kɯrɔm クロム]では　*さらに話を展開して次の事柄について尋ねるときは語尾-는/-은（〜は）を用いる

二つとも私|の| ですか？──いいえ、一つは私の弟|の| ですよ。

*둘[tuːl トゥール]（固有語の数詞）二つ　*제私の　*하나[hana ハナ]（固有語の数詞）一つ

|どれが| 私|の| ですか？──あれが先生|の| ですよ。

*日本語は「私のもの」を場合によっては「私の」だけでも表すことができるが、朝鮮語では제〜것あるいは제〜거という形でないと「私のもの」という意味にはならない

|あれは| ひょっとすると辞典ですか？──はい、実は韓日辞典です。

*혹시〈或是〉[hokʔʃi ホㇰシ] もしかすると。ひょっとして　*사실은〈事實ー〉[saːʃirun サーシルン] 実は。事実は　*한일사전〈韓日辭典〉[hanilʔsadʑɔn ハニㇽサジョン] 韓日辞典

65

ここ・そこ・あそこ・どこ

場所を表す〈こそあど言葉〉

여기[jɔgi ヨギ]	ここ
거기[kɔgi コギ]	そこ
저기[tʃɔgi チョギ]	あそこ
어디[ɔdi オディ]	どこ

여기가 어딥니까? —— **여기**는 비원 앞입니다.

[jɔgiga ɔdimniʔka]　　　　[jɔginɯn piːwɔn apʰimnida]
[ヨギガ　オディムニッカ]　　[ヨギヌン　ピーウォン　アピムニダ]

지금 **어디** 계십니까? —— 학교 앞에 있습니다.

[tʃigɯm ɔdi keːʃimniʔka]　　[hakʔkjo apʰe iʔsɯmnida]
[チグム オディ ケーシムニッカ]　[ハッキョ アペ　イッスムニダ]

오늘 모임은 **어디**서 있어요? —— 오늘도 **여기**서 있어요.

[onɯl moimɯn ɔdisɔ iʔsɔjo]　　[onɯldo jɔgisɔ iʔsɔjo]
[オヌル モイムン　オディソ　イッソヨ]　[オヌルド ヨギソ　イッソヨ]

저기가 우리 호텔입니까? —— 아뇨, **저기**는 백화점이에요.

[tʃɔgiga uri hotʰerimniʔka]　　[aːnjo tʃɔginɯn pɛkʔkʰwadʒɔmiejo]
[チョギガ　ウリ　ホテリムニッカ]　[アーニョ チョギヌン ペックァジョミエヨ]

서울역은 **여기**서 금방이에요. —— 아, 그래요?

[sɔulljɔgɯn jɔgisɔ kɯmbaɲiejo]　　[a kɯrɛjo]
[ソウルリョグン ヨギソ クムバンイエヨ]　[ア　クレヨ]

> **POINT**
> 「どこどこにある」というときの「(場所)に」は-에だが、〈こそあど〉にはつけないことが多い。「(場所)で」と「(場所)から」はいずれも -에서 [esɔ エソ] だが、〈こそあど〉では -서 [sɔ ソ] という形が好まれる。
> 　여기　　(ここ)
> 　여기　　(ここに)　　　　　　　　←여기에
> 　여기서　(ここで・ここから)　←여기에서

ここ は どこ ですか？――ここ は秘苑の前です。

＊비원〈秘苑〉[piːwɔn ピーウォン] 秘苑（旧王室の庭園）　＊앞 [aᵖ アプ] 前。「Aの前」は「A⌒앞」といえばよい

今 どこ に おられるのですか？――学校の前にいます。

今日の集まりは どこ であるのですか？――今日も ここ であります。

＊모임 [moim モイム] 集まり

あそこ が私たちのホテルですか？
　　　　　　　　　　　――いいえ、あそこ はデパートです。

＊우리 私たち。我々　＊호텔 [hotʰel ホテル] ホテル　＊백화점〈百貨店〉[pɛᵏkʰwadʑɔm ペッ クァジョム] デパート。発音➡ ㅎによる激音化　p.217

ソウル駅は ここ からすぐですよ。――あ、そうですか。

＊서울역〈-驛〉[sɔulljɔᵏ ソウルリョク] ソウル駅。発音➡ [n] の出現　p.220　＊금방〈今方〉[kɯmbaŋ クムバン] 副・名 すぐ。たった今

これは何ですか？

疑問詞〈何・いつ・誰〉など

何	뭐 ← 무엇	どの	어느
いつ	언제	誰	누구
どこ	어디	なぜ	왜
何の	무슨		

이게 뭡니까? —— 선물이에요.
[ige　mwɔːmniˀka]　　　[sɔːnmuriejo]
[イゲ　ムォームニッカ]　　[ソーンムリエヨ]

그럼 이건 또 뭐에요? —— 그것도 선물이에요.
[kɯrɔm igɔn ˀto mwɔːejo]　　　[kɯgɔt̚to sɔːnmuriejo]
[クロム イゴント　ムォーエヨ]　　[クゴット　ソーンムリイエヨ]

무슨 일이 있습니까? 누구 생일입니까? —— 네, 그래요.
[musɯnniri　iˀsɯmniˀka]　[nugu sɛŋirimniˀka]　　[ne kɯrɛjo]
[ムスンニリ　　イッスムニッカ]　[ヌグ　センイリムニッカ]　[ネ　クレヨ]

누구 생일입니까? —— 그건 아직 비밀이에요.
[nugu sɛŋirimniˀka]　　　[kɯgɔn adʑiᵏ piːmiriejo]
[ヌグ　センイリムニッカ]　　[クゴン アジク　ピーミリエヨ]

그 생일날이 언제에요? —— 바로 오늘이에요.
[kɯ sɛŋillari　ɔːndʑeijo]　　[paro onɯriejo]
[ク　センイルラリ　オーンジェエヨ]　[パロ オヌリエヨ]

POINT 무엇［muʌ̀ ムオッ］とその話しことば形뭐［mwɔ: ムォー］は「何」という疑問の意味にもなり、また「何か」という不定の意味にもなる。左に挙げた왜［wɛ: ウェー］以外の朝鮮語の疑問詞は基本的にこうした疑問と不定の2通りの意味に用いることができる。例えば「뭐가 있어요？」は「何があるのですか」と「何かがあるのですか？」の両方の可能性があるわけだが、どちらであるかはイントネーションで区別する。3番目と4番目の例文を聞き比べてほしい。なお「誰が」は누구가とはいわず必ず 누가［nuga ヌガ］という。

これは何ですか？──贈り物です。

ではこれはまた何ですか？──それも贈り物ですよ。

何かあるんですか？ 誰かの 誕生日なのですか？
　　　　　　　　　　　　　　　　──はい、そうなんです。

＊「무슨 일」は［musɯnnil］と［n］を入れて発音する➡ p.220。「何のこと」あるいは「何かのこと」「何かこと（が）」の意

誰の 誕生日ですか？──それはまだ秘密です。

＊누구誰。誰の　＊비밀〈秘密〉［pi:mil ピーミル］秘密

その誕生日というのは いつ ですか？──ちょうど今日なのです。

＊생일날〈生日─〉［sɛŋillal センイルラル］誕生日。생일の話しことば形。発音➡流音化　p.216
＊바로［paro パロ］ちょうど。まさに

1 あいさつと最重要表現編

いいえ、日本人ではありません

否定の指定詞〈～ではありません〉

합니다体	-가／-이 아닙니다
해요体	-가／-이 아니에요

일본분이십니까? —— 아뇨, 전 일본사람이 아닙니다.

[ilbonʔpuniʃimniʔka]　　　　[aːnjo　tʃɔn ilbonsarami　animnida]
[イルボンプニシムニッカ]　　　[アーニョ チョン イルボンサラミ　アニムニダ]

우리는 부부가 아닙니다. —— 그럼 오빠하고 누이세요?

[urinɯn pubuga　animnida]　　　[kɯrɔm oʔpahago　nuisejo]
[ウリヌン ププガ　アニムニダ]　　[クロム オッパハゴ　ヌイセヨ]

사실은 그런 게 아니에요. —— 그럼 어떤 거에요?

[saːʃirɯn kɯrɔnge　aniejo]　　　[kɯrɔm ɔʔtɔngɔejo]
[サーシルン クロンゲ　アニエヨ]　　[クロム オットンゴエヨ]

한국은 이번이 처음이세요? —— 아뇨, 처음은 아닙니다.

[hangugɯn ibɔni　tʃʰɔumisejo]　　[aːnjo　tʃʰɔumɯn animnida]
[ハンググン イボニ　チョウミセヨ]　　[アーニョ チョウムン　アニムニダ]

그런 건 사랑도 아무 것도 아닙니다.

[kɯrɔngɔn saraŋdo　aːmugɔtʔto　animnida]
[クロンゴン サラんド　アームゴット　アニムニダ]

POINT 「日本人です」を「日本人ではありません」のように否定の形にするには「-가／-이 아닙니다」(합니다体)、「-가／-이 아니에요」(해요体) を用いる。このアニムニダとアニエヨは辞書には **아니다** [anida アニダ] という形で載っている。品詞は-이다と同じく 指定詞 。〈～ではありません〉の 〈～〉の位置に来る単語が부부 [pubu] のように 母音で終わっていれば **-가** [ga ガ]、일본사람 [ilbonsaram] のように 子音で終わっていれば **-이** [i イ] を用いる。

日本の方でいらっしゃいますか？
　　　　　　　　──いいえ、私は日本人 では ありません 。

*전←저는私は　*일본사람〈日本－〉[ilbonsaram イルボンサラム] 日本人

私たちは夫婦 では ありません 。
　　　　　　　　──では、兄と妹でいらっしゃいますか？

*부부〈夫婦〉[pubu プブ] 夫婦　*오빠 [oˀpa オッパ] (妹からみた) 兄。お兄さん　*-하고 [hago ハゴ] ～と　*누이 [nui ヌイ] (兄からみた) 妹

実はそういうこと では ありません 。
　　　　　　　　──では、どういうことですか？

*그런 [kɯrɔn クロン] そんな　*게←것이　*그럼 [kɯrɔm クロム] では　*어떤 [ɔˀtɔn オットン] どんな

韓国は今回が初めてでいらっしゃいますか？
　　　　　　　　──いいえ、初めて というわけでは ありません 。

*이번〈－番〉[ibɔn イボン] 今回。今度　*「-가／-이 아니다」のかわりに「-는／-은 아니다」を使うと部分否定の意味になる

そういうのは愛 でも 何 でもありません 。

*사랑 [saraŋ サラん] 愛　*「-도 아니다」は「(AでもないしB) でもない」　*아무‿것도何でも (ない)。何も (ない)

私たちは夫婦ではなくて ただの友達です

〈～ではなくて～〉 指定詞と存在詞の〈～ですが～〉

-가／-이 아니라
-입니다만と있습니다만／없습니다만

우리는 부부가 아니라 그냥 친구에요.

[urinɯn pubuga anira kɯnjaŋ tʃʰinguejo]
［ウリヌン ププガ アニラ クニャン チングエヨ］

그럼 그게 거짓말이 아니라 정말입니까?

[kɯrɔm kɯge kɔːdʒinmari anira tʃɔːŋmarimniʔka]
［クロム クゲ コージンマリ アニラ チョーンマリムニッカ］

고향은 북해도입니다만 국적은 한국입니다.

[kohjaŋɯn puᵏkʰɛdoimnidaman kuᵏʔtʃɔgɯn hangugimnida]
［コヒャンウン プッケドイムニダマン ククチョグン ハングギムニダ］

고향은 동경입니다만 일본사람은 아니에요.

[kohjaŋɯn toŋgjɔŋimnidaman ilbonsaramɯn aniejo]
［コヒャンウン トンギョンイムニダマン イルボンサラムン アニエヨ］

돈은 좀 있습니다만 아주 부자는 아닙니다.

[toːnɯn tʃom iʔsɯmnidaman adʒu puːdʒanɯn animnida]
［トーヌン チョム イッスムニダマン アジュ プージャヌン アニムニダ］

> **POINT** 指定詞아니다の〈~ではありません〉を〈~ではなくて~です〉とする場合には아니다を **아니라** [anira アニラ] に変えて「**-가／-이 아니라**」という形にすればよい。
> 一般に합니다体は입니다만〈~ですが〉、있습니다만〈ありますが〉、없습니다만〈ありませんが〉のように**-만** [man マン] をつけると文をそこで終わらせず続けることができる。この-만は해요体にはつけることができない。

私たちは夫婦 では なくて ただの友達です。

＊그냥 [kɯnjaŋ クニャん] ただ。ただの　＊친구〈親舊〉[tʃʰingu チング] 友達

では、それが嘘 では なくて 本当なのですか？

＊거짓말 [kɔːdʒinmal コージンマル] 嘘　＊정말〈正−〉[tʃɔːŋmal チョーんマル] 名 本当・副 本当に

故郷は北海道 ですが 国籍は韓国です。

＊고향〈故郷〉[kohjaŋ コヒャん] 故郷　＊북해도〈北海道〉[puᵏkʰɛdo プッケド]（日本の）北海道　＊국적〈國籍〉[kuᵏtʃɔᵏ ククチョク] 国籍

故郷は東京 ですが 日本人ではありません。

※「日本人**というわけ**ではありません」というニュアンスです。

＊동경〈東京〉[toŋgjɔŋ トんギョん] 東京。도쿄 [toːkʰjo トーキョ] ともいう

お金はいささか ありますが 、とても金持ちだというわけではありません。

＊돈 [toːn トーン] お金　＊아주 [adʒu アジュ] 副 とても　＊부자〈富者〉[puːdʒa プージャ] 金持ち

1 あいさつと最重要表現編

今日は何曜日ですか？

曜日名

일요일～토요일

오늘은 무슨 요일 입니까? —— 월요일 입니다.
[onɯrɯn musɯnnjoirimniʔka]　　　[wɔrjoirimnida]
[オヌルン　ムスンニョイリムニッカ]　　　[ウォリョイリムニダ]

그럼 내일은 화요일 이에요? —— 네, 그래요.
[kɯrɔm nɛirɯn hwajoiriejo]　　　[ne kɯrɛjo]
[クロム　ネイルン　ファヨイリエヨ]　　　[ネ　クレヨ]

수요일 에도 수업이 있으십니까? —— 아뇨, 없습니다.
[sujoiredo　　suɔbi　　iʔsɯʃimniʔka]　　[aːnjo　ɔːpʔsɯmnida]
[スヨイレド　　スオビ　　イッスシムニッカ]　　[アーニョ　オープスムニダ]

이번주 토요일 에는 회사에 볼일이 좀 있습니다.
[ibɔnʔtʃu tʰojoirenɯn　　hweːsae polliri　　tʃom iʔsɯmnida]
[イボンチュ　トヨイレヌン　　フェーサエ　ポルリリ　　チョム　イッスムニダ]

일요일 에는 보통 댁에 계십니까? —— 네, 집에 있어요.
[irjoirenɯn　　poːtʰoŋ tɛge keːʃimniʔka]　　[ne tʃibe iʔsɔjo]
[イリョイレヌン　　ポートん　テゲ　ケーシムニッカ]　　[ネ　チベ　イッソヨ]

> **Point**
> 曜日名はすべて漢字語となっている。
> 일요일 〈日曜日〉 [irjoil イリョイル] 日曜日
> 월요일 〈月曜日〉 [wɔrjoil ウォリョイル] 月曜日
> 화요일 〈火曜日〉 [hwajoil ファヨイル] 火曜日
> 수요일 〈水曜日〉 [sujoil スヨイル] 水曜日
> 목요일 〈木曜日〉 [mogjoil モギョイル] 木曜日
> 금요일 〈金曜日〉 [kɯmjoil クミョイル] 金曜日
> 토요일 〈土曜日〉 [tʰojoil トヨイル] 土曜日
> 무슨 요일 〈-曜日〉 [musɯnnjoil ムスンニョイル] 何曜日

今日は 何曜日 ですか？——月曜日 です。

＊무슨 요일の発音は [무슨뇨일] ➡ [n] の出現 p.220

では明日は 火曜日 ですか？——はい、そうです。

水曜日 にも授業がおありですか？——いいえ、ありません。

＊「～曜日に」の「～に」は-에。「～にも」は-에도、「～には」は-에는　＊수업〈授業〉[suɒ̹
스오프] 授業

今週の 土曜日 にはちょっと会社に用事があります。

＊이번주〈-番週〉[ibɔnʔtʃu イボンチュ] 今週　＊회사〈會社〉[hweːsa フェーサ] 会社
＊볼일 [pollil ポルリル] 用事。発音については➡ p.221

日曜日 には普段お宅にいらっしゃいますか？——はい、家におります。

＊보통〈普通〉[poːtʰoŋ ポートン] 副・名 普通。普段

■子音字母の名称

ㄱ	기역(★기윽) [kijɔk キヨク]	ㅆ	쌍시옷(★된시읏) [ʔsaŋʃioᵗ サンシオッ]
ㄲ	쌍기역(★된기윽) [ʔsaŋgijɔk サンギヨク]	ㅇ	이응 [iɯŋ イウン]
ㄴ	니은 [niɯn ニウン]	ㅈ	지읒 [tʃiɯᵗ チウッ]
ㄷ	디귿(★디읃) [tigɯᵗ ティグッ]	ㅉ	쌍지읒(★된지읏) [ʔsandʒiɯᵗ サンジウッ]
ㄸ	쌍디귿(★된디읃) [ʔsandigɯᵗ サンディグッ]	ㅊ	치읓 [tʃʰiɯᵗ チウッ]
ㄹ	리을 [riɯl リウル]	ㅋ	키읔 [kʰiɯk キウク]
ㅁ	미음 [miɯm ミウム]	ㅌ	티읕 [tʰiɯᵗ ティウッ]
ㅂ	비읍 [piɯp ピウプ]	ㅍ	피읖 [pʰiɯp ピウプ]
ㅃ	쌍비읍(★된비읍) [ʔsanbiɯp サンビウプ]	ㅎ	히읗 [hiɯᵗ ヒウッ]
ㅅ	시옷(★시읏) [ʃioᵗ シオッ]		

STEP 2
重要用言編

用言の活用について

　朝鮮語の学習にとって一番難しいところは何といっても用言の活用であるといえる。しかし基本的な事柄さえ理解すれば一見難しそうに見える用言の活用もきわめて体系的に把握することができる。そのもっとも基本的な事柄がつまり**〈語基（ごき）〉**の考え方である。

1　四つの品詞と基本形

　朝鮮語の**用言**は4つの品詞に分かれている。**動詞・形容詞・存在詞**（基本的には三つのみ）**・指定詞**（二つのみ）である。これらの用言を辞書で見てみると、たとえば

받다	[pat̚ta パッタ]	受け取る	動詞
작다	[tʃaːk̚ta チャークタ]	小さい	形容詞
있다	[iʔta イッタ]	ある・いる	存在詞
-이다	[ida イダ]	～である	指定詞

のように、発音はともかくすべて-다という形で終わっている。この**-다で終わる辞書に載る形**を**基本形**という。

2　語幹と語尾

　基本形から-다を取った残りの받-・작-・있-・-이-などの単語の本体の部分を**語幹**という。ところで朝鮮語の用言は基本的にすべて

語幹	語尾

という2つの部分に分けることができる。上の四つの例でいえば-다の部分が語尾で、それが語幹についているわけである。**語幹の部分が個々の単語の**

語彙的な意味を受け持ち、語尾が単語の文法的な働きを受け持つと考えてよい。ここでの-다は〈用言の基本形を作る〉という文法的な働きを受け持つ語尾なのである。

この基本形の語尾-다の場合でもわかるように、どんな用言につくときでも〈語幹＋語尾〉のうち、語尾そのものの形は変化しないのが原則である。-다はどの単語につくときでも-다という形をしているわけである。このことがまず重要だ。

3　語基

一方、語幹の方を見ると、３通りの形を使い分ける。この３通りの語幹のことを

語基

と呼ぶ。言いかえると、すべての朝鮮語の用言にはそれぞれ3種類の語基があるわけである。この三つの語基をそれぞれ第Ⅰ語基、第Ⅱ語基、第Ⅲ語基と呼び、Ⅰ・Ⅱ・Ⅲで表す。

たとえば、받다 [paᵗʔta パッタ]（受け取る）という動詞の語基を見てみると

　　　第Ⅰ語基　받　　[paᵗ パッ]
　　　第Ⅱ語基　받으　[paduɯ パドゥ]
　　　第Ⅲ語基　받아　[pada パダ]

という具合である。そしてこれら三つの語基は

　　どういう語尾が後ろに来るか

によって使い分ける。言いかえるとすべての語尾は、実は

　　３つの語基のうちのどれにつくかがあらかじめ決まっている

のである。たとえば「…すれば」という意味を表す語尾-면 [mjɔn ミョン]は必ず第Ⅱ語基につくと決まっている。そしてそのことをⅡ-면のように表して覚えておけばよい。「受け取れば」と言いたければ받다（受け取る）の第Ⅱ語基받으に-면をつけて받으면 [paduɯmjɔn パドゥミョン] とすればよ

いのである。

　問題は三つの語基のほうだが、それも幸いなことに実はそれぞれの用言の基本形から規則的に導き出すことができる。したがって語基の作り方さえマスターすればよいのである。

4　三つの語基の作り方

　基本形から三つの語基を作るには、まず当の**用言の語幹が母音で終わっているか子音で終わっているか**に着目する。例えば보다（見る）の語幹は보-［po ポ］だから母音で終わっているが、これを**母音語幹**という。받다（受け取る）の語幹は받-［pa^t パッ］で、子音で終わっている。このグループを**子音語幹**という。それぞれの用言が母音語幹か子音語幹かによって次のように処理すればよい。

	子音語幹	母音語幹
	받다	보다
第Ⅰ語基…語幹そのままの形	받	보
第Ⅱ語基…子音語幹にだけ-으をつける 　　　　母音語幹には何もつけない	받으	보
第Ⅲ語基…子音語幹・母音語幹を問わず語幹に-아［a］もしくは-어［ɔ］をつける	받아	보아

第Ⅲ語基で語幹に-아をつけるか-어をつけるかは、明るい母音（陽母音）は明るい母音同士で結びつき、暗い母音（陰母音）はまた暗い母音同士で結びつくという **母音調和** という規則にしたがうのであるが、決め手となるのは **語幹の最後の母音** である。

　　語幹の母音が陽母音、つまり

　　　ㅏ [a] または ㅗ [o] の場合は　➡　보다　받다

　　　同じ **陽母音の-아** [a] をつける　➡　보아　받아

のに対し、

　　語幹の母音がㅏとㅗ以外の場合は　➡　주다　먹다

　　陰母音の-어 [ɔ] をつける　➡　주어　먹어

のである。

　前のページの表からも明らかな通り、子音語幹の場合は三つの語基は常に形が異なるのに対し、母音語幹の場合には第Ⅱ語基で何もつけないのだから結果的に第Ⅰ語基と第Ⅱ語基の形はいつも同じ形になるということになる。

　　母音語幹の用言では常に　Ⅰ＝Ⅱ

5　語幹末がㅏ[a]・ㅓ[ɔ]・ㅕ[jɔ]の母音語幹の用言

　また第Ⅲ語基を作る際に、母音語幹の用言のうち、가다（行く）や서다（立つ）のように **語幹がㅏ [a]・ㅓ [ɔ]・ㅕ [jɔ] という母音となっているものはⅢで必ず母音を縮めなければならない**。つまり

　　　Ⅲ　가아　➡　가、　Ⅲ　서어　➡　서 とする

わけである。したがって가다や서다など **母音ㅏ・ㅓ・ㅕで終わる母音語幹の場合はⅠ가、Ⅱ가、Ⅲ가のように結果として第Ⅰ語基から第Ⅲ語基までが常に同じ形になる**。このタイプの用言には자다（寝る）、만나다（会う）、타다（乗る）など、日常よく用いられる動詞が多い。

6　語幹末が母音 ㅣ [i] の母音語幹の用言

　また、다니다 [tanida タニダ]（通う）の語幹다니のように**語幹末に母音 ㅣ [i] を持つもの**も陽母音ではないので、第Ⅲ語基では母音어をつけるわけだが、その際にも普通縮めて

　　　Ⅲ　**다니어** [taniɔ]　➡　**다녀** [tanjɔ]　とする、つまり
　　　Ⅲ　**ㅣ어** [iɔ]　　➡　**ㅕ** [jɔ]　　　とする

決まりである。

7　話しことばでの第Ⅲ語基の母音の縮約

　なお、ㅗ [o] やㅜ [u] を語幹の最後に持つ母音語幹の用言、たとえば보다 [poda] や주다 [tʃuda] などの**第Ⅲ語基も、話しことばでは**

　　　보아 [poa ポア]　　➡　봐 [pwa: プァー]
　　　주어 [tʃuɔ チュオ]　➡　줘 [tʃwɔ: チュォー]

のように**縮めて用いるのが普通**である。また오다 [oda オダ]（来る）に限ってはⅢは오아ではなく必ず縮めて와としなければならない。
　なお母音語幹の用言の具体例は➡　pp.90〜95、子音語幹は　pp.84〜89を見よ。

8　하다 [hada ハダ] 用言の場合

　語幹が母音で終わるもののうち、하다 [hada ハダ]（する）や〜하다という形をしたすべての動詞や形容詞は、Ⅲで하＋아➡하とはならずに、必ず해 [hɛ ヘ] となる点が変則的である。なお、かたい文体の書きことばではⅢは해のかわりに**하여** [hajɔ ハヨ] という形も用いられる。実用的には

　　　하다　の第Ⅲ語基は　**해**

と覚えておけばよい。

たとえば공부하다［koŋbuhada　コ ン ブハダ］（勉強する）は

　　Ⅰ공부하　　Ⅱ공부하　　Ⅲ공부해

となる。ⅠとⅡはもちろん同形でⅢだけが異なるのは他の母音語幹の用言と同様である。하다用言の具体例については➡ p.104。

　以上が用言の活用の基本で、これだけで朝鮮語の用言の4分の3ほどの活用がわかったことになる。

　なお母音語幹・子音語幹・하다用言のほかにも少し変わった活用をするものがいくつかあるが、その際にも語基の考え方はきわめて有効なので、ぜひともマスターしてほしい。

ここで挙げたもの以外については、ㄹ（リウル）活用➡ pp.100〜103、으（ウ）活用➡ p.106、르（ル）変格➡ pp.108〜111、ㅂ（ピウプ）変格➡ p.112、ㅎ（ヒウッ）変格➡ p.114、ㄷ（ティグッ）変格➡ p.116、ㅅ（シオッ）変格➡ p.117を参照。

どれが一番いいですか？

子音語幹の用言その1　합니다体

Ⅰ-습니다／Ⅰ-습니까？

이 중에서 어느 게 제일 좋습니까? ―전 이게 좋습니다.
[idʒuŋesɔ　ɔnɯge　　tʃeːil tʃoːʔsɯmniʔka]　[tʃɔn ige　tʃoːʔsɯmnida]
[イジュㇴエソ　オヌゲ　　　チェーイル チョーッスムニッカ]　[チョㇴ イゲ チョーッスムニダ]

저는 동생보다 키가 작습니다. ―체중도 적습니까?
[tʃɔnɯn toŋsɛŋboda kʰiga tʃakʔsɯmnida]　　[tʃʰedʒuŋdo tʃɔkʔsɯmniʔka]
[チョヌㇴ トㇴセㇴボダ キガ チャクスムニダ]　　[チェジュㇴド チョクスムニッカ]

돈은 어디서 찾습니까? ―요 앞의 은행에서 찾습니다.
[toːnɯn ɔdisɔ tʃʰaʔsɯmniʔka]　　[jo apʰe ɯn(h)ɛŋesɔ tʃʰaʔsɯmnida]
[トーヌㇴ オディソ チャッスムニッカ]　　[ヨ アペ ウネㇴエソ　　チャッスムニダ]

한국에서는 어느 산이 제일 높습니까? ―글쎄요.
[hangugesɔnɯn ɔnɯ sani　tʃeːil nopʔsɯmniʔka]　[kɯlʔsejo]
[ハングゲソヌㇴ　オヌ サニ　チェーイル ノプスムニッカ]　[クㇽセヨ]

책 주문은 누가 받습니까? ―제가 받습니다.
[tʃʰɛk tʃuːmunɯn nuga paʔsɯmniʔka]　[tʃeːga paʔsɯmnida]
[チェク チュームヌㇴ ヌガ　　パッスムニッカ]　[チェーガ パッスムニダ]

POINT 語幹が子音で終わる用言、つまり子音語幹の用言の三つの 語基 (➡ p.79) を받다と입다を例にとって見てみる。

　　　　받다（受け取る）の　　Ⅰは받、Ⅱは받으、Ⅲは받아
　　　　입다（着る）の　　　　Ⅰは입、Ⅱは입으、Ⅲは입어

このように第Ⅱ語基で語幹に으 [ɯ ウ] という母音がつく。子音語幹の用言の합니다体を作る語尾は平叙形では Ⅰ-습니다 [ʔsɯmnida スムニダ]（〜です・ます）、疑問形は Ⅰ-습니까 [ʔsɯmniʔka スムニッカ]（〜ですか・ますか）である。

이 中でどれが一番いいですか？――私はこれがいいです。

＊중〈中〉图 中。うち　＊제일〈第一〉[tʃeːil チェーイル] 一番　＊좋다 [tʃoː(ᵗ)tʰa チョータ] 形 よい。Ⅱ좋으 [tʃoːɯ チョーウ] Ⅲ좋아 [tʃoːa チョーア]

私は弟より背が低いのです。――体重も少ないですか？

＊「키가 작다」「背が低い」　＊작다 [tʃaʔᵏta チャークタ] 形 小さいⅡ작으 Ⅲ작아　＊체중〈體重〉体重　＊적다 [tʃɔʔᵏta チョークタ] 形 少ないⅡ적으Ⅲ적어

お金はどこでおろすのですか？――ここの前の銀行でおろします。

＊찾다 [tʃʰaʔᵗta チャッタ] 他 探す。見つける。（お金を）おろす。Ⅱ찾으 Ⅲ찾아　＊요 [jo ヨ] この　＊은행〈銀行〉[ɯn(h)ɛŋ ウネん] 銀行

韓国ではどの山が一番高いですか？――そうですね…。

＊산〈山〉[san サン]　＊높다 [noᵖᵖta ノプタ] 形 （高さが）高い。Ⅱ높으Ⅲ높아　＊글쎄요 間 そうですね。ええっと

本の注文は誰が受けるんですか？――私が受けます。

＊주문〈注文〉[tʃuːmun チュームン]　＊받다 [paʔᵗta パッタ] 他 受ける。受け取る。もらう　＊제가 私が。저（私）+-가（〜が）は必ず 제가 という形になる

お泊まりになります

子音語幹の用言その2　합니다体の尊敬形

Ⅱ-십니다／Ⅱ-십니까？

저희 아버님은 매일 이 양복만 입으십니다．──왜요？
[tʃɔi abɔnimɯn mɛːil i jaŋboŋman ibɯʃimnida] [wɛːjo]
［チョイ　アボニムン　　メーイル　イ　ヤンボンマン　イブシムニダ］　　［ウェーヨ］

그 분은 사람이 참 좋으십니다．──멋도 있으십니까？
[kɯbunɯn saːrami tʃʰam tʃoːɯʃimnida] [mɔˀto iˀsɯʃimniˀka]
［クブヌン　サーラミ　チャム　チョーウシムニダ］　［モット　イッスシムニッカ］

박 선생님은 오늘도 여기서 묵으십니다．
[pakˀsɔnsɛŋnimɯn onɯldo jɔgisɔ   mugɯʃimnida]
［パクソンせんニムン　　オヌルド　ヨギソ　　ムグシムニダ］

구두를 매일 닦으십니까？──아뇨, 가끔 닦습니다．
[kudurɯl mɛːil taˀkɯʃimniˀka] [aːnjo kaˀkɯm takˀsɯmnida]
［クドゥルル　メイル　タックシムニッカ］　［アーニョ　カックム　タクスムニダ］

이 집 음식이 입에 맞으십니까？──네, 아주 맛이 있습니다．
[i tʃip ɯmʃigi ibe   madʒɯʃimniˀka] [ne adʒu maʃi iˀsɯmnida]
［イ　チプ　ウームシギ　イベ　　マジュシムニッカ］　［ネ　アジュ　マシ　イッスムニダ］

POINT 「〜なさいます」のような尊敬形の합니다体は **II-십니다** [ʃimnida シムニダ]、「〜なさいますか」は **II-십니까** [ʃimniʔka シムニッカ] という形になる。この-시-は尊敬の接尾辞（→ p.45・p.50）で、必ず第II語基につく。このように第II語基の次に시 [ʃi シ] があったら尊敬の意味だと思えばよい。

私の父は毎日このスーツばかり着ます。――どうしてですか？

*「저희 아버님」は直訳すると「私たちのお父様」　*매일〈毎日〉[mɛ:il メール] 毎日
*양복〈洋服〉スーツ　*입다 [iᵖta イプタ] 他 着る。II입으 III입어。ここではII-십니다で「着られます」（尊敬形）　*왜（なぜ）で文を終わらせる場合、-요をつけるとていねいになる

あの方は人柄がほんとによろしいですよ。
###　　　　　　　　　　　　　　　――見た感じも素敵なんですか？

*사람 [sa:ram サーラム] 人　*참本当に　*「멋이 있다」「素敵だ」。「멋도 있다」で「素敵でもある」。멋は「趣」「粋」

朴先生は今日もここでお泊まりになります。

*묵다 [muᵏta ムクタ] 自 泊まる。II묵으 III묵어

靴を毎日磨かれますか？――いいえ、たまに磨きます。

*구두靴　*닦다 [taᵏta タクタ] 他 磨く。II닦으 [taʔkɯ タック] III닦아 [taʔka タッカ]
*가끔たまに

この店の料理はお口に合いますか？――はい、とてもおいしいですよ。

*집 [tʃiᵖ チプ] 家。店　*음식〈飲食〉料理。食べ物　*입 [iᵖ イプ] 口　*맞다 [maᵗta マッタ] 合う。II맞으 III맞아　*「입에 맞다」「口に合う」

お読みになりますか？

子音語幹の用言その3　해요体

> Ⅲ-요／Ⅲ-요？
> 尊敬形Ⅱ-세요／Ⅱ-세요？

친구한테서 편지는 자주 받으세요? —— 네, 가끔 받아요.
[tʃʰinguhantʰesɔ pʰjɔːndʒinɯn tʃadʒu padɯsejo]　[ne kaʔkɯm padajo]
［チングハンテソ　ピョーンジヌン　チャジュ　パドゥセヨ］　［ネ　カックム　パダヨ］

그 회사는 월급이 좀 적어요. —— 그럼 휴가는 많아요?
[kɯ hweːsanɯn wɔlgɯbi tʃom tʃɔgɔjo]　[kɯrɔm hjuganɯn maːnajo]
［ク　フェーサヌン　ウォルグビ　チョム　チョゴヨ］　［クロム　ヒュガヌン　マーナヨ］

시를 많이 읽으세요? —— 전 시보다 소설을 많이 읽어요.
[ʃirɯl maːni ilgɯsejo]　[tʃɔn ʃiboda soːsɔrɯl maːni ilgɔjo]
［シルル　マーニ　イルグセヨ］　［チョン　シボダ　ソーソルル　マーニ　イルゴヨ］

저는 어디 앉아요? —— 여기 자리가 하나 있어요.
[tʃɔnɯn ɔdi andʒajo]　[jɔgi tʃariga hana iʔsɔjo]
［チョヌン　オディ　アンジャヨ］　［ヨギ　チャリガ　ハナ　イッソヨ］

아침엔 보통 뭘 잡수세요? —— 전 주로 빵을 먹어요.
[atʃʰimen poːtʰoŋ mwɔl tʃapʔsusejo]　[tʃɔn tʃuro ʔpaŋɯl mɔgɔjo]
［アチメン　ポートン　ムォル　チャプスセヨ］　［チョン　チュロ　パンウル　モゴヨ］

POINT 해요체を作る語尾は Ⅲ-요 [jo ヨ]（〜です・ます）という形である。文末を上げて発音すると「〜ですか・ますか」という疑問の意味。第Ⅲ語基は語幹末の母音の種類により、아 [a ア] / 어 [ɔ オ] をつける。語幹の最後の母音が陽母音の받다 ➡ Ⅲ받아、陰母音の입다 ➡ Ⅲ입어。用言の活用については ➡ p.78。
해요체の尊敬形は Ⅱ-세요 [sejo セヨ]、文末を上げると疑問の意となる。このⅡ-세요の-세-は尊敬の接尾辞-시-の変化した形である。

友達から手紙はよくもらわれますか？――はい、たまにもらいます。

＊-한테서 [hantʰesɔ ハンテソ]（人）から ＊편지〈便紙〉[pʰjɔːndʑi ピョーンジ] 手紙 ＊자주 副 [tɕadʑu チャジュ] しばしば ＊받다 他 受け取る。もらう。Ⅱ받으 Ⅲ받아

あの会社は月給がちょっと少ないのです。――では、休暇は多いのですか？

＊월급〈月給〉[wɔlgɯp ウォルグプ] 月給 ＊휴가〈休暇〉 ＊많다 [maːntʰa マーンタ] 形 多い。Ⅱ많으 [maːnɯ マーヌ] Ⅲ많아 [maːna マーナ]

詩をたくさんお読みになりますか？――私は詩よりも小説をたくさん読みます。

＊시〈詩〉[ɕi シ] 詩 ＊읽다 [ikʰta イクタ] 他 読む。Ⅱ읽으 [ilgɯ イルグ] Ⅲ읽어 [ilgɔ イルゴ] ＊-보다 〜より。〜よりも ＊소설〈小説〉[soːsɔl ソーソル] 小説

私はどこに座るのですか？――ここに席が一つありますよ。

＊앉다 [anʔta アンタ] 自 座る。Ⅱ앉으 [andʑɯ アンジュ] Ⅲ앉아 [andʑa アンジャ] ＊자리 席 ＊하나 数 一つ

朝は普通何を召し上がりますか？――私は主にパンを食べます。

＊아침 [atɕʰim アチㇺ] 朝 ＊뭘 ⬅ 뭐（何）+-ㄹ（〜を）。➡ p.65 ＊잡수시다 [tɕapʔsuɕida チャプスシダ] 他（目上の人が）召し上がる。Ⅲは잡수셔だが、해요체の語尾-요につくときだけは 잡수세- となる ＊주로〈主―〉[tɕuro チュロ] 副 主に ＊빵 [ʔpaŋ ぱん] パン

お会いになりますか？

母音語幹の用言その1　합니다体

> Ⅱ-ㅂ니다／Ⅱ-ㅂ니까?
> 尊敬形Ⅱ-십니다／Ⅱ-십니까?

전기제품은 어디가 제일 **쌉니까**? —— 이 집이 제일 **쌉니다**.
[tʃɔːngidʒepʰumɯn ɔdiga tʃeːil ʔsamniʔka]　[i dʒi tʃeːil ʔsamnida]
[チョーンギジェプムン　オディガ　チェーイル　サムニッカ]　[イ　チビ　チェーイル　サムニダ]

그 버스는 여기서도 **섭니까**? —— 네, 여기서도 **섭니다**.
[kɯ ʔpɔsɯnɯn jɔgisɔdo sɔmniʔka]　[ne jɔgisɔdo sɔmnida]
[ク　ポスヌン　ヨギソド　ソムニッカ]　[ネ　ヨギソド　ソムニダ]

그 손님을 어디서 **만나십니까**? —— 이 다방에서 **만납니다**.
[kɯ sonnimɯl ɔdisɔ mannaʃimniʔka]　[i tabaŋesɔ mannamnida]
[ク　ソンニムル　オディソ　マンナシムニッカ]　[イ　タバんエソ　マンナムニダ]

댁에서는 무슨 신문을 **보십니까**? —— 동아일보를 **봅니다**.
[tɛgesɔnɯn musɯn ʃinmunɯl poʃimniʔka]　[toŋailborɯl pomnida]
[テゲソヌン　ムスン　シンムヌル　ポシムニッカ]　[トんアイルボルル　ポムニダ]

POINT 母音語幹の用言の합니다体の語尾は子音語幹と異なり
　　　　II-ㅂ니다　[mnida　ムニダ]　　　（〜です・ます）
　　　　II-ㅂ니까　[mniʔka　ムニッカ]　　（〜ですか・ますか）
である。尊敬形は子音語幹と同じである。
　　　　II-십니다　[ʃimnida　シムニダ]　　（〜なさいます）
　　　　II-십니까　[ʃimniʔka　シムニッカ]　（〜なさいますか）

電気製品はどこが一番安いですか？──この店が一番安いです。

＊전기제품〈電氣製品〉電気製品　＊싸다[形][ʔsada　サダ]安い　＊집[tʃiᵖ　チㇷ゚]家。店

そのバスはここでも止まりますか？──ええ、ここでも止まりますよ。

＊버스[ʔpɔsɯ　ポス]バス。語頭を普通濃音で発音する★뻐스　＊여기서도ここでも。◀-서（〜で）+-도（〜も）　＊서다[sɔda　ソダ][自]立つ。(車などが)止まる

そのお客様にどこでお会いになるのですか？
　　　　　　　　　　　　　　──この喫茶店で会います。

＊손님[sonnim　ソンニㇺ]お客さま　＊만나다[mannada　マンナダ][他]会う。「〜に会う」は必ず「-를／-을 만나다」という　＊다방〈茶房〉[tabaŋ　タバン]喫茶店

お宅では何新聞をとっていらっしゃるんですか？
　　　　　　　　　　　　──「東亜日報」をとっています。

＊-에서는〜では　＊신문〈新聞〉　＊보다[poda　ポダ][他]見る。「新聞をとること」または「新聞を読むこと」も普通「신문을 보다」という　＊동아일보〈東亞日報〉東亜日報

来年の春に来ます

母音語幹の用言その2　해요体

III-요／III-요？
尊敬形 II-세요／II-세요？

요즘도 그 집에 자주 가세요 ?──네, 자주 가요.
[jodʑumdo kɯ tɕibe tɕadʑu kasejo]　　[ne tɕadʑu kajo]
[ヨジュムド　ク　チベ　チャジュ　カセヨ]　　[ネ　チャジュ　カヨ]

그럼 일본엔 또 언제 오세요 ?──내년 봄에 와요.
[kɯrɔm ilbonen ʔto ɔːndʑe osejo]　　[nɛnjɔn pome wajo]
[クロム　イルボネン　ト　オーンジェ　オセヨ]　　[ネニョン　ポメ　ワヨ]

지금 어느 대학교에 다니세요 ?──서울대학교에 다녀요.
[tɕigɯm ɔnɯ tɛhaᵏʔkjoe tanisejo]　　[sɔuldɛhaᵏʔkjoe tanjɔjo]
[チグム　オヌ　テハッキョエ　タニセヨ]　　[ソウルデハッキョエ　タニョヨ]

그 버스는 저기서도 서요 ?──네, 저기서도 서요.
[kɯ ʔpɔsɯnɯn tɕɔgisɔdo sɔjo]　　[ne tɕɔgisɔdo sɔjo]
[ク　ポスヌン　チョギソド　ソヨ]　　[ネ　チョギソド　ソヨ]

그 분은 언제 만나세요 ?──모레 만나요.
[kɯbunɯn ɔːndʑe mannasejo]　　[more mannajo]
[クブヌン　オーンジェ　マンナセヨ]　　[モレ　マンナヨ]

> **POINT** 해요体の語尾は子音語幹・母音語幹とも同じ。Ⅲ-요 、尊敬形は Ⅱ-세요 。
> もちろん文末を上げると疑問の意となる。

近頃もあの家によく行かれるのですか？――はい、よく行きます。

＊요즘この頃。最近 ＊「그 집」その家。あの家 ＊자주しばしば ＊가다 [kada カダ] 行く。ⅠⅡⅢとも가。가세요はⅡ-세요、가요はⅢ-요の形

ではまた日本にはいつおいでになりますか？――来年の春に来ます。

＊그럼では ＊-엔⇐에는～には ＊오다 [oda オダ] 来る。ⅠⅡ오 Ⅲ와。오세요はⅡ-세요、와요はⅢ-요 ＊내년〈來年〉来年。★래년 ＊봄春

今どちらの大学に通っていらっしゃるのですか？
　　　　　　　　　　　　　――ソウル大学に通っています。

＊어느どの ＊대학교〈大學校〉大学 ＊다니다 [tanida タニダ] 通う。ⅠⅡ다니 Ⅲ다녀

そのバスはあそこでも止まりますか？
　　　　　　　　　　　　　――はい、あそこでも止まりますよ。

＊서다立つ。止まる。ⅠⅡⅢとも서。ここの서요はいずれもⅢ-요

その方とはいつお会いになりますか？――あさって会います。

＊모레 [more モレ] あさって ＊만나다他 会う。ⅠⅡⅢとも만나

医者になられますか？

母音語幹の用言その3

되다・보내다の類

저도 이번 겨울에 아버지가 됩니다. —— 어머, 정말이세요?
[tʃɔdo ibɔn kjɔure abɔdʒiga twemnida]　　[ɔmɔ　tʃɔːŋmarisejo]
[チョド イボン キョウレ アボジガ トェムニダ]　　[オモ　チョーんマリセヨ]

그럼 언제 의사선생님이 되세요? —— 내년 여름에 돼요.
[kɯrɔm ɔːndʒe ɯisasɔnsɛŋnimi twesejo]　　[nɛnjɔn jɔrɯme tweːjo]
[クロム オーンジェ ウィサソンせンニミ トェセヨ]　　[ネニョン ヨルメ トェヨ]

그건 너무 폐가 돼요. —— 아니, 전 정말 괜찮습니다.
[kɯgɔn nɔmu pʰeːga tweːjo]　　[ani　tʃɔn tʃɔːŋmal kwɛntʃʰanʔsumnida]
[クゴン ノム ペーガ トェーヨ]　　[アニ　チョン チョーんマル クェンチャンスムニダ]

이 소포는 비행기편으로 보내세요? —— 아뇨, 배편으로 보내요.
[i soːpʰonɯn pihɛŋgipʰjɔnɯro ponɛsejo]　　[aːnjo pɛpʰjɔnɯro ponɛjo]
[イ ソーポヌン ピヘンギピョヌロ ポネセヨ]　　[アーニョ ペピョヌロ ポネヨ]

> **POINT** 되다（なる）のように語幹が母音ㅚ [we] で終わる用言はⅠ・Ⅱは語幹そのままの形、Ⅲで돼と、母音が ㅙ [wɛ:] になる。なお書きことばではⅢは되어 [tweɔ] ★되여となる。また보내다のように語幹が母音ㅐ [ɛ] で終わる用言のⅢはそのままの形で、書きことばでのみ보내어 ★보내여のように어★여がつく。세다 [se:da]（数える）のように母音ㅔ [e] で終わるものもⅢはそのまま、書きことばでのみⅢには어★여がついて세어★세여となる。

私も今度の冬に父親になります。
────まあ、そうでいらっしゃいますか？

＊이번〈一番〉今度。今度の ＊겨울 [kjɔul キョウル] 冬 ＊아버지 父親 ＊되다 [tweda トェダ] 圓 なる。「～になる」は「-가/-이（…が）되다」という ＊어머 あら。あらまあ

では、いつお医者様になられるんですか？────来年の夏になります。

＊의사선생님〈醫師先生－〉（의사〈醫師〉の敬語）お医者さま ＊되세요◀되다 ＊돼요◀되다のⅢ돼+요 ＊여름 [jɔrum ヨルム] 夏

それはあまりにもご迷惑でしょう。
────いいえ、私は本当にかまいません。

＊너무 あまりにも ＊폐〈弊〉迷惑。★페 ＊괜찮습니다◀괜찮다 かまわない。大丈夫だ

この小包は航空便でお送りになるんですか？
────いいえ、船便で送ります。

＊소포〈小包〉 ＊비행기편〈飛行機便〉航空便 ＊-으로（道具・手段）～で ➡ p.53 ＊보내다 [ponɛda ポネダ] 送る。 ＊배편〈－便〉船便。배は「船」

明日は会社へ行きません

用言の否定形〈～しない〉

안⌒用言
I -지 않다

내일도 회사에 가십니까? —— 아뇨, 내일은 안⌒갑니다.

[nɛildo hweːsae kaʃimniʔka]　　　[aːnjo nɛirɯn angamnida]
[ネイルド フェーサエ カシムニッカ]　　　[アーニョ ネイルン アンガムニダ]

일본에 자주 오세요? —— 아뇨, 자주는 오지 않아요.

[ilbone tʃadʒu osejo]　　　[aːnjo tʃadʒunɯn odʒi anajo]
[イルボネ チャジュ オセヨ]　　　[アーニョ チャジュヌン オジ アナヨ]

그건 너무 폐가 되지 않습니까? —— 아뇨, 괜찮습니다.

[kɯgɔn nɔmu pʰeːga twedʒi anʔsumniʔka]　　　[aːnjo kwɛntʃʰanʔsumnida]
[クゴン ノム ペーガ トェジ アンスムニッカ]　　　[アーニョ クェンチャンスムニダ]

이 사전은 별로 좋지 않아요. —— 어디가 안⌒좋아요?

[i sadʒɔnɯn pjɔllo tʃoːtʃʰi anajo]　　　[ɔdiga andʒoːajo]
[イ サジョヌン ピョルロ チョーチ アナヨ]　　　[オディガ アンジョーアヨ]

전 아침에는 김치를 안⌒먹습니다.

[tʃɔn atʃʰimenɯn kimtʃʰirɯl anmɔkʔsumnida]
[チョン アチメヌン キムチルル アンモクスムニダ]

POINT 用言の否定形 には①用言の直前に안［an アン］をつける方法、②用言の第Ⅰ語基に-지 않다［tʃi anʰa チアンタ］をつける方法の2通りがある。なお않다［anʰa アンタ］それ自身も子音語幹の用言なのでⅡ않으［anɯ アヌ］Ⅲ않아［ana アナ］と変化しうる。합니다体なら않습니다［anʔsɯmnida アンスムニダ］、해요体なら않아요［anajo アナヨ］となる。안とその直後の用言は普通ひと息に続けて発音される。

明日も会社に行かれますか？――いいえ、明日は行きません。

日本によく来られますか？――いいえ、よくは来ません。

それはあまりにご迷惑になるのではありませんか？
　　　　　　　　　　　　　　――いいえ、かまいませんよ。

この辞典はあまりよくありません。――どこがよくないんですか？

＊별로〈別ー〉［pjɔllo ピョルロ］副 別に。あまり。それほど。後ろに必ず否定を伴う

私は朝はキムチを食べません。

＊아침에는直訳すると「朝には」。普通-에（～に）を入れていう　＊김치［kimtʃi キムチ］キムチ　＊먹다［mɔkʔta モクタ］他 食べる。食う

あさっても学校に来られません

用言の不可能形〈～できない〉

못⌒用言
用言Ⅰ-지 못하다

이걸 다 사십니까? —— 아뇨, 다는 못⌒사요.
[igɔl taː saʃimniʔka]　　　　[aːnjo taːnɯn moːʔsajo]
[イゴル ター サシムニッカ]　　[アーニョ ターヌン モーッサヨ]

모레는 학교에 나오십니까? ——아뇨, 모레도 못⌒나와요.
[morenɯn haᵏʔkjoe naoʃimniʔka]　　[aːnjo moredo moːnnawajo]
[モレヌン ハッキョエ ナオシムニッカ]　[アーニョ モレド モーンナワヨ]

저는 김치는 전혀 못⌒먹습니다. —— 그래요?
[tʃɔnɯn kimtʃʰinɯn tʃɔn(h)jɔ moːnmɔkʔsɯmnida]　　[kɯrɛjo]
[チョヌン キムチヌン チョニョ モーンモクスムニダ]　　[クレヨ]

한국어 책도 읽으십니까? ——아뇨, 책은 아직 못⌒읽습니다.
[hangugɔ tʃʰɛᵏʔto ilgɯʃimniʔka]　　[aːnjo tʃʰɛgɯn adʑiᵏ moːnniᵏʔsɯmnida]
[ハングゴ チェクト イルグシムニッカ]　　[アーニョ チェグン アジク モーンニクスムニダ]

사모님도 같이 가십니까? ——아뇨, 같이는 가지 못합니다.
[samonimdo katʃʰi kaʃimniʔka]　　[aːnjo katʃʰinɯn kadʑi moːʔtʰamnida]
[サモニムド カチ カシムニッカ]　　[アーニョ カチヌン カジ モーッタムニダ]

POINT 〈～できない〉という 不可能 を表すにも①用言の前に못 [mo:ᵗ モーッ] を置く方法、②用言の第Ⅰ語基に-지 못하다 [tʃi mo:ᵗʰada チモーッタダ] をつける方法の 2 通りがある。못하다自身はⅡ못하 [mo:ᵗʰa モーッタ]Ⅲ못해 [mo:ᵗʰɛ モーッテ] と変化する。합니다体では 못합니다 [mo:ᵗʰamnida モーッタムニダ]、해요体では 못해요 [mo:ᵗʰɛjo モーッテヨ] となる。〈～できない〉と前頁の〈～しない〉とを区別することに注意。못と直後の用言は普通続けて発音されるので、用言の語頭の音によっては激音化や鼻音化、濃音化、[n] の出現などが起こる。

これをみんなお買いになるのですか？──いいえ、全部は買えません。

＊사다 [sada サダ] 他 買う。ⅠⅡⅢとも사　＊다는◀다（皆。全部）+-는（～は）

あさっては学校に出ていらっしゃいますか？
──いいえ、あさっても出て来られません。

＊모레 [more モレ] あさって　＊나오다 [naoda ナオダ] 出て来る。Ⅲ나와　＊못 [mo:ᵗ モーッ] の後ろに나오다や먹다 [mᵏɔta モクタ] など鼻音ㄴ [n]・ㅁ [m] で始まる単語が来ると못は [mo:n モーン] と発音される。鼻音化➡ p.214

私はキムチは全然食べられません。──そうですか？

＊上の例同様못 [mo:ᵗ モーッ] の後ろにㅁ [m] という鼻音で始まる単語먹다が来ているので못は [mo:n モーン] と発音される

朝鮮語の本もお読みになりますか？──いいえ、本はまだ読めません。

＊읽다 [iᵏᵒta イクタ] 他 読む。Ⅱ읽으 [ilgɯ イルグ] Ⅲ읽어 [ilgɔ イルゴ]。못がつくと읽다の前に [n] が入って [mo:nnikˀsɯmnida モーンニクスムニダ] と発音される➡ p.220。なお [mo:dikˀsɯmnida モーディクスムニダ] と発音されることもある

奥様も一緒にお行きになりますか？──いいえ、一緒には行けません。

＊사모님〈師母-〉[samonim サモニㇺ] 奥様　＊같이는◀같이+-는（～は）

ご存じですか？

ㄹ（リウル）語幹の用言その1　해요体

알다・걸다の類の해요体

김윤식 선생님을 아세요 ?――네, 아주 잘 알아요.

[kimjunʃikˀsɔnsɛŋnimɯl aːsejo]　　[ne adʒu tʃar arajo]

［キミュンシクソンセンニムル アーセヨ］　［ネ　アジュ チャララヨ］

이 가게는 언제 문을 열어요 ?――아침 일찍 열어요.

[i kaːgenɯn ɔːndʒe munɯl jɔrɔjo]　　[atʃʰim ilˀtʃiᵏ jɔrɔjo]

［イ カーゲヌン オーンジェ ムヌル ヨロヨ］　［アチム イルチㇰ ヨロヨ］

요즘도 옛날 그 집에 사세요 ?―― 아뇨, 요즘은 딴데 살아요.

[jodʒɯmdo jeːnnal kɯ dʒibe sasejo]　[aːnjo jodʒɯmɯn ˀtande sarajo]

［ヨジュムド イェーンナル ク ジベ サセヨ］　［アーニョ ヨジュムン　タンデ サラヨ］

지금 누구한테 전화를 거세요 ?――애인한테요.

[tʃigɯm nuguhantʰe tʃɔːn(h)warɯl kɔːsejo]　[ɛin(h)antʰejo]

［チグム　ヌグハンテ　チョーヌァルル　コーセヨ］　［エーイナンテヨ］

왜 또 우세요 ?――전 원래 잘 울어요.

[wɛː ˀto uːsejo]　　[tʃɔn wɔllɛ tʃar urɔjo]

［ウェート ウーセヨ］　［チョン ウォルレ チャル ウロヨ］

POINT 알다のように**語幹が**ㄹ**（リウル）で終わる用言**は表のようにすべて第Ⅱ語基に**ㄹの落ちた形と落ちない形の2通りがある。**Ⅱ-ㅂ니다やⅡ-세요のような、後ろにㅂ・ㅅ・ㄴ・오で始まる語尾の類が来るときはㄹの落ちた形を用いる。

알다 ➡ 압니다　아세요

			Ⅰ	Ⅱ	Ⅲ
陽母音	알다 [a:lda]	（知る）	알	알／아	알아
陰母音	열다 [jɔ:lda]	（開く）	열	열／여	열어

金允植先生をご存じですか？──ええ、とてもよく知っています。

*김윤식〈金允植〉キム・ユンシク（人名）　*아주 とても

この店はいつ開きますか？──朝早く開きます。

*가게 店　*문〈門〉門。ドア。「문을 열다」で「門を開ける、開く」　*일찍 早く

今も昔のあの家に住んでいらっしゃるんですか？
　　　　　　　　　──いいえ、最近は別の所に住んでいます。

*옛날 [jeːnnal イェーンナル] 昔　*사세요◀살다 [saːlda サールダ] 自 生きる。暮らす。住む　*딴 [ʔtan タン] 冠 他の　*데 不 ところ。「딴⌒데」で「他の所」

今誰に電話をしていらっしゃるんですか？──恋人にですよ。

*-한테 [hantʰe ハンテ]（人）に。➡ p.52　*전화〈電話〉　*거세요◀걸다 [kɔːlda コールダ] 他（電話を）かける　*애인〈愛人〉[ɛːin エーイン] 恋人　*-한테요（人）にですよ。体言語尾で文を終わらせたいとき、後ろに語尾-요をつけるとていねいになる

なぜまた泣いていらっしゃるんですか？
　　　　　　　──私はもともと涙もろいんです（＝よく泣きます）。

*우세요◀울다 [uːlda ウールダ] 泣く　*원래〈元來〉[wɔllɛ ウォルレ] もともと

駅はここから遠いですか？

ㄹ(リウル)語幹の用言その2　합니다体

놀다・멀다の類の합니다体

역은 여기서 멉니까? —— 아뇨, 금방입니다.

[jɔgɯn jɔgisɔ　　mɔːmniʔka]　　[aːnjo kɯmbaŋimnida]
[ヨグン ヨギソ　　モームニッカ]　　[アーニョ クムバンイムニダ]

내일은 학교가 놉니다. —— 어머나, 왜 놀아요?

[nɛirɯn　haᵏʔkjoga noːmnida]　　[ɔmɔna　　wɛː norajo]
[ネイルン　ハッキョガ ノームニダ]　　[オモナ　　ウェー ノラヨ]

이 옷이 마음에 안 드십니까? —— 아뇨, 마음에 들어요.

[i oʃi　　maɯme andɯʃimniʔka]　　[aːnjo maɯme tɯrɔjo]
[イ オシ　　マウメ　アンドゥシムニッカ]　　[アーニョ マウメ　　トゥロヨ]

이 사탕은 너무 답니다. —— 그래요? 이건 별로 안 달아요.

[i satʰaŋɯn nɔmu tamnida]　　[kɯrɛjo] [igɔn pjɔllo andarajo]
[イ サタんウン ノム　タムニダ]　　[クレヨ] [イゴン ピョルロ アンダラヨ]

저 가게에서 우표도 팝니까? —— 아뇨, 우표는 안 팔아요.

[tʃɔ kaːgeesɔ　upʰjodo pʰamniʔka]　　[aːnjo upʰjonɯn anpʰarajo]
[チョ カーゲエソ　ウピョド　パムニッカ]　　[アーニョ ウピョヌン アンパラヨ]

> **POINT** p.101で見たように ㄹ語幹の用言 には第Ⅱ語基にㄹの落ちた形と落ちない形があるが、합니다体では멀다が멉니다・멉니까となるように、語幹の最後のㄹが落ちた第Ⅱ語基の方に-ㅂ니다や-ㅂ니까がつく。なお합니다体・해요体を問わず尊敬形のⅡ-십니까とⅡ-세요の前でもㄹの落ちた第Ⅱ語基が使われる。三つ目の例文で들다がㄷ십니까となっているのはその例である。

駅はここから遠いですか？──いいえ、すぐですよ。

＊역〈驛〉[jɔᵏ ヨㇰ] 駅　＊멀다 [mɔːlda モールダ] 遠い　＊금방〈今方〉[kɯmbaŋ クㇺバん] すぐ

明日は学校がお休みです。──まあ、どうしてお休みなんですか？

＊놀다 [noːlda ノールダ] 遊ぶ。(学校や会社などが)休む。休みである　＊어머나 間 あら（女性が使う）

この洋服がお気に召さないのですか？──いいえ、気に入っています。

＊옷服。洋服　＊마음心　＊드십니까◀들다 [tɯlda トゥルダ] 入る。「마음에 들다」で「気に入る」。「마음에 안 들다」で「気に入らない」

この飴は甘すぎます。──そうですか？ これはあまり甘くありません。

＊사탕〈砂糖〉[satʰaŋ サタん] 飴　＊너무 [nɔmu ノム] あまりにも。「너무 ～」で「～すぎる」　＊달다 [talda タルダ] 甘い

あの店で切手も売っていますか？──いいえ、切手は売っていません。

＊우표〈郵票〉[upʰjo ウピョ] 切手　＊팔다 [pʰalda パルダ] 売る

勉強なさいますか？

하다(ハダ)用言(〜하다の形の用言)

하다・공부하다・안녕하다の類

매일 집에서 공부만 하십니까? —— 네, 요즘은 그렇습니다.
[mɛːil tʃibesɔ koŋbuman haʃimniʔka]   [ne jodʒɯmɯn kɯrɔʔsɯmnida]
[メーイル チベソ コンブマン ハシムニッカ]   [ネ ヨジュムン クロッスムニダ]

시골의 부모님께서도 안녕하십니까? —— 네, 덕분에요.
[ʃigore pumonimʔkesɔdo annjɔŋhaʃimniʔka]   [ne tɔkʔpunejo]
[シゴレ プモニムケソド   アンニョンハシムニッカ]   [ネ トクプネヨ]

겨울에도 방 안이 따뜻합니까? —— 네, 아주 따뜻해요.
[kjɔuredo paŋani ʔtaʔtɯtʰamniʔka]   [ne adʒu ʔtaʔtɯtʰɛjo]
[キョウレド パンアニ タットゥッタムニッカ]   [ネ アジュ タットゥッテヨ]

지금 뭘 하세요? —— 아무 것도 안 해요.
[tʃigɯm mwɔr(h)asejo]   [aːmugɔtʔto an(h)ɛjo]
[チグム ムォラセヨ]   [アームゴット アネヨ]

거기서 혼자 뭘 생각하십니까?
[kɔgisɔ hondʒa mwɔl sɛŋgakkʰaʃimniʔka]
[コギソ ホンジャ ムォル センガッカシムニッカ]

> **POINT**
> 하다用言 の語基変化は I하、II하、III 해。 ➡ p.82。하다用言は〜と하다の間に体言語尾が入ることができる。
> 　　공부해요　　　　勉強します
> 　　공부 를 해요　　勉強 を します
> 　　공부 도 해요　　勉強 も します
> 　　공부 는 해요　　勉強 は します
> 　否定の안や不可能の못は하다の直前に来る。
> 　　공부 안 ⌒해요　勉強しません
> 　　공부 못 ⌒해요　勉強できません

毎日家で勉強ばかりしていらっしゃるんですか？
　　　　　　　　　　　　──はい、最近はそうですよ。

＊공부〈工夫〉[koŋbu コンブ] 勉強

田舎のご両親もお元気でいらっしゃいますか？
　　　　　　　　　　　　──ええ、おかげさまで。

＊시골田舎　＊-께서도（目上の人に用いて。尊敬すべき人を表す名詞につく）〜も　＊덕분에요〈德分─〉おかげさまで。덕분は「おかげ」

冬も部屋の中が暖かいですか？──ええ、とても暖かいです。

＊겨울冬。「冬も」は겨울도ではなくて普通겨울에도（冬にも）という　＊안 [an アン]（空間的な）中　＊따뜻하다 [?ta?tɯtʰada タットゥッタダ] 形 暖かい

今何をなさってるんですか？──何もしていませんよ。

＊아무⌒것도何にも。後ろに必ず否定形を伴う

そこで一人で何を考えていらっしゃいますか？

＊혼자一人。一人で　＊생각하다 [sɛŋgakʰada センガッカダ] 他 考える。思う

さっきから頭が痛いのです

으(ウ)語幹の用言

아프다・쓰다の類

부모님께 편지를 자주 쓰세요? ── 아뇨, 자주는 못 써요.
[pumonimʔke pʰjɔːndʒirɯl tʃadʒu ʔsɯsejo]　　[aːnjo tʃadʒunɯn moːʔsɔjo]
[プモニムケ　ピョーンジルル　チャジュ　スセヨ]　　[アーニョ　チャジュヌン　モーッソヨ]

이 영화, 재미 있어요? ── 그 영화는 너무 슬퍼요.
[iˑ jɔŋhwa tʃɛmi iʔsɔjo]　　[kɯ jɔŋhwanɯn nɔmu sɯlpʰɔjo]
[イ　ヨんファ　チェミ　イッソヨ]　　[ク　ヨんファヌン　ノム　スルポヨ]

우표를 모으세요? ── 네, 외국 우표만 모아요.
[upʰjorɯl moɯsejo]　　[ne weːgugupʰjoman moajo]
[ウピョルル　モウセヨ]　　[ネ　ウェーググピョマン　モアヨ]

두 분은 누가 더 키가 크세요? ── 제가 더 커요.
[tuːbunɯn nuga tɔ kʰiga kʰɯsejo]　　[tʃega tɔ kʰɔjo]
[トゥーブヌン　ヌガ　ト　キガ　クセヨ]　　[チェーガ　ト　コヨ]

어디 편찮으십니까? ── 네, 아까부터 머리가 좀 아파요.
[ɔdi pʰjɔntʃʰanɯʃimniʔka]　　[ne aʔkabutʰɔ mɔriga tʃom apʰajo]
[オディ　ピョンチャヌシムニッカ]　　[ネ　アッカブト　モリガ　チョム　アパヨ]

POINT 語幹末に ー［ɯ ウ］を持つ用言 は第Ⅲ語基でーが落ちる。Ⅲにつける母音はーの直前の母音が ŀ もしくは ㅗ なら陽母音 ŀ をつけ、それ以外では陰母音 ㅓ をつける。

모으다 ➡ 모아 （直前の모の母音はㅗなのでŀをつけた）
슬프다 ➡ 슬퍼 （슬の母音はーなのでㅓをつけた）
쓰다　➡ 써　 （쓰の前に母音はないので「それ以外」に該当、ㅓをつけた）

ご両親に手紙をよくお書きになりますか？
　　　　　　　　──いいえ、しょっちゅうは書けません。

＊-께 [ʔke ケ] 〜に（尊敬形）　＊편지〈便紙〉手紙　＊쓰다 [ʔsɯda スダ] 書く。Ⅲ써 [ʔsɔ ソ]

この映画、面白いですか？──その映画はあまりにも悲しいんです。

＊영화〈映畫〉映画　＊재미面白味。재미(가)있다面白い　＊슬퍼요◀슬프다 [sɯlpʰɯda スルプダ] 形 悲しい。Ⅲ슬퍼

切手を集めていらっしゃるんですか？
　　　　　　　　──はい、外国の切手だけ集めています。

＊모으다 [moɯda モウダ] 他 集める。Ⅲ모아　＊외국〈外國〉[weːguᵏ ウェーグク] 外国

お二人はどちらが背が高いんですか？──私の方が高いです。

＊두◀둘（二つ）の連体形　＊더もっと。より　＊크다 [kʰɯda クダ] 大きい。Ⅲ커 [kʰɔ コ]。「키가 크다」背が高い

どこかお体の具合が悪いんですか？
　　　　　　　　──はい、さっきから頭がちょっと痛いんです。
＊편찮다 [pʰjɔntɕʰantʰa ピョンチャンタ] 形 （目上の人の体の）具合が悪い。楽でない。Ⅱ편찮으 [pʰjɔntɕʰanɯ ピョンチャヌ] Ⅲ편찮아 [pʰjɔntɕʰana ピョンチャナ]　＊아까さっき
＊-부터（時間や順序を表す）〜から　＊아프다 [apʰɯda アプダ] 形 痛い。体の具合が悪い

その人はよく知りません

르(ル)変格活用の用言その1　陽母音

모르다・빠르다の類

그 사실을 아세요？ —— 아뇨, 전혀 모릅니다.
[kɯ saːʃirɯl aːsejo]　　　　　　[aːnjo tʃɔn(h)jɔ morɯmnida]
[ク　サーシルル　アーセヨ]　　　[アーニョ　チョニョ　モルムニダ]

이 노래를 모르세요？ —— 네, 잘은 몰라요.
[i norɛrɯl morɯsejo]　　　　　[ne tʃarɯn mollajo]
[イ　ノレルル　モルセヨ]　　　 [ネ　チャルン　モルラヨ]

이 말의 뜻을 아세요？ —— 전 아직 한국말을 잘 몰라요.
[i maːre ʔtɯsɯl aːsejo]　　　　[tʃɔn adʒikʰ hangungmarɯl tʃal mollajo]
[イ　マレ　トゥスル　アーセヨ]　[チョン　アジク　ハングンマル　チャル　モルラヨ]

고속버스가 더 빠릅니까？ —— 아뇨, 기차가 더 빨라요.
[kosokʔpɔsɯga tɔ ʔparɯmniʔka]　[aːnjo kitʃʰaga tɔ ʔpallajo]
[コソクポスガ　ト　パルムニッカ]　[アーニョ　キチャガ　ト　パルラヨ]

이거하고 이건 전혀 달라요. —— 뭐가 어떻게 다릅니까？
[igɔhagɔ igɔn tʃɔn(h)jɔ tallajo]　　[mwɔːga ɔʔtɔkʰe tarɯmniʔka]
[イゴハゴ　イゴン　チョニョ　タルラヨ]　[ムォーガ　オットケ　タルムニッカ]

> **POINT** 語幹が르で終わる用言の多くは第Ⅲ語基で母音ーが落ちた上に ㄹㄹ- のように ㄹが重なって現れる。これを **르変格活用** という。たとえば모르다 [moruda モルダ]（知らない・わからない）はⅠⅡはそのまま모르、Ⅲでは母音のーが落ちて모ㄹ、ㄹが重なって몰ㄹ、直前の母音は모のㅗで陽母音だからㅏをつけ、結局Ⅲは몰라 [molla モルラ] という形になる。

모르다（知らない）	Ⅰ Ⅱ	모르	Ⅲ 몰라
빠르다（速い）	Ⅰ Ⅱ	빠르	Ⅲ 빨라
다르다（異なる）	Ⅰ Ⅱ	다르	Ⅲ 달라

その事実をご存じですか？──いいえ、まったく知りません。

*사실〈事實〉事実　*아세요◀알다[他] わかる。知る　*모르다[他] わからない。知らないⅢ몰라

この歌をご存じないですか？──ええ、よくは知りません。

*노래 [nore ノレ] 歌　*잘은よくは◀잘+은　*몰라요知りません。わかりません。모르다のⅢ몰라+요

このことばの意味をご存じですか？
──私はまだ朝鮮語がよくわかりません。

*말 [maːl マール] ことば　*-의 [e エ] / [ɯi ウィ]（体言について）～の。話しことばでは普通 [e] で発音される　*뜻 [ʔtɯt トゥッ] 意味　*아직まだ　*「-를/-을 모르다」で「～がわからない。～を知らない」

高速バスのほうが速いですか？──いいえ、汽車のほうが速いですよ。

*고속버스〈高速-〉[kosoᵏʔpɔsɯ コソクポス] 長距離バス　*빠르다 [ʔparɯda パルダ][形] 速い。Ⅲ빨라 [ʔpalla パルラ]　*기차〈汽車〉[kitʃʰa キチャ] 汽車

これとこれは全然違いますよ。
──何がどういうふうに違うんですか？

*어떻게 [ɔʔtɔkʰe オットケ][副] どのように。いかに　*다르다[形] [tarɯda タルダ] 違う。異なる。Ⅲ달라 [talla タルラ]

おなかがいっぱいです

르(ル)変格活用の用言その２　陰母音

부르다・흐르다の類

이 강은 어디로 흐릅니까? —— 저 바다로 흘러요.
[i kaŋɯn ɔdiro hurumniʔka]　　[tʃɔ padaro hullɔjo]
[イ　カんウン　オディロ　フルムニッカ]　　[チョ　パダロ　フルロヨ]

배 안 고프세요? —— 전 지금 배가 너무 불러요.
[pɛ angopʰɯsejo]　　[tʃɔn tʃigɯm pɛga nɔmu pullɔjo]
[ペ　アんゴプセヨ]　　[チョン　チグム　ペガ　ノム　プルロヨ]

또 그 노래를 부르세요? —— 전 딴 노래는 못 불러요.
[ʔto kɯ norɛrɯl purɯsejo]　　[tʃɔn ʔtan norɛnɯn moːʔpullɔjo]
[ト　ク　ノレルル　プルセヨ]　　[チョン　タン　ノレヌン　モーップルロヨ]

아직 안 떠나세요? —— 네, 아직 시간이 약간 일러요.
[adʒikʰ anʔtɔnasejo]　　[ne adʒikʰ ʃigani jakʔkan illɔjo]
[アジㇰ　アントナセヨ]　　[ネ　アジㇰ　シガニ　ヤッカン　イルロヨ]

형님이 부르세요. —— 네? 저를 불러요?
[hjɔŋnimi purɯsejo]　　[ne] [tʃɔrɯl pullɔjo]
[ヒョンニミ　プルセヨ]　　[ネ] [チョルル　プルロヨ]

POINT 르変格用言 の陰母音の場合。흐르다 [hurɯda フルダ]（流れる）なら、第Ⅲ語基では語幹末の르の母音ㅡが落ち、ㄹは-ㄹㄹ-となり、直前の母音は흐のㅡで陰母音だからㅓをつけることになって結局흘러という形になる。

흐르다（流れる）	Ⅰ Ⅱ 흐르	Ⅲ 흘러
부르다（呼ぶ・歌う）	Ⅰ Ⅱ 부르	Ⅲ 불러
이르다（早い）	Ⅰ Ⅱ 이르	Ⅲ 일러

この河はどこへ流れているんですか？──あの海へ流れています。

*강〈江〉[kaŋ カン]（大きな）河　*-로／-으로 ~へ。~へと。方向を表す語尾。→ p.53　*바다 [pada パダ] 海

おなかがすいていらっしゃいませんか？
　　　　　　　　　　──私は今とてもおなかがいっぱいです。

*배 おなか　*고프다[形]（おなかが）すいている。ひもじい。으語幹。Ⅲ고파　*불러요←부르다（おなかが）いっぱいだ。脹らんでいる。르変格。Ⅲ불러+요

またその歌を歌われるのですか？
　　　　　　　　　　──私はほかの歌は歌えないんですよ。

*부르다 [purɯda プルダ][他] 歌う。呼ぶ Ⅲ불러 [pullɔ プルロ]

まだお発ちにならないのですか？
　　　　　　　　　　──はい、まだ時間が若干早いんです。

*아직 まだ　*떠나다 [?tɔnada トナダ] 発つ。出発する　*약간〈若干〉　*일러요←이르다（時間が）早い。Ⅲ-요

お兄さんがお呼びです。──え？　私を呼んでいるんですか？

*네？ ええ？ 聞き返しに用いる

朝鮮語は難しいですか？

ㅂ（ピウプ）変格活用の用言

아름답다・어렵다の類

한국어는 쉽습니까? ── **아뇨, 저한테는 아주 어려워요.**
[hangugɔnɯn ʃwiːpʔsɯmniʔka]　[aːnjo tʃʰantʰenɯn adʒu ɔrjɔwɔjo]
［ハングゴヌン　シュィープスムニッカ］　［アーニョ　チョハンテヌン　アジュ　オリョウォヨ］

뭐가 그렇게 어려우세요? ── **발음이 아주 어렵습니다.**
[mwɔːga kɯrɔkʰe ɔrjɔusejo]　[parɯmi adʒu ɔrjɔpʔsɯmnida]
［ムォーガ　クロケ　オリョウセヨ］　［パルミ　アジュ　オリョプスムニダ］

일요일엔 주로 뭘 하세요? ── **집에서 어머니 일을 도와요.**
[irjoiren tʃuro mwɔːr (h)asejo]　[tʃibesɔ ɔmɔni iːrɯl towajo]
［イリョイレン　チュロ　ムォール　ハセヨ］　［チベソ　オモニ　イールル　トワヨ］

한국의 가을 하늘은 정말 아름다워요.
[hanguge kaɯl hanɯrɯn tʃɔːŋmal arɯmdawɔjo]
［ハングゲ　カウル　ハヌルン　チョーンマル　アルムダウォヨ］

짐이 무거우세요? ── **아뇨, 전혀 안 무거워요.**
[tʃimi mugɔusejo]　[aːnjo tʃɔn(h)jɔ anmugɔwɔjo]
［チミ　ムゴウセヨ］　［アーニョ　チョニョ　アンムゴウォヨ］

POINT 語幹がㅂ（ピウプ）で終わる用言には第Ⅱ語基でㅂが母音우に変わり、第Ⅲ語基でㅂが워となる活用をするものが多い。これを **ㅂ変格活用** という。語幹末にㅂを持つ形容詞はほとんどがこの型である。

| 어렵다（難しい） | Ⅰ 어렵 | Ⅱ 어려우 | Ⅲ 어려워 |
| 아름답다（美しい） | Ⅰ 아름답 | Ⅱ 아름다우 | Ⅲ 아름다워 ★아름다와 |

곱다（きれいだ）と돕다（手伝う）のみⅢの最後が워ではなく와となる。

| 돕다（手伝う） | Ⅰ 돕 | Ⅱ 도우 | Ⅲ 도와 |

朝鮮語はやさしいですか？――いいえ、私にはとても難しいです。

＊쉽다 [ʃwiʲpta シュィㇷ゚タ] 形 やさしい。Ⅱ쉬우 Ⅲ쉬워　＊어렵다 [ɔrjɔʲpta オリョㇷ゚タ] 形 難しい。Ⅱ어려우 Ⅲ어려워

何がそんなに難しいんですか？――発音がとても難しいです。

＊그렇게 そんなに。そのように　＊발음〈發音〉発音　＊어려우세요？（目上の人に）難しいですか。Ⅱ-세요

日曜日には主に何をなさるんですか？――家で母の仕事を手伝います。

＊-엔←에＋는〜には　＊주로 副〈主一〉主に　＊-에서（場所）〜で。（場所の起点）〜から　＊일 [i:l イール] 仕事　＊돕다 [toʲpta トㇷ゚タ] 他 手伝う。Ⅱ도우 Ⅲ도와

韓国の秋の空は本当に美しいですよ。

＊가을 [kaɯl カウル] 秋　＊하늘 [hanɯl ハヌル] 空　＊아름답다 [arɯmdaʲpta アルムダㇷ゚タ] 形 美しい。Ⅱ아름다우 Ⅲ아름다워★아름다와

荷物が重いですか？――いいえ、ちっとも重くありません。

＊짐 荷物　＊무거우세요？（目上の人に）重いですか。Ⅱ-세요。←무겁다 [mugɔʲpta ムゴㇷ゚タ] 形 重い。Ⅱ무거우 Ⅲ무거워

2 重要用言編

そうですか？

ㅎ（ヒウッ）変格活用の用言

그렇다の類　Ⅱ그러　Ⅲ그래

정말 그렇습니까? —— 네, 정말 그래요.

[tʃɔːŋmal kɯrɔʔsɯmniʔka]　　[ne tʃɔːŋmal kɯrɛjo]
[チョーンマル クロッスムニッカ]　[ネ　チョーンマル クレヨ]

어떻습니까? —— 제 생각은 이렇습니다.

[ɔʔtɔʔsɯmniʔka]　　[tʃe sɛŋgagɯn irɔʔsɯmnida]
[オットッスムニッカ]　[チェ センガグン イロッスムニダ]

그 가게는 써비스가 어때요? —— 아주 좋아요.

[kɯ kaːgenɯn ʔsɔːbisuga ɔʔtɛjo]　　[adʒu tʃoːajo]
[ク カーゲヌン　ソービスガ　オッテヨ]　[アジュ チョーアヨ]

감기는 좀 어떠세요? —— 네, 이젠 괜찮아요.

[kaːmginɯn tʃom ɔʔtɔsejo]　　[ne idʒen kwɛntʃʰanajo]
[カームギヌン チョム オットセヨ]　[ネ　イジェン クェンチャナヨ]

그래요? 안 그래요? —— 글쎄요.

[kɯrɛjo]　　[angɯrɛjo]　　[kɯlʔsejo]
[クレヨ]　　[アングレヨ]　　[クルセヨ]

POINT 語幹が ㅎ（ヒウッ）で終わる用言のうち、形容詞좋다（よい）とすべての動詞は正格活用であるが、좋다以外のすべての形容詞は第Ⅱ語基・第Ⅲ語基で ㅎ が落ち、かつ第Ⅲ語基の母音が陽母音・陰母音ともㅐとなる。
これを **ㅎ変格活用** という。

ㅎ変格	노랗다 [noːraʼtʰa ノーラッタ]	黄色い	Ⅱ노라	Ⅲ노래	
	그렇다 [kɯrɔʼtʰa クロッタ]	そうだ	Ⅱ그러	Ⅲ그래	
正　格	놓다 [noːʼtʰa ノータ]	置く	Ⅱ놓으	Ⅲ놓아	

なお하얗다（真っ白い）のⅢは하얘、부옇다（白い）のⅢは부얘となる。

本当にそうですか？──ええ、本当にそうですよ。

＊그렇습니까◀그렇다 [kɯrɔʼtʰa クロッタ] 形 そうだ。Ⅰ-습니다　＊그래요◀그렇다のⅢ-요

どうですか？──私の考えはこうです。

＊어떻습니까◀어떻다 [ɔʼtɔʼtʰa オットッタ] 形 どうだ。どんなだ。Ⅱ어떠 Ⅲ어때　＊생각 [sɛŋgaᵏ センガク] 考え　＊이렇습니다◀이렇다 [irɔʼtʰa イロッタ] 形 こうだ。こんなだ。Ⅱ이러 Ⅲ이래

あの店のサービスはどうですか？──とてもいいですよ。

＊써비스 [ʔsɔːbisɯ ソービス] サービス　＊어때요◀어떻다のⅢ-요　＊直訳すると「あの店はサービスがどうですか」

風邪はいかがですか？──ええ、もう大丈夫です。

＊어떠세요◀어떻다のⅡ-세요　＊이젠 [idʒen イジェン] 副 もう。今や　＊괜찮다・많다などはㅎ変格ではない

そうなのですか、そうではないんですか？（どちらですか？）
　　　　　　　　　　　　　　　　　　　　──そうですね…。

＊그래요◀그렇다のⅢ-요　＊글쎄요 [kɯlʔsejo クルセヨ]（考えながら、あるいは考えをぼかして）そうですね。ええっと

音楽はステレオで聞きます

ㄷ(ティグッ)変格活用の用言

듣다の類　Ⅱ들으　Ⅲ들어

음악은 주로 어디서 들으세요? —— 집에서 듣습니다.
[ɯmaɡɯn tʃuro ɔdisɔ　tɯrɯsejo]　　　　　[tʃibesɔ tɯtʔsɯmnida]
[ウマグン　チュロ　オディソ　トゥルセヨ]　　　[チベソ　トゥッスムニダ]

전 음악은 보통 스테레오로 들어요. —— 주로 뭘 들으세요?
[tʃɔn ɯmaɡɯn poːtʰoŋ sɯtʰereoro tɯrɔjo]　　[tʃuro mwɔːl tɯrɯsejo]
[チョン ウマグン ポートん ステレオロ トゥロヨ]　[チュロ ムォール トゥルセヨ]

그걸 왜 저한테 물으세요? —— 그럼 누구한테 묻습니까?
[kɯɡɔl wɛː tʃɔhantʰe murɯsejo]　　　　　[kɯrɔm nuɡuhantʰe mːuʔsɯmniʔka]
[クゴル ウェー チョハンテ ムルセヨ]　　　　　[クロム ヌグハンテ　ムーッスムニッカ]

여기서 역까지는 얼마나 걷습니까? —— 얼마 안 걸어요.
[jɔɡisɔ　jɔkʔkadʒinɯn ɔːlmana kɔːʔsɯmniʔka]　[ɔːlma anɡɔrɔjo]
[ヨギソ　ヨッカジヌン　オルマナ コーッスムニッカ]　[オールマ アンゴロヨ]

학교까지는 매일 이렇게 걸으십니까? —— 네, 매일 걸어요.
[hakʔkjoʔkadʒinɯn mɛːil irɔkʰe kɔrɯʃimniʔka]　[ne mɛːil kɔrɔjo]
[ハッキョカジヌン　メイル イロケ コルシムニッカ]　[ネ　メイル コロヨ]

POINT 듣다のように**語幹がㄷ（ティグッ）で終わる動詞のうちのいくつかは第Ⅱ語基・第Ⅲ語基で語幹末のㄷがㄹに変わる**。こうした活用を **ㄷ変格活用** という。語幹がㄷで終わる動詞でも받다（受け取る）のように正格用言もあるので注意。

ㄷ変格	듣다（聞く） 묻다（尋ねる）	Ⅱ들으 Ⅱ물으	Ⅲ들어 Ⅲ물어
正　格	받다（受け取る） 묻다（埋める）	Ⅱ받으 Ⅱ묻으	Ⅲ받아 Ⅲ묻어

なお、変格用言にはこのほかに、第Ⅱ・Ⅲ語基で語幹末のㅅ（シオッ）が落ちる **ㅅ変格** がある。짓다（作る）Ⅱ지으 Ⅲ지어。

音楽は主にどこでお聞きになりますか？──家で聞きます。

＊음악〈音楽〉[ɯmaᵏ ウマㇰ] 音楽　＊듣다 [tɯːɹ̚ta トゥッタ] 他（話や音楽・音を）聞く

私は音楽は普通ステレオで聞きます。
　　　　　　　　　──主に何をお聞きになるんですか？

＊스테레오 [sɯtʰereo ステレオ] ステレオ　＊들어요◀듣다のⅢ-요

それをどうして私にお尋ねになるのですか？
　　　　　　　　　──では、誰に尋ねましょう？

＊물으세요◀묻다のⅡ-세요。묻다 [muːɹ̚ta ムーッタ] 他 尋ねる。（「問う」意の）聞く。話や音楽を「聞く」のは듣다

ここから駅まではどのくらい歩きますか？──いくらも歩きませんよ。

＊-까지（時間や順序・距離の）～まで　＊-까지는までは　＊얼마나どのくらい　＊걷다 [kɔːɹ̚ta コーッタ] 自 歩く。ㄷ変格。Ⅱ걸으 [kɔrɯ] Ⅲ걸어 [kɔrɔ]　＊얼마（否定の前で）いくらも

学校までは毎日このようにお歩きになるのですか？
　　　　　　　　　──はい、毎日歩いています。

＊이렇게 [irɔkʰe イロケ] 副 このように。こう　＊걸으십니까◀걷다のⅡ-십니까　＊걸어요◀걷다のⅢ-요

■ことわざを少しだけ 1

□누워서 떡 먹기
[nuwɔsɔ ʔtɔŋ mɔkʔki
ヌウォソ トン モッキ]

（横になって餅食い）

寝そべったまま餅を食うの意で、物事がたやすくできることをいう。「朝飯前」。누워서는 눕다（横たわる。ㅂ変格）のⅢ-서、떡 [ʔtɔk トク] は「餅」、먹기는 먹다（食べる）に体言形を作る語尾Ⅰ-기がついた形。朝鮮語も누워서 떡 먹기？

□금강산도 식후경
[kɯmgaŋsando siᵏkʰugjɔŋ
クムガンサンド シックギョン]

（金剛山も食後の景色）

金剛山は共和国にある絶景の名山。その金剛山より食事が先ということ。「花よりだんご」。식후경は漢字語で〈食後景〉。朝鮮語の勉強も腹が減っていては戦さができませんよね。

□남의 떡이 커 보인다
[name ʔtɔgi kʰɔboinda
ナメ トギ コボインダ]

（人の餅が大きく見える）

他人のものは何でもよく見えるとの意。「隣の芝生は青く見える」。남は「他人」、커는 크다（大きい）の第Ⅲ語基で「大きく」。보인다는 보이다（見える）の下称:終止形で、文章などに使うぞんざいな形。

STEP 3
表現意図編

これは朝鮮語で何といいますか

ことばについて尋ねる

> ～といいます　-라고／-이라고 합니다
> 　　　　　　　-라고／-이라고 해요

이건 한국말로 뭐라고 합니까?
[igɔn　haŋguŋmallo mwɔːrago hamniˀka]

　　　　　——그건 "귤"이라고 해요.
　　　　　　　[kɯgɔn kjurirago　　　hɛːjo]

"ありがとうございます"는 한국말로 뭐라고 합니까?
[アリガトウゴザイマス　　　nɯn haŋguŋmallo mwɔːrago hamniˀka]

　　　　　——"고맙습니다"라고 해요.
　　　　　　　[koːmapˀsɯmnida rago　　hɛːjo]

그럼 "すみません"은 뭐라고 해요?
[kɯrɔm スミマセン ɯn　　　mwɔːrago hɛːjo]

　　　——아, 네. 그건 "미안합니다"라고 합니다.
　　　　　[a ne] [kɯgɔn mian(h)amnida　　rago　hamnida]

"詩"는 한국말로도 "시"라고 해요.
[ʃi nɯn　haŋguŋmallodo　ʃirago　　hɛːjo]

　　　——아, 그럼 일본말하고 발음이 같습니까?
　　　　　　[a　kɯrɔm ilbonmar(h)ago　parɯmi　kaˀsɯmniˀka]

POINT 覚えておくと便利な表現である。韓国に行ったときなど、知らない単語やものの名前について韓国の人に直接尋ねることができるだけでなく、日本語のわかる韓国人には日本語の表現についても朝鮮語で尋ねることができるからである。道具・手段を表す体言語尾「〜で」は-로／-으로。詳しくは➡ p.52参照。「〜と言う」の「〜と」は、母音語幹の体言には -라고 [rago ラゴ]、子音語幹の体言には -이라고 [irago イラゴ] を使う。「〜と言う」の「言う」は「する」と同じ動詞 하다 [hada ハダ] を用いる。II하III해 [hɛ ヘ]。「-라고／-이라고 하다」で「〜と言う」。

これは朝鮮語で何と言いますか？

　　　　　　　　　　　　——それは「귤」と言います。

＊한국말로 朝鮮語で。한국말のような-ㄹで終わる体言にも-로がつくことに注意　＊뭐 [mwɔː ムォー] 何　＊귤 [kjul キュル] みかん

「ありがとうございます」は朝鮮語で何と言いますか？

　　　　　　　　　　　　——「고맙습니다」と言います。

では「すみません」は何と言いますか？

　　　　　　　　　　　——あ、はい。それは「미안합니다」と言います。

「詩」は朝鮮語でも「시」と言うんですよ。

　　　　　　　　　　　——あ、それじゃ日本語と発音が同じですか？

＊시〈詩〉[ʃi シ] 詩　＊발음〈發音〉[parum パルム] 発音　＊같다 [katʔta カッタ] 形同じだ。II같으 [katʰɯ] III같아 [katʰa]

ピビンパはお好きですか？

好き嫌いを尋ねる

> -를／-을 좋아하다
> -가／-이 마음에 들다

비빔밥을 좋아하세요 ?
[pibimʔpabɯl tʃɔːahasejo]

——아뇨, 비빔밥은 별로 안⌒좋아해요.
[aːnjo pibimʔpabɯn pjɔllo andʒoahɛjo]

비빔밥을 싫어하세요 ?
[pibimʔpabɯl ʃirɔhasejo]

——네, 비빔밥은 별로 좋아하지 않습니다.
[ne pibimʔpabɯn pjɔllo tʃɔːahadʒi anʔsɯmnida]

한국 음식 중에서는 뭘 제일 좋아하세요 ?
[hangugɯmʃiᵏʔtʃuŋesɔnɯn mwɔːl tʃeːil tʃɔːahasejo]

——전 김치를 제일 좋아합니다.
[tʃɔn kimtʃʰirɯl tʃeːil tʃɔːahamnida]

그 사람이 마음에 드세요 ?
[kɯsarami maɯme tɯsejo]

——네, 성격이 아주 마음에 들어요.
[ne sɔŋʔkjɔgi adʒu maɯme tɯrɔjo]

POINT 「(誰々は)～が好きだ」は「 -를／-을 좋아하다 」、「～が嫌いだ」は「 -를／-을 싫어하다 」という。好き嫌いの対象を表す「～が」にあたる語尾に-를／-을（～を）を使うことに注意。また日本語で「～は」を使って尋ねる最初の二つの例文のような場合でも朝鮮語では普通「-를／-을」（～を）を使う。疑問文で「-를／-을」のかわりに「-는／-은」（～は）を使ってしまうと「(ほかのものはそうでないようだけれども)～は好きか／嫌いか」といったニュアンスになる。なお動詞좋아하다・싫어하다では否定の안の位置が「좋아 안⌒하다」ではなく안⌒좋아하다・안⌒싫어하다となる。通常の하다用言の場合の안の位置は ➡ p.105。

ピビンパはお好きですか？
　　　——いいえ、ピビンパはあまり好きではありません。

*좋아하다 [tʃoːahada] 他 好む。好きだ。Ⅲ좋아해

ピビンパはお嫌いですか？
　　　——はい、ピビンパはそれほど好きではありません。

*싫어하다 [ʃirɔhada シロハダ] 他 嫌う。嫌いだ。Ⅲ싫어해

韓国料理の中では何が一番お好きですか？
　　　——私はキムチが一番好きです。

*음식 〈飲食〉 [wːmʃiᵏ ウームシク] 食べ物。料理　　*중 〈中〉 [tʃuŋ チュン] 中。うち
*제일 〈第一〉 [tʃeːil チェーイル] 副 一番

あの人がお気に入りですか？
　　　——ええ、性格がとても気に入っています。

*마음 [maɯm マウム] 心。気持ち　　*들다 [tɯlda トゥルダ] 自 入る。Ⅱ들/드 Ⅲ들어。「마음에 들다」で「気に入る」　　*성격 〈性格〉 [sɔŋʔkjɔᵏ ソンキョク] 性格

3 表現意図編

ええ？パンソリって何ですか？

聞き返す　Xって何ですか？

> X가／X이 뭡니까？（합니다体）
> X가／X이 뭐에요？（해요体）

한국의 판소리를 아세요？
[hanguge pʰansorirɯl asejo]

―― 네？ 판소리가 뭡니까？
　　[ne]　[pʰansoriga mwɔːmniʔka]

전 지금 백화점에 갑니다．
[tʃɔn tʃigɯm pɛᵏkʰwadʒɔme kamnida]

―― 네？ 백화점이 뭐에요？
　　[ne]　[pɛᵏkʰwadʒɔmi mwɔːejo]

내일은 독일에서 손님이 옵니다．
[nɛirɯn togiresɔ sonnimi omnida]

―― 네？ 독일이 어딥니까？
　　[ne]　[togiri ɔdimniʔka]

김⌢주원⌢선생님을 모르십니까？
[kimdʒuwɔn sɔnsɛŋnimɯl morɯʃimniʔka]

―― 네？ 그⌢분이 누구십니까？
　　[ne]　[kɯbuni nuguʃimniʔka]

> **POINT**
> 「～とは何のことですか」あるいは「～って何ですか」と聞き返す形式。
> -가／-이 뭡니까？（합니다体）
> -가／-이 뭐에요？（해요体）

-가／-이の部分は「～が」にあたる語尾と同じ。母音語幹には-가、子音語幹には-이を用いる。뭡니까は뭐（何）＋이（～である）＋ㅂ니까（ですか）だが、뭐が母音終わりの単語なので指定詞-이-が落ちた形。例文のように疑問詞뭐（何）のかわりに어디（どこ）・언제（いつ）・누구（誰）などにも応用がきく。

韓国のパンソリをご存じですか？
　　　　　　　　──ええ？ パンソリ って何ですか ？

＊판소리 [pʰansori パンソリ] パンソリ（民族芸能の一つで語りもの的な歌の一種）

私は今百貨店（デパート）に行くのです。
　　　　　　　　──え？ 백화점 って何ですか ？

＊백화점〈百貨店〉[pɛkʰwadʒɔm ペックァジョム] デパート

明日は독일（ドイツ）からお客さんが来ます。
　　　　　　　　──はあ？ 독일 ってどこのことですか ？

＊독일〈獨逸〉[togil トギル] ドイツ　＊손님 [sonnim ソンニム] お客さん。お客様

金周源先生をご存じありませんか？
　　　　　　　　──ええ？ その方 はどなたですか ？

＊김주원〈金周源〉[kimdʒuwɔn キムジュウォン] 人名

3 表現意図編

お名前は何とおっしゃいますか？

名前や住所などを尋ねる

-가／-이 어떻게 되십니까？
-가／-이 어떻게 되세요？

성함이 어떻게 되십니까？
[sɔːŋ(h)ami ɔʔtɔkʰe　tweʃimniʔka]

──이⌒윤식입니다．
　　[iːjunʃigimnida]

주소가 어떻게 되십니까？
[tʃuːsoga　ɔʔtɔkʰe　tweʃimniʔka]

──주소는 그대로입니다．옛날하고 같습니다．
　　[tʃuːsonɯn kɯdɛroimnida]　[jeːnnar(h)ago kaʔsɯmnida]

전공이 어떻게 되십니까？
[tʃɔngoŋi　ɔʔtɔkʰe　tweʃimniʔka]

──저는 조선어학입니다．
　　[tʃɔnɯn tʃosɔnɔhagimnida]

실례입니다만 두⌒분은 관계가 어떻게 되세요？
[ʃilleimnidaman　tuːbunɯn　kwangega ɔʔtɔkʰe　twesejo]

──부부에요．
　　[pubuejo]

POINT 名前や住所・職業などをていねいに尋ねるには
　　　　-가／-이 어떻게 되십니까？　（합니다体）
　　　　-가／-이 어떻게 되세요？　　（해요体）
の形を用いればよい。直訳すると「～がどのようにおなりですか」。もちろん母音語幹の体言には-가、子音語幹の体言には-이をつける。
　연세〈年歲〉가 어떻게 되십니까？（お年はおいくつですか？）
　직업〈職業〉이 어떻게 되십니까？（ご職業は何ですか？）
などにも応用できる。

お名前は何とおっしゃいますか？
　　　　　　　　　――李允植（イー・ユンシク）です。

＊성함〈姓銜〉[sɔːŋham ソーンハム] お名前。이름（名前）の尊敬語　＊어떻게 [ɔ͈tɔkʰe オッ
トケ] 副 どのように。いかに。

住所はどちらですか？
　　　　　　　　　――住所はそのままです。昔と同じですよ。

＊주소〈住所〉[tʃuːso チューソ] 住所　＊그대로 [kɯdɛro クデロ] そのまま　＊옛날 [jeːnnal
イェーンナル] 昔

ご専攻は何でいらっしゃいますか？――私は朝鮮語学です。

＊전공〈專攻〉[tʃɔngoŋ チョンゴン] 専攻　＊조선어학〈朝鮮語學〉朝鮮語学。韓国では普通、
한국어학〈韓國語學〉[hanggɔhaᵏ ハングゴハク] という

失礼ですが、お二人はどういうご関係ですか？――夫婦です。

＊-만 [man マン]（Ⅰ-습니다・Ⅱ-ㅂ니다の後ろで）～ですが➡-입니다만 p.72　＊두〫분 お二
方　＊관계〈關係〉[kwange クァンゲ] 関係　＊부부〈夫婦〉[pubu ププ] 夫婦

おわかりですか？

理解を確認する

> 알다
> I -겠-

아시겠습니까 ?
[aʃigeʔsɯmniʔka]

――아뇨, 잘 모르겠습니다.
[aːnjo tʃal morɯgeʔsɯmnida]

이젠 다 아시겠습니까 ?
[idʒen taː aʃigeʔsɯmniʔka]

――아뇨, 아직도 잘 모르겠어요.
[aːnjo adʒiᵏʔto tʃal morɯgeʔsɔjo]

아직도 모르시겠습니까 ?
[adʒiᵏʔto morɯʃigeʔsɯmniʔka]

――아뇨, 이젠 알겠어요.
[aːnjo idʒen aːlgeʔsɔjo]

그때의 아버님의 말씀의 뜻을 이제야 알겠습니다.
[kɯʔtɛe abɔnime maːlʔsɯme ʔtɯsɯl idʒeja aːlgeʔsɯmnida]

POINT 相手に何か説明した後に理解を確認したり、あるいは自分のことがわかるか、見覚えがあるかなどを尋ねるには動詞 **알다** [aːlda アールダ] (わかる。知る) に接尾辞 **Ⅰ-겠-** [ket̚ ケッ] をつけて用いる。なお알다はⅡ알／아、Ⅲ알아、接尾辞-겠-はⅠ겠Ⅱ겠으Ⅲ겠어と活用する。

	わかりますか？	おわかりですか？
합니다体	알겠습니까？	아시겠습니까？
해요体	알겠어요？	아시겠어요？

たとえば아시겠습니까？は「おわかりになりそうですか」あるいは「おわかりですか」ほどのニュアンス。Ⅰ-겠-をとると아십니까？や아세요？となるがこれは「ご存じですか」の意。➡ p.100 ㄹ語幹の用言参照。

おわかりですか？──いいえ、よくわかりません。

＊Ⅰ-겠-「～しそうだ」などの意を表す接尾辞　＊なお「～を 知る」「～が わかる」はいずれも「**-를／-을** 알다」という

もう全部おわかりですか？──いいえ、まだよくわかりません。

＊이젠 [idʒen イジェン] 副 今は。今度は。もう。이제는の短縮形　＊다 [taː ター] 副 全部。皆　＊아직도 [adʒikt̚o アジクト] 副 まだ。未だに。아직の強調

まだおわかりになりませんか？──いいえ、もうわかりました。

＊このように알겠어요や알겠습니다が「わかります」だけでなく「わかりました」にあたることもある

あの時のお父様のお言葉の意味が、ようやくわかるような気がします。

＊때 [ˀtɛ テ] 時　＊아버님 [abɔnim アボニム] お父様。아버지の尊敬語　＊뜻 [ˀtɯt̚ トゥッ] 意味。志　＊-야 [ja ヤ] ／-이야 [ija イヤ] ～こそ。이제야で「今こそ」

3 表現意図編

朝鮮語もお上手だし、英語もお上手です

二つの事柄を並べて述べる

I -고

이 집 음식이 맛도 있고 값도 쌉니다.
[i tʃiᵖ ɯːmʃigi matˀto iˀko kaᵖˀto ˀsamnida]

그˷분은 한국말도 잘하시고 영어도 잘하십니다.
[kɯbunɯn haŋguŋmaldo tʃar(h)aʃigo jɔŋɔdo tʃar(h)aʃimnida]

저는 일본음식도 잘 먹고 한국음식도 잘 먹습니다.
[tʃɔnɯn ilbonɯmʃikˀto tʃal mɔkˀko haŋgugɯmʃikˀto tʃal mɔkˀsɯmnida]

이쪽은 제 처고 저쪽은 제 동생입니다.
[iˀtʃogɯn tʃe tʃʰɔgo tʃɔˀtʃogɯn tʃe toŋsɛŋimnida]

POINT

「AはBだしCだ」「AはBするしCする」「AはBだしCはDだ」「AはBするしCはDする」などのように二つの事柄を並列して述べるときにはⅠ-고 [ko コ] という語尾を用いる。Ⅰ-고は通常の発音の規則通り、子音語幹の用言につく場合は [ʔko コ]、ㅎで終わる用言につく場合は [kʰo コ]、それ以外の用言につく場合は [go ゴ] と発音される。

먹다（食べる）	➡	먹고 [mɔkʔko モッコ]	（食べて）	ʔko
심다（植える）	➡	심고 [ʃi:mʔko シームコ]	（植えて）	
좋다（よい）	➡	좋고 [tʃo:kʰo チョーコ]	（よいし）	kʰo
잃다（失う）	➡	잃고 [ilkʰo イルコ]	（失って）	
보다（見る）	➡	보고 [pogo ポゴ]	（見て）	go
하다（する）	➡	하고 [hago ハゴ]	（して）	
알다（知る）	➡	알고 [a:lgo アールゴ]	（知って）	

この店の料理がおいしいし、値段も安いのです。

＊집 [tʃiᵖ チプ] 店。家　＊값 [kaᵖ カプ] 値段　＊싸다 [ʔsada サダ] 形 安い。ⅡⅢ싸

あの方は朝鮮語もお上手ですし、英語もお上手です。

＊잘하다 [tʃar(h)ada チャラダ] 他 上手だ。「～が 上手だ」の「～が」にあたる体言語尾には -를/-을 をとる　＊영어〈英語〉[jɔŋɔ ヨンオ] 英語

私は日本の食べ物もよく食べますし、韓国の食べ物もよく食べます。

こっちは私の妻で、あっちは私の妹（弟）です。

＊이쪽 [iʔtʃoᵏ イッチョク] こっち　＊처〈妻〉[tʃʰɔ チョ] 妻　＊처고は「처（妻）+이（～である）+고」の指定詞-이-が落ちたもの　＊저쪽 [tʃɔʔtʃoᵏ チョッチョク] あっち　＊동생〈同生〉[toŋsɛŋ トンセン] 弟。妹。性別に関係なく年下の兄弟・姉妹を指す

私の発音はどうですか？

評価・判断を求める

어떻다　II어떠　III어때

이〜윤식씨, 제 한국말이 어떻습니까?
[iː junʃikʔʃi　　tʃe　haruŋmari　ɔʔtɔʔsɯmniʔka]
　　　　　　　　　——아주 자연스럽고 좋아요.
　　　　　　　　　　　[adʒu　tʃajɔnsɯrɔpʔko　tʃoːajo]

그렇습니까? 그러면 제 발음은 어떻습니까?
[kɯrɔʔsɯmniʔka]　[kɯrɔmjɔn tʃe parɯmɯn ɔʔtɔʔsɯmniʔka]
그런대로 괜찮습니까?
[kɯrɔndɛro　kwɛntʃʰanʔsɯmniʔka]

그 양복이 어떻습니까?
[kɯ jaŋbogi　　ɔʔtɔʔsɯmiʔka]
——네, 색깔도 좋고 크기도 잘 맞고, 이게 제일
　　[ne　sɛkʔkaldo tʃoːkʰo kʰɯgido　tʃal matʔko　ige　tʃeːil
마음에 듭니다.
maɯme　tɯmnida]

이 집 비빔밥 맛이 어때요?
[i　tʃiᵖ　pibimʔpam maʃi　ɔʔtɛjo]
　　　——네, 아주 맛이 있습니다.
　　　　　[ne　adʒu　maʃi　iʔsɯmnida]
　　　　값도 싸고 양도 많고, 아주 좋습니다.
　　　　　[kapʔto　ʔsago jaŋdo　maːnkʰo adʒu　tʃoːʔsɯmnida]

POINT 評価や判断を求めるには形容詞 어떻다 [ɔ²tɔ˺tʰa オットッタ] を用いればよい。ただしㅎ変格（➡ p.114）なので注意。

	どうですか？	いかがでいらっしゃいますか？（尊敬）
합니다体	어떻습니까？	어떠십니까？
해요体	어때요？	어떠세요？

李允植さん、私の朝鮮語はどうですか？
　　　　　　　　　　　――とても自然でいいですよ。

＊-씨〈氏〉～さん　＊한국말이朝鮮語が。　＊자연스럽다〈自然－〉[tʃajɔnsɯɾɔ²pta　チャヨンスロプタ]〖形〗自然だ。ㅂ変格。Ⅱ자연스러우Ⅲ자연스러워

そうですか。それでは私の発音はどうですか？ それなりにいいですか？

＊그러면 [kɯɾɔmjɔn クロミョン] それでは　＊그런대로 [kɯɾɔndɛɾo クロンデロ]〖副〗それなりに　＊괜찮다 [kwɛntʃʰantʰa クェンチャンタ]〖形〗かまわない。悪くない。Ⅱ괜찮으 [kwɛntʃʰanɯ] Ⅲ괜찮아 [kwɛntʃʰana]

そのスーツはどうですか？
――はい、色もいいし、大きさもよく合っているし、これが一番気に入っています。

＊양복〈洋服〉[jaŋbok ヤンボク] スーツ。背広。洋服　＊색깔〈色－〉色　＊크기大きさ　＊맞다 [maˀta マッタ]〖自〗・〖形〗合う。合っている

この店のピビンパの味はどうですか？
――はい、とてもおいしいです。
　　　値段も安いし、量も多いし、とてもいいですね。

＊「비빔밥맛」は「비빔빱맏」と発音➡口音の鼻音化 p.214　＊양〈量〉[jaŋ ヤン] 量。★량　＊많다 [maːntʰa マーンタ]〖形〗多い。Ⅱ많으 [maːnɯ マーヌ] Ⅲ많아 [maːna マーナ]

3 表現意図編

いくらですか？

漢字語の数詞〈一二三・・・〉

일・이・삼…

아주머니, 이건 얼마에요？
[adʒumɔni igɔn ɔːlmaejo]

——이천원이에요.
[iːtʃʰɔnwɔniejo]

모레부터 삼박사일로 여행을 떠나요.
[morebutʰɔ sambakʔsaːillo jɔhɛŋɯl ʔtɔnajo]

——어머나, 어디로요？
[ɔmɔna ɔdirojo]

저희 집 전화번호는 공삼의 사삼육오의 공칠일팔입니다.
[tʃɔi tʃiᵖ tʃɔːn(h)wabɔn(h)onɯn koŋsame saːsamnjugoːe koŋtʃʰirilpʰarimnida]

이 문제는 일번부터 육번까지가 좀 어려워요.
[i muːndʒenɯn ilbɔnbutʰɔ jukʔpɔnʔkadʒiga tʃom ɔrjɔwɔjo]

POINT 数詞には **漢字語数詞** と **固有語数詞** がある。以下は漢字語。

一	二	三	四	五	六	七	八	九	十	百	千	万	億
일	이	삼	사	오	육	칠	팔	구	십	백	천	만	억

これらを日本語同様に組み合わせて用いる。二 [iː] 四 [saː] 五 [oː] と万 [maːn] は長母音。一万は일만ではなく普通ただ만という。六は★륙 [rjuk]。0 は普通영〈零〉[jɔŋ ヨん] ★령 [rjɔŋ リョん]、または제로 [tʃero チェロ] であるが電話番号の場合は공〈空〉[koŋ コん] という。

おばさん、これはいくらですか?――2000ウォンですよ。

*아주머니 [adʒumɔni アジュモニ](姻戚関係のない一般の)おばさん　*얼마 [ɔːlma オールマ] いくら　*이천원〈二千ー〉2000ウォン。-원 [wɔn ウォン] は韓国の通貨単位。漢字語数詞につく

あさってから三泊四日で旅行に発ちます。

――あらまあ、どちらへですか?

*모레 [more モレ] あさって　*삼박사일〈三泊四日〉　*여행〈旅行〉을 떠나다 旅行に発つ　*어디로どこへ。-요をつけるとていねいになる

うちの電話番号は03−4365−0718です。

*저희わたしども。目上の人の前では自分の家のことを普通「저희 집」という　*전화번호〈電話番號〉[tʃɔːn(h)wabɔno チョーヌァボノ] 電話番号　*사삼육오の육を [뉵] と発音するのは [n] の出現➡ p.220

この問題は1番から6番までがちょっと難しいです。

*문제〈問題〉　*번〈番〉[pɔn ポン](漢字語数詞について)〜番。(固有語数詞について)〜回。〜度　*어려워요⬅어렵다難しい。ㅂ変格

ひとつ・ふたつ・みっつ

固有語の数詞

하나・둘・셋…

사과가 모두 몇 개나 있습니까?
[sagwaga modu mjɔtʔkɛna iʔsɯmniʔka]

──하나, 둘, 셋, 넷, 다섯, 여섯, 일곱, 여덟, 아홉, 열, 모두 열 개 있어요.
[hana tuːl seːt neːt tasɔt jɔsɔt ilgoᵖ jɔdɔl ahoᵖ jɔl modu jɔlʔkɛ iʔsɔjo]

이 노트는 한 권에 얼마씩이에요?
[i noːtʰɯnɯn hangwɔne ɔːlmaʔʃigiejo]

그 책이 몇 권이나 필요하세요?
[kɯ tʃʰɛgi mjɔtʔkwɔnina pʰirjohasejo]

──한 열 네 권 정도 필요합니다.
[han jɔlleːgwɔn tʃɔŋdo pʰirjohamnida]

하루에 커피를 몇 잔이나 드세요?
[harue kʰɔpʰirɯl mjɔtʔtʃanina tɯsejo]

──한 다섯 잔 정도 마십니다.
[han tasɔtʔtʃan tʃɔŋdo maʃimnida]

> **POINT** 　**固有語数詞**は左の通り。20は스물[sumul スムル]。**体言にかかる連体形で하나➡한**（ひとつの）、**둘➡두**（ふたつの）、**셋➡세**（みっつの）、**넷➡네**（よっつの）、**스물➡스무**（二十の）**だけは形が変わる**。なお日本語では固有語数詞は1〜10までしかないが、朝鮮語では20〜90まで10ごとに数詞があるので組み合わせると固有語でも1〜99まで言える。

りんごが全部でいくつぐらいありますか？
――ひとつ、ふたつ、みっつ、よっつ、いつつ、むっつ、ななつ、やっつ、ここのつ、とお、全部で10個あります。

＊사과〈沙果〉リンゴ　＊모두 全部。全部で　＊몇[mjʌᵗ ミョッ] いくつ。いくつの。いくつか　＊개〈箇〉（固有語の数詞について）〜個。몇〜개で「何個」　＊（母音語幹＋）-나／（子音語幹＋）-이나（몇／얼마などの疑問詞と共に）〜くらい。〜ほど

このノートは1冊いくらですか？

＊노트[noːtʰɯ ノートゥ] ノート　＊권〈巻〉（固有語の数詞と共に）〜冊　＊-에〜に。〜につき。「〜冊でいくら」というときは必ず「〜⌒권에」　＊-씩[ʔʃʲiᵏ シク] 〜ずつ。（単位あたり）〜。얼마씩は「一つにつきいくら」の意

その本が何冊くらいご入り用でいらっしゃいますか？
　　　　　　　　　　　　　　　　――約14冊ほど必要です。

＊필요하다〈必要ー〉形 必要だ　＊한（後ろに数詞を伴って）およそ。約　＊열⌒네〜〜[jɔlleː ヨルレー]（◀열⌒넷）14の〜➡流音化 p.216　＊정도〈程度〉[tʃɔŋdo チョンド] 程度。くらい。ほど

一日にコーヒーを何杯くらい召し上がりますか？
　　　　　　　　　　　　――だいたい5杯ぐらい飲みますね。

＊하루一日　＊잔〈盞〉杯（さかずき）。（固有語の数詞について）〜杯。몇⌒잔이나何杯くらい　＊드세요◀들다（食べるの意の）いただく。Ⅱ드＋세요？で「召し上がりますか」。食べ物・飲み物の両方に用いる　＊마시다[maʃida マシダ] 他 飲む

3 表現意図編

今何時ですか？

時　刻

~時~分
（固有語の数詞）-시（漢字語の数詞）-분

지금 몇 시입니까？
[tʃigɯm mjɔʔʃimniʔka]

── 한 시 십분입니다．
[hanʃi ʃipʔpunimnida]

지금 정각 열 두 시입니까？
[tʃigɯm tʃɔːŋgaᵏ jɔlʔtuːʃimniʔka]

──아뇨, 열 두 시 오분 전이에요．
[aːnjo jɔlʔtuːʃi oːbundʒɔniejo]

영국의 런던은 지금 몇 시에요？
[jɔŋguge rɔndɔnɯn tʃigɯm mjɔʔʃiejo]

──오전 세 시입니다．
[oːdʒɔn seːʃimnida]

약속 시간은 내일 몇 시에요？
[jakʔsokʔʃiganɯn nɛil mjɔtʔʃiejo]

──저녁 일곱 시 반이에요．
[tʃɔnjɔᵏ ilgopʔʃi paːniejo]

> **POINT** 時刻の表現は日本語と大きく異なるのでその使い方に慣れる必要がある。たとえば「세⌒시 삼분」（3時3分）のように、**「～時」の前には固有語の数詞を、「～分」の前には漢字語の数詞**を用いて表す。その際「～時」の固有語の数詞は**連体形**でなければならない。したがって한⌒시、두⌒시、세⌒시、네⌒시…열⌒한⌒시、열⌒두⌒시というふうになる。なお、30分のことは삼십분〈三十分〉[samʃipʔpun サムシップン] でももちろんいいが、普通**반**〈半〉[paːn パーン] という。

今何時ですか？──１時10分です。

＊몇⌒시〈-時〉[mjɔpʔʃi ミョッシ] 何時　＊한⌒시〈-時〉[hanʃi ハンシ] １時　＊십분〈十分〉[ʃipʔpun シップン] 10分

今ちょうど12時ですか？──いいえ、12時５分前です。

＊정각〈正刻〉[tʃʰɔːŋgaᵏ チョーンガク] (時刻が) ちょうど　＊열⌒두⌒시〈-時〉[jɔlʔtuːʃi ヨルトゥーシ] 12時　＊오분〈五分〉[oːbun オーブン] ５分　＊전〈前〉[tʃɔn チョン] 前。以前

イギリスのロンドンは今何時ですか？──午前３時です。

＊영국〈英國〉[jɔŋguᵏ ヨんグク] イギリス　＊런던 ロンドン　＊오전〈午前〉[oːdʒɔn オージョン] 午前。「午後」は오후 [oːhu オーフ]　＊세⌒시〈-時〉[seːʃi セーシ] ３時

約束の時間は明日何時ですか？──夕方の７時半ですよ。

＊저녁 [tʃʰɔnjɔᵏ チョニョク] 夕方　＊일곱⌒시〈-時〉[ilgopʔʃi イルゴプシ] ７時　＊반〈半〉[paːn パーン] 半

何月何日ですか？

年月日

~年~月~日
（全て漢字語の数詞を用いて）-년 -월 -일

오늘은 몇월 며칠이에요？
[onɯrɯn mjɔdwɔl mjɔtʃʰiriejo]

──유월 이십일이에요.
[juːwɔl iːʃibiriejo]

생일이 언제에요？
[sɛŋiri ɔːndʒeejo]

──저는 삼월 육일이에요.
[tʃɔnɯn samwɔl jugiriejo]

아버님 생신은 몇월 며칠입니까？
[abɔnim sɛŋʃinɯn mjɔdwɔl mjɔtʃʰirimniˀka]

──시월 십칠일입니다.
[ʃiːwɔl ʃiᵖtʃʰiririmnida]

몇년생이세요？
[mjɔnnjɔnsɛŋisejo]

──천 구백 칠십년생이에요.
[tʃʰɔngubɛᵏtʃʰilʔʃimnjɔnsɛŋiejo]

POINT 　～年～月～日はすべて漢字語の数詞を用いて言う。さらに「何年」は몇（いくつの）という疑問詞を用いて **몇년**〈－年〉[mjɔnnjɔn ミョンニョン]、「何月」は **몇월**〈－月〉[mjɔdwʌl ミョドォル]、「何日」は **며칠** [mjɔtʃʰil ミョチル]である。ここで注意すべきは、몇월の発音と며칠の表記である。「何日」も原理的には몇월と同じく、本来は몇＋일（日）なので몇일と書きそうなものだが、これは発音に合わせて며칠と表記することになっている。また、12ヶ月のうち、**6月**は육월ではなく **유월** [ju:wʌl ユーウォル] ★류월、**10月**は십월ではなく **시월** [ʃi:wʌl シーウォル] **というのが変則的**。

今日は何月何日ですか？――6月20日ですよ。

＊몇월［며둴］の発音については終声の初声化・その2参照➡ p.209

誕生日はいつですか？――私は3月6日です。

お父様のお誕生日は何月何日ですか？――10月17日です。

＊생신〈生辰〉[sɛŋʃin センシン] お誕生日。생일〈生日〉の尊敬語

何年生まれでいらっしゃいますか？――1970年生まれです。

＊몇년생〈－年生〉[mjɔnnjɔnsɛŋ ミョンニョンセン] 何年生まれ。몇년［면년］の発音は口音の鼻音化➡ p.214　＊～년생〈年生〉[njɔnsɛŋ ニョンセン]（漢字語の数詞＋）～年生まれ

3 表現意図編

141

何時間ぐらいかかりますか？

時　間

~時間（固有語数詞）＋시간

회사까지는 몇 시간이나 걸립니까 ?
[hweːsaˀkadʑinɯn mjɔˀʃiganina kɔllimniˀka]

――한 시간 걸립니다.
　　[hanʃigan kɔllimnida]

여기서 거기까지는 시간이 얼마나 걸립니까 ?
[jɔgisɔ kɔgiˀkadʑinɯn ʃigani ɔːlmana kɔllimniˀka]

――두 시간 정도 걸려요.
　　[tuːʃigan tʃɔŋdo kɔlljojo]

두 시간이나 걸려요 ?
[tuːʃiganina kɔlljojo]

――네, 그 정도는 걸립니다.
　　[ne kɯ tʃɔŋdonɯn kɔllimnida]

한국어 공부는 하루에 몇 시간이나 하십니까 ?
[hangugɔ koŋbunɯn harue mjɔˀʃiganina haʃimniˀka]

――글쎄요, 한 한 시간 정도 합니다.
　　[kɯlˀsejo han hanʃigan tʃɔŋdo hamnida]

> **POINT** 「~時」同様、시간〈時間〉の前にも한〜시간、두〜시간のように固有語数詞の連体形を用いる。「何時間」は「몇〜시간」。また「~ぐらい」は、몇（いくつの）のような疑問詞を伴う場合は、몇이나（いくつぐらい）や얼마나（いくらぐらい・どのぐらい）などのように、-나／-이나 をつけて表すことが多い。疑問詞を伴わない場合は「한〜시간〜정도」（１時間ぐらい）のように必ず정도〈程度〉という単語を用いて表す。日本語にはこうした区別がないので間違いやすい。３番目の例文のように「한〜시간이나」とすると驚きや強調の意味を込めた「１時間も！」という、まったく別の意味になってしまう。정도は「몇〜개〜정도」〈－箇程度〉（何個ぐらい）など、疑問詞の後ろにも用いられる。

会社までは何時間ぐらいかかりますか？──１時間かかります。

＊몇〜시간이나 [mjɔʔʃiganina ミョッシガニナ] 何時間ぐらい　＊걸리다 [kɔllida コルリダ] 自（時間が）かかる。II걸리 III걸려 [kɔlljɔ コルリョ]

ここからそこまでは時間がどのくらいかかりますか？
　　　　　　　　　　　　　──２時間ぐらいかかりますよ。

＊정도〈程度〉[tʃɔŋdo チョンド] 程度。くらい。ほど

２時間もかかるんですか？──はい、そのぐらいはかかります。

＊두〜시간이나 [tuːʃiganina トゥーシガニナ] ２時間も。前に数詞と名数詞を伴うこの-나／-이나は驚き・強調の「～も」を表す

朝鮮語の勉強は１日に何時間ぐらいなさいますか？
　　　　　　　　　　　──そうですね、約１時間ぐらいします。

＊한 [han ハン] 副（数詞の前で）約。およそ

いくらぐらいかかりますか？

お　金

~ウォン　漢字語数詞＋-원

불고기는 일인분에 얼마씩이에요？
[pulgoginɯn irinbune ɔːlmaʔʃigiejo]

――사천원 정도에요．
[saːtʃʰɔnwɔn tʃɔŋdoejo]

그 학교는 일년에 돈이 얼마나 듭니까？
[kɯ haᵏʔkjonɯn illjɔne toːni ɔːlmana tɯmniʔka]

――꽤 많이 들어요．
[ʔkwɛ maːni tɯrɔjo]

한 달에 생활비는 얼마나 쓰십니까？
[handare sɛŋhwalbinɯn ɔːlmana ʔsɯʃimniʔka]

――전 조금 밖에 안 써요．
[tʃɔn tʃogɯmbaʔke anʔsɔjo]

이 사과는 한 개에 얼마나 합니까？
[i sagwanɯn hangɛe ɔːlmana hamniʔka]

――삼백원입니다．
[sambɛgwɔnimnida]

POINT 韓国の通貨単位は -원 ［wɔn ウォン］。先にも見たように、お金には漢字語数詞を使う。疑問詞얼마（いくら）・얼마나（いくらぐらい）や用言-이다（～である）・들다（かかる・要る）・쓰다（使う）・하다（する）の使い方に習熟したい。なお「1人前で いくら」「1個で いくら」は必ず「일인분에 얼마」「한 개에 얼마」という。

焼き肉は1人前いくらですか？──4000ウォンくらいですよ。

＊불고기 焼き肉　＊일인분〈一人分〉1人前　＊-씩［ʔɕik̚ シク］～ずつ。(単位あたり) ～。얼마씩は「1つにつきいくら」の意。この場合は얼마で言いかえてもかまわない

その学校は1年にお金がどのくらいかかりますか？
　　　　　　　　　　　　　　──かなりたくさんかかります。

＊일년〈一年〉［illjɔn イルリョン］1年。発音に注意　➡流音化 p.216　＊「돈이 들다」お金がかかる。들다はⅡ들/드　Ⅲ들어　＊꽤［ʔkwɛ クェ］副 かなり。なかなか

1か月に生活費はどのくらいお使いになりますか？
　　　　　　　　　　　　　　──私は少ししか使いません。

＊달［tal タル］(固有語数詞と共に) ～月 (ツキ)　＊생활비〈生活費〉［sɛŋhwalbi センファルビ］生活費　＊쓰다［ʔsɯda スダ］他 使う。用いる。Ⅱ쓰 Ⅲ써　＊조금［tɕogɯm チョグム］(量的な) 少し　＊밖에 ～しか

このリンゴは1個いくらしますか？──300ウォンです。

ちょっとお待ちください

ていねいに命令する〈お～ください〉〈～してください〉

> II-세요 と II-십시오

여기서 잠깐만 기다리세요.
[jɔgisɔ tʃamʔkanman kidarisejo]

——빨리 오세요. 이젠 별로 시간이 없어요.
[ʔpalli osejo]　　[idʒen pjɔllo ʃigani　ɔːpʔsɔjo]

정말 반갑습니다. 어서 이리 앉으십시오.
[tʃɔːŋmal pangapʔsɯmnida][ɔsɔ　iri　　andʒɯʃipʔʃo]

——네, 감사합니다.
[ne kaːmsahamnida]

많이 잡수세요.
[maːni tʃapʔsusejo]

——네, 같이 드세요.
[ne　katʃʰi　tɯsejo]

빨리 댁으로 전화를 거세요.
[ʔpalli tɛgɯro　　tʃɔːn(h)warɯl kɔːsejo]

——왜요? 무슨 일이 있습니까?
[wɛːjo]　[musɯnniri　iʔsɯmniʔka]

> **POINT** 目上の人への「〜してください」「お〜ください」というていねいな命令・指示には II-세요 [sejo セヨ]（해요体）、II-십시오 [ʃipˀʃo シプショ]（합니다体）を用いる。

입다	（着る）	➡	입으세요　입으십시오
기다리다	（待つ）	➡	기다리세요　기다리십시오

なお잡수시다（召し上がる）のように最初から基本形に尊敬の接尾辞の-시-が含まれている動詞は、잡수세요、잡수십시오という形になる。しかし、語幹が-시-で終わっていてもそれが尊敬の接尾辞の-시-でない場合はこの限りではない。これは用言によって判断しなければならない。

마시다	（飲む／非尊敬）	➡	마세요　마십시오
주무시다	（お休みになる／尊敬）	➡	주무세요　주무십시오

ここでちょっとお待ちください。
　　　　　――早く来てください。もうあまり時間がありませんよ。

＊잠깐만 [tʃamˀkanman] または [tʃaŋˀkamman] ちょっとだけ。잠깐（しばらくの間）+ 만（〜だけ）　＊기다리다 [kidarida キダリダ] 他 待つ。II기다리 III기다려　＊빨리 [ˀpalli パルリ] 副 早く

本当になつかしいですね。さあ、こちらにお座りください。
　　　　　――はい、ありがとうございます。

＊어서 [ɔsɔ オソ] 副 （催促する際に）さあ。早く　＊이리こちらへ　＊앉다 [anˀta アンタ] 自 座る。II앉으 [andʒɯ アンジュ] III앉아 [andʒa アンジャ]

たくさんお召し上がりください。
　　　　　――はい、一緒にお上がりください。

＊잡수시다 [tʃapˀsuʃida チャプスシダ] 他 召し上がる。II잡수시 III잡수셔／잡수세　＊같이 [katʃˀi カチ] 副 一緒に。➡口蓋音化 p.208　＊드시다 [tɯʃida トゥシダ] 他 召し上がる。II드시 III드셔／드세。この드시다の시は尊敬の-시-

早くお宅に電話をおかけください。
　　　　　――どうしてですか？　何かあるんですか？

＊걸다 [kɔːlda コールダ] 他 （電話を）かける　＊왜요なぜですか　＊무슨何の。何かの　＊일 [iːl イール] こと。仕事　＊무슨 일이 [musɯnniri ムスンニリ] 何かことが。[무슨 닐] と発音するのは [n] の出現➡ p.220

ぜひ一度日本に来てください

依頼する〈～してください〉

Ⅲ ⌒주세요 と Ⅲ ⌒주십시오

꼭 한번 일본에 와⌒주세요.
[ˀkoᵏ hanbɔn ilbone wa dʒusejo]

——네, 감사합니다.
　　[ne kaːmsahamnida]

잠깐만 기다려⌒주세요.
[tʃamˀkanman kidarjɔ dʒusejo]

——네.
　　[ne]

그러면 그렇게 해⌒주세요.
[kɯrɔmjɔn kɯrɔkʰe hɛ dʒusejo]

——네, 알겠습니다.
　　[ne aːlgeˀsɯmnida]

이 글씨를 좀 읽어⌒주십시오.
[i kɯlˀʃirɯl tʃom ilgɔ   dʒuʃipˀʃo]

——네, 네.
　　[ne ne]

> **POINT**
>
> 「〜してください」とていねいに依頼したり懇願するときには III-주세요（해요体）や III-주십시오（합니다体）を使う。依頼の文には 좀（ちょっと）という副詞を用いるとやわらかくなる。
>
> 창문〈窓門〉을 좀 열어〜주세요. 窓をちょっと開けてください。
> 안부〈安否〉를 좀 전해〜주세요. よろしくお伝えください。

この形は話し手のために何かをしてくれという依頼・懇願的なニュアンスが濃いので、「お座りください」のような、聞き手に対する話し手の単なる指示や要求を示す場合には前ページで学んだ II-세요、II-십시오 の形が望ましい。

ぜひ一度日本に来てください。
　　　　　　　　　　　――はい、ありがとうございます。

*꼭 [ʔkoᵏ コㇰ] 副 ぜひ　*한번〈一番〉[hanbɔn ハンボン] 一度。ちょっと

ちょっとお待ちになってください。
　　　　　　　　　　　　　　　　　――はい。

*기다리다 他 待つ。II기다리 III기다려

それではそうしてください。――ええ、わかりました。

*알겠습니다 わかりました。알다（わかる・知る）の I알＋겠＋습니다。こういう場合の알겠습니다は「わかりました」にあたる。➡ p.128参照

この文字をちょっと読んでください。
　　　　　　　　　　　　　　　　――はい、はい。

*글씨 [kɯlʔʃi クルシ] 文字。字　*ここでのように朝鮮語では네を2回繰り返すことがしばしばある

3 表現意図編

149

なかなか面白いでしょう？

同意を求める〈～でしょう？〉

Ⅰ-지요？／Ⅰ-죠？

그 소설이 꽤 재미있지요?
[kɯ soːsɔri ʔkwɛ tʃɛmiiʔʔtʃijo]

——네, 정말 재미있어요.
[ne tʃɔːŋmal tʃɛmiiʔsɔjo]

한국말은 발음이 아주 어렵죠?
[haŋguŋmarɯn parɯmi adʒu ɔrjɔpʔtʃo]

——네, 문법은 그런대로 쉽습니다만.
[ne munʔpɔbɯn kɯrɔndɛro ʃwipʔsɯmnidaman]

국이 좀 짜죠?
[kugi tʃom ʔtʃadʒo]

——아뇨, 저한테는 딱 알맞아요.
[aːnjo tʃɔhantʰenɯn ʔtagalmadʒajo]

그 분도 한국말을 잘하시죠?
[kɯbundo haŋguŋmarɯl tʃar(h)aʃidʒo]

——네, 단어도 아주 많이 아세요.
[ne tanɔdo adʒu maːni asejo]

POINT 自分が言っていることに対し**聞き手に同意を求めるときはⅠ-지요？** [tʃijo チヨ] を用いる。話しことばでは普通Ⅰ-죠？ [tʃo チョ] という短縮形を使う。どちらも他の一般の疑問文と同じく必ず**文末を上げて発音**する。文末を上げないと、話し手が自分の意見・判断を単にやわらかく述べることになってしまい、ニュアンスが違ってくるので注意。
この形で同意を求められた場合は、まず네（はい）か아뇨（いいえ）、あるいは글쎄요（さあ）などと言ってから答えればよい。

その小説、なかなか面白いでしょう？
　　　　　　　　　　　　──はい、本当に面白いです。

＊소설〈小説〉[soːsɔl ソーソル] 小説　＊꽤 [ʔkwɛ クェ] 副 かなり。なかなか

朝鮮語は発音がとても難しいでしょう？
　　　　　　　　　　──はい、文法はそれなりにやさしいのですが。

＊어렵다 形 難しい。Ⅱ어려우 Ⅲ어려워。ㅂ変格➡ p.112　＊문법〈文法〉[munʔpɔp ムンポプ] 文法。この법は例外的に濃音で発音する　＊쉽다 形 易しい。Ⅱ쉬우 Ⅲ쉬워。ㅂ変格

スープがちょっと塩辛いでしょう？
　　　　　　　　　　　　──いいえ、私にはちょうどいいです。

＊국 [kuᵏ クク] スープ　＊짜다 [ʔtʃada チャダ] 塩辛い。ⅡⅢ짜　＊딱 [ʔtaᵏ タク] ちょうど。ぴったり　＊알맞다 [aːlmaʔta アールマッタ] 自・形 合う。ふさわしい。Ⅱ알맞으 Ⅲ알맞아

あの方も朝鮮語がお上手でしょう？
　　　　　　　　　　──はい、単語もとてもたくさんご存じです。

＊단어〈単語〉[tanɔ タノ] 単語

3 表現意図編

Disc2 17

忘れないでください

ていねいに禁止する〈～しないでください〉

> I -지 마세요／ I -지 마십시오

부디 제 말을 잊지 마십시오.
[puːdi tʃe maːrɯl iʔtʃi maʃipʔʃo]

──네, 잘 알겠습니다.
[ne tʃar aːlgeʔsɯmnida]

제 부탁을 좀 들어〜주세요.
[tʃe puːtʰagɯl tʃom tɯrɔdʒusejo]

──제발 그런 부탁은 저한테 하지 마세요.
[tʃeːbal kɯrɔn puːtʰagɯn tʃɔhantʰe hadʒi masejo]

이 일은 아무한테도 말하지 마세요.
[i iːrɯn aːmuhantʰedo maːr(h)adʒi masejo]

──그럼 사장님께서도 그 사실을 모르십니까 ?
[kɯrɔm sadʒaŋnimʔkesɔdo kɯ saːʃirɯl morɯʃimniʔka]

앞으로는 저한테 전화도 하지 말고 편지도 쓰지 마세요.
[apʰɯronɯn tʃɔhantʰe tʃɔːn(h)wado hadʒi maːlgo pʰjɔːndʒido ʔsɯdʒi masejo]

> **POINT** 目上の人に対し「〜しないでください」とていねいに禁止するときは
> Ⅰ-지 마세요 （해요体）／Ⅰ-지 마십시오 （합니다体）を用いる。마세요／마십시오の基本形は말다 [maːlda マールダ]。「やめる」の意で、変化はⅡ말／마 Ⅲ말아。Ⅱ마＋세요で마세요（おやめください）だが、마세요／마십시오単独で用いられることはほとんどなく、基本的に動詞のⅠ-지を前に伴って用いられる。また、「〜もしないで〜もしないでください」と、禁じる事柄が二つ以上に及ぶ場合は4番目の例文のように「Ⅰ-지 말고」でつなぐ。

どうか私の言葉をお忘れにならないでください。
　　　　　　　　　　　──はい、よくわかりました。

＊부디 [puːdi プーディ] なにとぞ。どうか　＊말 [maːl マール] 言葉　＊잊다 [iᵖta イッタ] 他 忘れる。Ⅱ잊으 [idʒɯ イジュ] Ⅲ잊어 [idʒɔ イジョ]　＊알겠습니다この場合も「わかりました」にあたる ➡ p.128・p.149

私の頼みをどうかかなえてください。
　　　　　　　　──どうか、そんな頼みは私にしないでください。

＊부탁〈付託〉[puːtʰak プータク] 頼み　＊들어◀듣다 [tɯᵖta トゥッタ] 他 聞く。ㄷ変格 ➡ p.116。「부탁을 들어⌒주다」で「頼みを受入れてやる／くれる」　＊제발 [tʃeːbal チェーバル] どうか。なんとか

このことは誰にも言わないでください。
　　　　　　　　──では、社長もその事実をご存じないのですか？

＊아무한테도誰にも。後ろに必ず否定を伴う　＊말하다 [maːr(h)ada マーラダ] 他 言う。語る　＊사장님〈社長－〉[sadʒaŋnim サジャンニム] 社長（尊敬語）　＊-께서도 [ˀkesʌdo ケソド] ～も（尊敬形）

これからは私に電話もしないで、手紙も書かないでください。

앞으로 [apʰɯro アプロ] 今後。これから先　＊편지〈便紙〉[pʰjɔːndʒi ピョーンジ] 手紙

よくわからないのですが

婉曲に述べる　その1〈〜するのですが〉

| 動詞の場合　　Ⅰ-는데요 |

김⌒선생님은 지금 연구실에 계십니까?
[kimsɔnsɛŋnimɯn　tʃigɯm jɔːnguʃire　keːʃimniʔka]
　　　　　　——아뇨, 지금은 안⌒계시는데요.
　　　　　　　　[aːnjo　　tʃigɯmɯn angeːʃinɯndejo]

이⌒선생님 댁에 전화를 좀 걸어⌒주세요.
[iːsɔnsɛŋnim　　tɛge　tʃɔːn(h)warɯl　tʃom kɔrɔdʒusejo]
　　　　　——아무도 전화를 안⌒받으시는데요.
　　　　　　[aːmudo　tʃɔːn(h)warɯl anbadɯʃinɯndejo]

그럼 일요일에 와⌒주십시오.
[kɯrɔm irjoire　　wadʒuʃipʔʃo]
——죄송합니다만 이번 일요일에도 볼일이 있는데요.
　　[tʃweːsoŋhamnidaman ibɔn irjoiredo　　polliri　　innɯndejo]

이 말의 뜻을 아세요?
[i　maːre　ʔtɯsɯl asejo]
　　　　　　——아뇨, 잘 모르겠는데요.
　　　　　　　[aːnjo　tʃal morɯgennɯndejo]

POINT 「〜なのですが」「〜ですけれどね」と物事を婉曲にやわらかく述べる場合はⅠ-는데요 [nɯndejo ヌンデヨ] という語尾を用いる。ただし、살다（生きる・暮らす・住む）などㄹ語幹の動詞の場合はㄹの落ちた第Ⅱ語基に-는데요をつける。また最後に「？」をつけて「〜なんですか？」というやわらかいニュアンスの疑問形としても用いられる。

받다（受け取る）	받는데요	뭘 받는데요？
살다（暮らす）	사는데요	어디 사는데요？
있다（ある）	있는데요	뭐가 있는데요？

なお、このⅠ-는데요という語尾は動詞と存在詞にしかつくことができない。形容詞や指定詞に用いるときはⅡ-ㄴ데요という形を用いる。➡ p.156。

金先生は今、研究室にいらっしゃいますか？
　　　　　──いいえ、今は いらっしゃらない んですが。

＊연구실〈研究室〉[jɔːŋguʃil ヨーングシル] 研究室

李先生のお宅にちょっと電話をかけてください。
　　　　　──誰も電話を お取りにならない のですが。

＊이〈李〉[iː イー]（姓）李。★리 [riː リー]　＊아무도 [aːmudo アームド] 誰も（〜ない）
＊받다 [paᵗta パッタ] 受ける。受け取る。（電話を）取る

では、日曜日に来てください。
　　──申し訳ございませんが、今度の日曜日にも用事が ある のですが。

＊이번〈-番〉[ibɔn イボン] 今度。今回。今度の　＊있는데요 [인는데요] の発音は➡口音の鼻音化 p.214

この言葉の意味をご存じですか？
　　　　　──いいえ、よく わからない のですが。

ちょっと高すぎるのですが

婉曲に述べる　その2〈〜なのですが〉

形容詞・指定詞の場合　　II-ㄴ데요

여보세요, 여기 서울인데요, 야마다 선생님 계십니까?
[jɔbosejo　　jɔgi　sɔurindejo　　jamada sɔnsɛŋnim ke:ʃimniʔka]
──아, 네, 지금은 안⌒계시는데요. 무슨 일인데요?
　　[a　　ne　 tʃigumɯn ange:ʃinɯndejo]　　 [musɯn irindejo]

그럼 이 옷은 어떻습니까?
[kɯrɔm i　osɯn　　ɔʔtɔʔsɯmniʔka]
──아주 멋이 있습니다만 저한테는 값이 너무 비싼데요.
　　[adʒu mɔʃi iʔsɯmnidaman tʃʰantʰenɯn kapʔʃi nɔmu piʔsandejo]

사실은 그런⌒게 아닌데요.
[sa:ʃirɯn kurɔnge　　anindejo]
──그러면 모든⌒걸 사실대로 말씀해⌒주십시오.
　　[kɯrɔmjɔn modɯŋgɔl　sa:ʃildɛro　　ma:lʔsɯmhɛdʒuʃipʔʃo]

이 발음은 꽤 어려운데요.
[i　parɯmɯn ʔkwɛ ɔrjɔundejo]
　　──그러세요? 전 별로 안⌒어려운데요.
　　　　[kɯrɔsejo]　　[tʃɔn pjɔllo anɔrjɔundejo]

> **POINT**
> 動詞・存在詞の場合の婉曲形はⅠ-는데요という形であったが、形容詞と指定詞を用いて婉曲に述べる場合は Ⅱ-ㄴ데요 [ndejo ンデヨ] という形にする。ㄹ語幹の形容詞ではㄹの落ちた第Ⅱ語基につく。
>
> | 싸다 | （安い） | 싼데요 | （安いですが） |
> | 좋다 | （よい） | 좋은데요 | （よいですが） |
> | 멀다 | （遠い） | 먼데요 | （遠いですが） |
> | -이다 | （である） | -인데요 | （～ですが） |
> | 아니다 | （ではない） | 아닌데요 | （～ではありませんが） |

もしもし、こちらはソウルですが、山田先生はいらっしゃいますか？
　　　──あ、はい、今はおりませんが、どんなご用でしょうか？

*여보세요もしもし　*서울 [sɔul ソウル] ソウル。多くの地名は漢字で書けるが、서울は固有語なので漢字では書けない　*-인데요指定詞-이-＋-ㄴ데요

では、この服はどうですか？
　　　　　──とても素敵ですが、私には値段が高すぎますが。

*저（私）＋-한테（～に）＋-는（～は）

実は、そういうことではないんですが。
　　　──それでは、すべてを事実通りにおっしゃってください。

*사실〈事實〉[sa:ʃil サーシル] 事実　*그런〜게は그런〜것이の短縮形　*모든 [modɯn モドゥン] 冠 すべての　*걸←것＋을　*-대로～通りに　*말씀하다おっしゃる

この発音はなかなか難しいですねえ。
　　　　　──そうですか？　私はそれほど難しくないですが。

日本語がお上手ですね

発見的な驚きを述べる〈～ですね！〉

品詞を問わず ➡ I -네요

일본말을 정말 잘하시네요.
[ilbonmarɯl tʃɔːŋmal tʃar(h)aʃinejo]
　　　　——천만에요, 부끄럽습니다.
　　　　　　[tʃʰɔnmanejo puʔkɯrɔpʔsɯmnida]

저기 저쪽에 택시가 한⌒대 오네요.
[tʃɔgi tʃɔʔtʃoge tʰɛkʔʃiga handɛ onejo]
　　　　——어머나, 정말 그렇네요.
　　　　　　[ɔmɔna tʃɔːŋmal kɯrɔnnejo]

안색이 안⌒좋으시네요. 어디 편찮으십니까?
[ansɛgi andʒoɯʃinejo]　　[ɔdi pʰjɔntʃʰanɯʃimniʔka]
　　　　——네, 오늘 아침부터 열이 좀 있습니다.
　　　　　　[ne onɯr atʃʰimbutʰɔ jɔri tʃom iʔsɯmnida]

이 논문은 내용이 너무 어렵네요.
[i nonmunɯn nɛːjoŋi nɔmu ɔrjɔmnejo]
　　　　——네, 그 논문은 무척 어렵습니다.
　　　　　　[ne kɯ nonmunɯn mutʃʰɔk ɔrjɔpʔsɯmnida]

POINT 驚きや意外、感嘆や納得などの気持ちを表す詠嘆的な「～ですね！」にあたる表現に Ⅰ-네요 がある。今まで知らなかった、意識していなかったことに気づいたときなどに用いる、発見的な詠嘆である。また、その詠嘆によって聞き手に働きかけるというよりは、感じたままの気持ちをとりあえず発してみるといった、独り言的な感じが強い。つまり、発見したことに関し、聞き手のことはあまり意識せず驚きなどを自分の気持ちとして表明するのである。用言なら品詞は問わない。なお、指定詞の-이다（～である）は、前に来る体言が母音語幹の場合には-이네요ではなくてただの-네요になる。

| 사전 | 사전이 네요 | 辞典ですね！ |
| 교과서 | 교과서 네요 | 教科書ですね！ |

日本語が本当にお上手ですね。
　　　　　　　　　──とんでもない、お恥ずかしいですよ。

＊천만에요〈千万-〉[tʃʰɔnmanejo チョンマネヨ] とんでもありません。どういたしまして
＊부끄럽다 [puʔkurɰʔpta ブックロプタ] 形 恥ずかしい。ㅂ変格。Ⅱ부끄러우 Ⅲ부끄러워

あの、あそこにタクシーが１台来ますね。
　　　　　　　　　　──あら、本当にそうですね。

＊저기は「あそこ」、저쪽は「あっち」　＊택시 [tʰɛkʔʃi テクシ] タクシー　＊대〈臺〉[dɛ デ] / [ʔtɛ テ] 名数（固有語数詞について）～台　＊그렇네요発音 [그런네요] に注意➡口音の鼻音化 p.210

お顔の色がよくありませんね。どこかお悪いのですか？
　　　　　　　　　──はい、今朝から熱が少しあるのです。

＊안색〈顔色〉[ansɛk アンセク] 顔色　＊열〈熱〉[jɔl ヨル] 熱

この論文は内容が難しすぎますね。
　　　　　　　　　──はい、その論文はすごく難しいですよ。

＊논문〈論文〉[nonmun ノンムン] 論文。★론문　＊내용〈内容〉内容　＊어렵네요 [ɔrjomnejo オリョムネヨ] 口音の鼻音化に注意⬅어렵다 形 難しい　＊무척 [mutʃʰɔkʔ ムチョク] すごく

表現意図編

では東京にお住まいなんですね

確認的な驚きを述べる　その1〈〜するのですね！〉

> 動詞と存在詞　➡　Ⅰ-는군요
> 発音は[는군뇨 nɯngunnjo]

그럼 두 분 다 동경에 사시는군요.
[kɯrɔm tuːbun taː toŋgjɔŋe saːʃinɯngunnjo]
　　——네, 아주 가까이에 삽니다.
　　　　[ne adʒu kaʔkaie saːmnida]

애기 아빠는 주말마다 낚시를 가요.
[ɛgi aʔpanɯn tʃumalmada nakʔʃirɯl kajo]
　　——그래서 일요일날마다 집에 안 계시는군요.
　　　　[kɯrɛsɔ irjoillalmada tʃibe angeːʃinɯngunnjo]

일본음식이 입에 안 맞으시는군요.
[ilbonɯmʃigi ibe anmadʒɯʃinɯngunnjo]
　　——아니에요, 그런 건 절대로 아닙니다.
　　　　[aniejo kɯrɔngɔn tʃɔlʔtɛro animnida]
　　전 생선초밥만 별로 안 좋아합니다.
　　[tʃɔn sɛŋsɔntʃʰobamman pjɔllo andʒoahamnida]

이런 물건은 시장에서는 안 파는군요.
[irɔn mulgɔnɯn ʃiːdʒaŋesɔnɯn anpʰanɯngunnjo]
　　——네, 그런 고급 물건은 백화점에서만 팝니다.
　　　　[ne kɯrɔn kogɯmmulgɔnɯn pɛkkʰwadʒɔmesɔman pʰamnida]

> **POINT**
> 詠嘆と納得に関わる表現「〜ですね！」には I -네요の他に -군요の系列がある。品詞を問わない I -네요と違って -군요は、**動詞につくときは I -는군요**、形容詞と指定詞では I -군요となる。なお계시다（いらっしゃる）は I -는군요の形のみ。また ㄹ語幹の動詞には ㄹ の落ちた第Ⅱ語基に -는군요がつく。

먹다（食べる）	먹는군요（食べるんですねえ）
계시다（いらっしゃる）	계시는군요（いらっしゃるんですねえ）
살다（住む）	사는군요（住んでいるんですねえ）

> I -네요が発見的で独り言的であるのに反し、-군요の系列は自分が思ったことを相手に語りかけて確認するといった、**確認的・語りかけ的なもの**であるといえる。したがって、-군요の系列は 2 つめの例文のように念押し的にも使えるが I -네요はこうした「それで〜なのですね」「なるほど〜ですね」というような場合には使えない。

では、お二方とも東京にお住まいなんですね。
　　　　　　　　——はい、とても近くに住んでいます。

＊「두┐분 다」お二方とも。다は「皆」　＊사시는군요◀살다（住む・暮らす・生きる）のⅡ＋尊敬の시＋는군요　＊가까이 [ka²kai カッカイ] 副名 近く　＊삽니다◀살다

（子の）パパは週末になるといつも釣りに行きます。
　　　　——それで日曜日はいつも家にいらっしゃらないんですね。

＊애기 [ɛgi エギ] 赤ん坊　＊아빠 [a²pa アッパ]（幼児語）パパ　＊주말〈週末〉[tʃumal チュマル] 週末　＊-마다〜ごとに　＊낚시 [nak²ʃi ナクシ] 釣り。「낚시를 가다」「釣りに行く」　＊그래서 [kɯrɛsɔ クレソ] 接 それで

日本の食べ物がお口に合わないんですねえ。
——いいえ、決してそんなことはありません。私は寿司だけちょっと苦手なんです。

＊일본음식〈日本飲食〉[ilbonɯmʃiᵏ イルボヌムシク] 日本食　＊절대로〈絶對一〉[tʃɔl²tɛro チョルテロ] 副 絶対に　＊생선초밥〈生鮮醋一〉[sɛŋsɔntʃʰobaᵖ センソンチョバプ]（魚の）寿司。초밥만 [초밤만] の発音に注意。口音の鼻音化 p.214　＊ここでも I -네요は不可

こういう品物は市場では売っていないんですね。
　　　　——はい、そういう高級な品物はデパートでだけ売っています。

＊물건〈物件〉[mulgɔn ムルゴン] 品物　＊시장 [ʃiːdʒaŋ シージャン] 市場　＊파는군요◀팔다 [pʰalda パルダ]（売る）のⅡ＋는군요　＊고급〈高級〉[koguᵖ コグプ] 高級。[고금물건] と発音することに注意。口音の鼻音化 p.214

お忙しいんですね

確認的な驚きを述べる　その2〈～なのですね！〉

> 形容詞と指定詞　➡　Ⅰ-군요
> 発音は[군뇨 gunnjo/ˀkunnjo]

일요일날도 많이 바쁘시군요.
[irjoillaldo maːni paˀpɯʃigunnjo]
――아뇨, 이번 일요일만 특별히 그렇습니다.
　　[aːnjo ibɔn irjoilman tʰɯkˀpjɔr(h)i kɯrɔˀsɯmnida]

한국의 가을 하늘은 참 높고 맑군요.
[hanguge kaɯl hanɯrɯn tʃʰam noˀpˀko malˀkunnjo]
――네, 정말 아름답지요?
　　[ne tʃɔːŋmal arɯmdaˀpˀtʃijo]

이젠 시간이 전혀 없군요.
[idʒen ʃigani tʃɔn(h)jɔ ɔːˀpˀkunnjo]
――빨리 서두르세요.
　　[ˀpalli sɔdurɯsejo]

댁에서 공항까지는 생각보다 길이 멀군요.
[tɛgesɔ koŋhaŋˀkadʒinɯn sɛŋgaˀkˀpoda kiri mɔːlgunnjo]
――네, 택시로도 한 시간 이상은 걸립니다.
　　[ne tʰɛkˀʃirodo hanʃigan iːsaŋɯn kɔllimnida]

POINT

「～なのですねえ」という確認的な驚きを表す語尾は、動詞では I -는군요であるのに対し、形容詞と指定詞では I -군요の形をとる。存在詞있다も「ある」という意味で使われる場合は I -군요だが、「いる」という意味で使われる場合は I -는군요となる。同じ存在詞でも없다（ない・いない）の場合は普通 I -군요の形しかない。

```
있다（ある）      存在詞    있군요
있다（いる）      存在詞    있는군요
예쁘다（きれいだ） 形容詞    예쁘군요
-이다（～である） 指定詞    -(이)군요
                          책이군요／교과서군요
```

形容詞ならㄹ語幹であっても I -군요である。
　　　멀다（遠い）　　멀군요　　　길다（長い）　　길군요

日曜日もずいぶん お忙しいんですねえ 。
　　　——いいえ、この日曜だけとくにそうなんですよ。

＊바쁘다[形] 忙しい。Ⅲ바빠。으語幹　＊특별히〈特別ー〉[tʰɯkʲpjɔr(h)i トゥクピョリ][副] とくに。特別に

韓国の秋の空は本当に高くて 澄んでいますねえ 。
　　　——ええ、本当に美しいでしょう？

＊하늘 [hanɯl ハヌル] 空　＊높다[形]（高さが）高い。値段が「高い」のは비싸다　＊맑다 [makʲta マクタ] 澄んでいる。きれいだ　＊아름답다 [arɯmdapʲta アルムダプタ][形] 美しい。ㅂ変格。Ⅱ아름다우　Ⅲ아름다워　★Ⅲ아름다와

もう時間が全然 ありませんねえ 。
　　　　　　　　　　　　——早くお急ぎください。

＊서두르다 [sɔdurɯda ソドゥルルダ][他] 急ぐ。慌てる。르変格。Ⅱ서두르　Ⅲ서둘러

お宅から空港までは思ったより 遠いですね 。
　　　——はい、タクシーででも1時間以上はかかります。

＊공항〈空港〉[koŋhaŋ コンハン] 空港　＊생각 [sɛŋgakʲ センガク] 考え　＊-보다 ～より。～よりも　＊길 [kil キル] 道　＊멀다[形] 遠い　＊이상〈以上〉[iːsaŋ イーサン] 以上

表現意図編

雪が降れば行けません

仮定を述べる〈～すれば〉

接続形Ⅱ-면

이렇게 눈이 많이 오면 내일은 도저히 못 떠납니다.
[irɔkʰe nuːni maːni omjɔn nɛirɯn toːdʑɔ(h)i moˀtɔnamnida]

몸이 편찮으시면 회사에 나오시지 말고 오늘
[momi pʰjɔntʃʰanɯʃimjɔn hweːsae naoʃidʑi maːlgo onɯl
하루는 댁에서 푹 쉬세요.
harunɯn tɛgesɔ puk ʃwiːsejo]

전 감기가 들면 꼭 열이 나고 기침이 납니다.
[tʃɔn kaːmgiga tɯlmjɔn ˀkok jɔri nago kitʃʰimi namnida]

국이 좀 싱거우시면 소금을 조금 넣으세요.
[kugi tʃom ʃiŋgɔuʃimjɔn sogɯmɯl tʃogɯm nɔɯsejo]

POINT　「〜すれば〜」や「〜なら〜」という仮定・条件を表すには用言にⅡ-면 [mjɔn ミョン] を用いる。文を終わらせる **終止形** に対して、さらに文を続ける **接続形** と呼ばれる形の一種である。用言の第Ⅱ語基に-면をつけるだけだから、例えば가다（行く）なら가면（行けば）、먹다（食べる）なら먹으면（食べれば）、-이다（〜である）は-이면（〜であれば）、있다（ある）は있으면（あれば）という具合になる。알다（知る）➡알면（知れば）のようにㄹ語幹につくときはㄹを伴った第Ⅱ語基につく。Ⅱ-면の後ろの文末には通常の叙述形だけでなくⅡ-십시오（お〜ください）など命令形やⅢ 주십시오（〜してください）など依頼の形もとりうる。

こんなに雪がたくさん 降ったら 、明日は到底出発できません。

＊이렇게 副 このように　＊오다 自 来る。(雨や雪が)降る　＊도저히〈到底－〉[to:dʑɔ(h)i トージョイ] 副 到底　＊떠나다 [ʔtɔnada トナダ] 自 発つ。出発する

お体の具合が お悪いようでしたら 、会社にお出にならないで、今日一日はお宅でぐっすりお休みください。

＊몸 [mom モム] 体　＊나오다 [naoda ナオダ] 出て来る　＊Ⅰ-지 말고➡ p.152　＊푹 [pʰukᵏ プㇰ] 副 ぐっすり　＊쉬다 [ʃwi:da シュィーダ] 休む。Ⅲ쉬어★쉬여

私は風邪を ひくと きまって熱が出て咳が出ます。

＊감기 (가) 들다〈感氣－〉[ka:mgiga tɯlda カームギガトゥㇽダ] 風邪をひく　＊꼭 [ʔkokᵏ コㇰ] 副 必ず。きっと　＊열〈熱〉[jɔl ヨㇽ] 熱　＊나다 [nada ナダ] 自 出る

スープがちょっと 薄かったら 塩を少し入れてください。

＊국 [kukᵏ クㇰ] スープ　＊싱겁다 [ʃiŋgɔpᵖta シンゴㇷ゚タ] 形 (味が) 薄い。塩気が足りない。ㅂ変格　＊소금 [sogum ソグㇺ] 塩　＊조금 [tʃogum チョグㇺ] 少し　＊넣다 [nɔ:(ʔ)tʰa ノータ] 他 入れる。Ⅱ넣으 [nɯɯ]、Ⅲ넣어 [nɔɔ] ➡発音 p.217〜219

こんなふうにすればいいですか？

〈～すればよい〉

Ⅱ-면 되다

이건 이렇게 하면 됩니까?
[igɔn irɔkʰe hamjɔn twemniʔka]

――네, 그렇게 하시면 됩니다.
[ne kɯrɔkʰe haʃimjɔn twemnida]

내일은 두⌒시까지 이 다방으로 나오면 됩니까?
[nɛirɯn tuːʃiʔkadʒi i tabaŋɯro naomjɔn twemniʔka]

――네, 늦으시면 절대로 안⌒됩니다.
[ne nɯdʒɯʃimjɔn tʃɔlʔtɛro andwemnida]

오늘은 저희 집에 오시면 안⌒돼요.
[onɯrɯn dʒibe tʃibe oʃimjɔn andwɛjo]

――그럼 언제 가면 괜찮습니까?
[kɯrɔm ɔːndʒe kamjɔn kwɛntʃʰanʔsɯmniʔka]

이 인삼은 언제 마시면 돼요?
[i insamɯn ɔːndʒe maʃimjɔn twɛːjo]

――아무⌒때나 괜찮아요.
[aːmu ʔtɛna kwɛntʃʰanajo]

> **POINT** 「～すればよい」は普通「 II-면 되다 」の形を用いる。否定形「～してはならない」は「 II-면 안 되다 」となる。「よい」のところに좋다(よい)ではなく動詞되다(なる)を用いることに注意。日本語の「～すればよい」の「よい」は普通、積極的に良い・悪いの評価をしているのではなく、「～すれば条件にかなう」というような、いわばお手本の提示的なものである。そういう「～すればよい」にあたるのがこの「 II-면　되다 」である。「～すれば(本当に)良い」のだという積極的な評価をしたい場合は「 II-면　좋다」を使う。4番目の例文と解説参照。「II-면　되다」はII-면と되다の結合がかたく、間にほかの単語が割りみにくいのに対し、II-면と좋다の間にはほかの単語がたやすく割り込める。

これはこんなふうにやればいいですか？
　　　　　　　　　　──はい、そうなされればいいです。

＊하시면の-시-は尊敬の接尾辞

明日は2時までにこの喫茶店に来ればいいのですか？
　　　　　　　　　　──はい、絶対に遅れてはいけませんよ。

＊두 시까지 2時までに。2時まで　＊늦다 [nɯtʼta ヌッタ] 形動 遅れる。遅くなる。遅い。II늦으 III늦어

今日は私の家においでになってはいけません。
　　　　　　　　　　──では、いつ行けばいいですか？

＊「저희 집」「私たちの家」だが一人暮らしでもこう言う　＊このように괜찮다を使って「 II-면　괜찮다 」にすると「～すればかまわない・大丈夫だ・問題ない」といった意味

この朝鮮人参はいつ飲めばいいですか？
（＝いつ飲むことになっているか、いつ飲むのが適当か）
　　　　　　　　　　──いつでもいいですよ。

＊마시다 [maʃida マシダ] 飲む　＊「인삼은 보통 언제 마시면 (몸에)(제일) 좋아요?」「朝鮮人参は普通いつ飲めば(体に)(一番)よいですか？＝体に一番効き目があるか」　＊아무 때나いつでも。때は「時」

3　表現意図編

ピョンヤンに行きたいです

願望を述べる〈～したい〉

I -고 싶다

평양에 한 번 가고 싶습니다.
[pʰjɔŋjaŋe hanbɔn kago   ʃipˀsɯmnida]
　　　　　　――저도 같이 가고 싶어요.
　　　　　　　　[tʃɔdo katʃʰi kago   ʃipʰɔjo]

저는 꼭 국민학교 선생님이 되고 싶어요.
[tʃɔnɯn ˀkok tʃʰodɯɲhakˀkjo sɔnsɛŋnimi twego ʃipʰɔjo]
　　　　　　――아이들을 좋아하세요?
　　　　　　　　[aidɯrɯl   tʃoːahasejo]

전 한국말을 더 잘하고 싶습니다.
[tʃɔn haŋguŋmarɯl tɔ tʃar(h)ago   ʃipˀsɯmnida]
　　　　――그러세요? 지금도 아주 잘하시는데요.
　　　　　[kɯrɔsejo]   [tʃigɯmdo adʒu tʃar(h)aʃinɯndejo]

김 교수님의 주소를 좀 알고 싶은데요.
[kimgjosunime   tʃuːsorɯl tʃom aːlgo ʃipʰɯndejo]
　　　　　――잠깐만 기다리세요. 아, 여기 있네요.
　　　　　　[tʃamˀkanman kidarisejo] [a   jɔgi   innejo]

POINT 「〜したい」と願望を述べるには「Ⅰ-고 싶다」を用いる。싶다は単独では用いず、必ず前にⅠ-고という用言の活用形を伴う補助形容詞。したがって日本語の「したいですか？――はい、したいです。」は「싶어요？」などとは言えず必ず「하고 싶어요？――네，하고 싶어요.」となる。否定の「〜したくない」は、안を用いた「안 Ⅰ-고 싶다」と、「Ⅰ-지 않다」を用いた「Ⅰ-고 싶지 않다」の二つの形があるが、後者がよく使われる。

사다（買う）	肯定形（買いたい）	否定形（買いたくない）
基本形	사고 싶다	사고 싶지 않다
해요体	사고 싶어요	사고 싶지 않아요
합니다体	사고 싶습니다	사고 싶지 않습니다
婉曲形	사고 싶은데요	사고 싶지 않은데요

ピョンヤンに一度行きたいです。　――私も一緒に行きたいです。

*평양〈平壤〉[pʰjɔŋjaŋ ピョんヤん] ピョンヤン　*싶다も子音語幹なので規則通りにⅡ싶으Ⅲ싶어と活用する

私はどうしても小学校の先生になりたいです。――子供がお好きなのですか？

*국민학교〈國民學校〉[kuŋmin(h)aᵏʲkjo クんミナッキョ] 小学校。1996年からは초등학교〈初等學校〉[tʃʰoduŋ(h)aᵏʲkjo チョドゥんハッキョ] と改称されることになった。　★인민학교〈人民學校〉　* -가/-이 되다 ～になる　*아이 [ai アイ] 子供　* -들 [tɯl トゥル] ～たち

私は朝鮮語がもっと上手になりたいです。
　　　　　　――そうですか？　今もとてもお上手ですが。

* -를/-을 잘하다 [tʃar(h)ada チャラダ] 他 ～が 上手だ

金教授の住所がちょっと知りたいのですが。
　　　　　――ちょっとお待ちください。あ、ここにありますね。

*교수님〈教授ー〉[kjoːsunim キョースニム] 教授（尊敬形）　*싶다は形容詞なので「～したいんですが」と婉曲的に述べるときはⅡ-ㄴ데요（➡ p.156）を用いて「Ⅰ-고 싶은데요」とする

朝鮮語を学んでいます

継続進行形〈～している〉

> I -고 있다

지금도 한국말을 배우고 있습니다.
[tʃigɯmdo hangugmarɯl pɛugo iʔsɯmnida]
──우리 한국말은 왜 그렇게 열심히 배우십니까?
[uri hangugmarɯn wɛː kɯrɔkʰe jɔlʔʃim(h)i pɛuʃimniʔka]

요즘은 무슨 일을 하고 계십니까?
[jodʒɯmɯn musɯn niːrɯl hago geːʃimniʔka]
──요즘은 아무 것도 안 하고 있습니다.
[jodʒɯmɯn aːmugɔtʔto an(h)ago iʔsɯmnida]
집에서 그냥 놀고 있습니다.
[tʃibesɔ kɯnjaŋ noːlgo iʔsɯmnida]

김 과장님은 지금 뭘 하고 계십니까?
[kim gwadʒaŋnimɯn tʃigɯm mwɔːr(h)ago geːʃimniʔka]
──전화를 받고 계십니다.
[tʃɔːn(h)warɯl patʔko geːʃimnida]

부모님은 요즘 어디 사세요?
[pumonimɯn jodʒɯm ɔdi sasejo]
──요즘도 그냥 그대로 시골에 살고 계세요.
[jodʒɯmdo kɯnjaŋ kɯdɛro ʃigore saːlgo geːsejo]

POINT 日本語の「〜している」にあたる表現は、朝鮮語では大きく分けて4通りがある。たとえば、

住んでいます	살고 있습니다	(Ⅰ-고 있다)
住んでいます	삽니다	(Ⅱ-ㅂ니다／Ⅰ-습니다)
生きています	살아 있습니다	(Ⅲ 있다➡ p.172)
似ています	닮았습니다	(過去形➡ p.178)

ここで学ぶ Ⅰ-고 있다 は、動作の継続・現在進行を表すもので、「〜しつつある」の意味の「〜している」である。時には「(いつも)〜している」という習慣の意や「(繰り返し)〜している」という反復の意味にもなる。

먹다（食べる）	먹고 있습니다	（食べています）
가다（行く）	가고 있습니다	（行きつつあります）

今も朝鮮語を学んでいます。
　　　——朝鮮語をどうしてそんなに一生懸命勉強なさるのですか？

＊배우다 [pɛuda ペウダ] 他 学ぶ。習う　＊열심히〈熱心ー〉[jɔlʲʃim(h)i ヨルシミ] 副 熱心に。一生懸命

近頃はどんなお仕事をなさっていますか？
　　　——この頃は何もしていません。家でのんびりしています。

＊このように Ⅰ-고 계시다 とすると尊敬形「〜していらっしゃる」になる。Ⅰ-고と계시다は普通ひと息に続けて発音されるので、계は[ge]とにごることが多い　＊놀고 있다「遊んでいる」。仕事をとくにしていないことをいう

金課長は今何をなさっていますか？——電話に出ておられます。

＊과장님〈課長ー〉[kwadʒaŋnim クァジャンニム] 課長（尊敬語）　＊「전화를 받다」は「電話を取る」

ご両親は今はどこにお住まいですか？
　　　——今もそのまま田舎に住んでいます。

フィルムが入っています

状態持続形〈～している〉

Ⅲ〜있다

이 카메라에는 필림이 들어 있습니까?
[i kʰameraenɯn pʰillimi tɯrɔ iʔsɯmniʔka]
──아뇨, 안 들어 있어요.
[aːnjo andɯrɔ iʔsɔjo]

지금 한국에 가 계십니까?
[tʃigɯm hanguge ka geʃimniʔka]
──네, 어제부터 서울에 와 있습니다.
[ne ɔdʒebutʰɔ sɔure wa iʔsɯmnida]

그 분은 아직 일본에 살아 계십니다.
[kɯbunɯn adʒik ilbone sara geʃimnida]
──어머나, 그러세요? 혼자서 살고 계세요?
[ɔmɔna kɯrɔsejo] [hondʒasɔ saːlgo geːsejo]

한국에는 지금 태풍이 오고 있습니다.
[hangugenɯn tʃigɯm tʰɛpʰuŋi ogo iʔsɯmnida]
──그래요? 일본에는 벌써 와 있는데요.
[kɯrɛjo] [ilbonenɯn pɔlʔsɔ wa innɯndejo]

Point　「～している」のもうひとつの形、Ⅲ⌒있다 は、主に自動詞について**動作の結果の継続**や**状態の持続**を表す。「**すでに～している**」といったニュアンスである。動詞によっては3、4番目の例文の살다（生きる・暮らす・住む）や오다（来る）のようにⅠ-고⌒있다とⅢ⌒있다の両方の形を持つものもあるが、すべての自動詞が二つの形を持てるわけではない。また、ほとんどの他動詞はⅠ-고⌒있다の形しかない。

　　　오다（来る）　　와⌒있다　　（すでに）来ている
　　　살다（生きる）　살아⌒있다　（まだ）生きている
　　　들다（入る）　　들어⌒있다　入っている

なお、Ⅲ⌒계시다 とすると「（すでに）～していらっしゃる」という尊敬形になる。

このカメラにはフィルムが入っていますか？
　　　　　　　　　　　──いいえ、入っていません。

＊카메라 [kʰamera カメラ] カメラ　＊필림 [pʰillim ピルリム] フィルム。필름ともいう
＊들다 [tɯlda トゥルダ] 自 入る　＊ 들어⌒있다 は「入っている」だが、들고⌒있다 とすると他動詞들다（上げる）で「持ち上げている」「持っている」 ➡ p.174

（国際電話で）今韓国に行っていらっしゃるのですか？
　　　　　　　　　　──はい、昨日からソウルに来ています。

＊어제 [ɔdʒe オジェ] 昨日　＊서울 [sɔul ソウル] ソウル

あの方はまだ日本で生きていらっしゃいます。
──あら、そうですか？　一人で暮らしておられるのですか？

＊일본〈日本〉[ilbon イルボン] 日本　＊혼자서 [hondʒasɔ ホンジャソ] 一人で　＊同じ살다という動詞でも 살아⌒있다 は「生きている」、살고⌒있다 は「暮らしている」。ここではそれらの尊敬形

韓国には今、台風が近づいています。
　　　　　　　　　──そうですか。日本にはもう来ていますよ。

＊태풍〈颱風〉[tʰɛpʰuŋ テプん] 台風　＊오고⌒있다 は「向かって来ている」「来つつある」、와⌒있다 は「（すでに）来ている」

表現意図編 3

帽子をかぶっています

例外的な〈～している〉

입고 ͜ 있다・쓰고 ͜ 있다 など

그 분은 모자를 쓰고 ͜ 계십니까?
[kɯbunɯn modʒarɯl ʔsɯgo geːʃimniʔka]
　　　　　　——네, 갈색 모자를 쓰고 ͜ 계세요.
　　　　　　　　[ne kalʔsɛŋ modʒarɯl ʔsɯgo geːsejo]

아버님은 지금 방에서 뭘 하고 ͜ 계십니까?
[abɔnimɯn tʃigɯm paŋesɔ mwɔːr(h)ago geːʃimniʔka]
　　　　　　옷을 입고 모자를 쓰고 ͜ 계십니다.
　　　　　　[osɯl iʔʔko modʒarɯl ʔsɯgo geːʃimnida]

저 ͜ 분은 손에 뭘 들고 ͜ 계십니까?
[tʃɔbunɯn sone mwɔːl tɯlgo geːʃimniʔka]
　　　　　　——사전을 들고 ͜ 계십니다.
　　　　　　　[sadʒɔnɯl tɯlgo geːʃimnidaː]

선생님은 그 사건을 아직 모르고 ͜ 계십니까?
[sɔnsɛŋnimɯn kɯ saːʔkɔnɯl adʒiᵏ morɯgo geːʃimniʔka]
　　　　　　——아뇨, 저도 알고 ͜ 있습니다.
　　　　　　　[aːnjo tʃɔdo aːlgo iʔsɯmnida]

> **POINT**
> ここでは Ⅰ-고〜있다の形なのに「すでに〜している」という「結果の持続」的な意味で使われる例外的な場合を見る。身につけるもの、持ち物、身に携えるものなどに関わる動詞が多く、どれも頻度の高い動詞なので、まるごと覚えてしまうことをお勧めする。いずれもⅢ〜있다の形はない。
>
> | | | |
> |---|---|---|
> | 입다（着る） | 입고〜있다 | 着ている（ところだ）
（すでに）着ている |
> | 쓰다（かぶる） | 쓰고〜있다 | かぶっている（ところだ）
（すでに）かぶっている |
> | 가지다（持つ） | 가지고〜있다 | （すでに）持っている |
> | 안다（抱く） | 안고〜있다 | 抱いている（ところだ）
（すでに）抱いている |
> | 알다（知る・わかる） | 알고〜있다 | （すでに）知っている |

その方は帽子をかぶっていらっしゃいますか？
　　　　　——はい、褐色の帽子をかぶっていらっしゃいます。

*모자〈帽子〉[modʒa モジャ] 帽子　*쓰다 [ʔsɯda スダ] 他（帽子を）かぶる。使う
*갈색〈褐色〉[kalʔsɛᵏ カルセㄱ] 褐色　*この쓰고〜계시다はかぶっている状態を表している

お父様は今部屋で何をなさっていらっしゃいますか？
　　　　　——服を着て帽子をかぶっているところです。

*この하고〜계시다と쓰고〜계시다は動作の継続、現在進行を表している

あの方は手に何を持っていらっしゃるのですか？
　　　　　——辞典を持っていらっしゃいます。

*손 [son ソン] 手　*들다 [tɯlda トゥルダ] 他 持つ。上げる。Ⅱ들/ㄷ Ⅲ들어

先生はその事件をまだご存じないのですか？
　　　　　——いいえ、私も知っています。

*사건〈事件〉[saːʔkɔn サーッコン] 事件。この건を [껀] と発音するのは漢字語における例外的な濃音化➡ p.213　*この모르고〜계시다と알고〜있다はいずれも「（すでに）〜している」という結果の持続を表している

3 表現意図編

電話してもいいですか？

許可を求める〈～してもいい〉

> Ⅲ-도 되다

오늘 밤에 댁으로 전화를 드려도 됩니까?
[onɯl ʔpame tɛgɯro tʃɔːn(h)warɯl tɯrjɔdo twemniʔka]

―― 네, 됩니다.
　　[ne　twemnida]

이 방에서는 음악을 들으면 안 됩니까?
[i paŋesɔnɯn ɯmagɯl tɯrɯmjɔn andwemniʔka]

―― 아뇨, 들어도 됩니다.
　　[aːnjo tɯrɔdo twemnida]

이 밥을 제가 혼자 다 먹어도 됩니까?
[i pabɯl tʃega hondʑataː mɔgɔdo twemniʔka]

―― 아뇨, 저한테도 조금만 남겨 주세요.
　　[aːnjo tʃɔhantʰedo tʃogɯmman namgjɔ dʑusejo]

내용이 너무 쉬워도 안 되고 너무 어려워도 안 됩니다.
[nɛːjoŋi nɔmu ʃwiwɔdo andwego nɔmu ɔrjɔwɔdo andwemnida]

―― 그럼 이 책은 어떻습니까?
　　[kɯrɔm i tʃʰɛgɯn ɔʔtɔʔsɯmniʔka]

POINT 相手に許可を求めたり、許可したりするときは「 Ⅲ-도 되다 」（〜してもいい）を用いる。「許可」的な意味ではなく「よい・悪い」という評価を下すつもりなら되다のかわりに좋다を用いてもかまわないことは「〜すればいい」（➡ p.166）の場合と同様である。なお되다はⅡ되、Ⅲ되어➡돼。

  하다（する）　してもいいですか？　してもいいですよ
  합니다体　　　해도 됩니까？　──해도 됩니다.
  해요体　　　　해도 돼요？　　──해도 돼요.
否定形の「〜してはならない」は「 Ⅲ-서는 안⌒되다 」。
  해서는 안⌒됩니다　　してはいけません
また、「(〜してもならないし)〜してもなりません」は「 Ⅲ-서도 안⌒되다 」となる。
  거짓말을 해서도 안⌒되고 돈을 받아서도 안⌒됩니다.
  嘘をついてもならないし、お金をもらってもなりません。

今夜お宅に電話をさしあげてもいいですか？
　　　　　　　　　　　　　　　──はい、いいです。

*드리다 [tɯrida トゥリダ] 他 さしあげる。Ⅱ드리 Ⅲ드려

この部屋では音楽を聞いてはいけないのですか？
　　　　　　　　　　　　　　　──いいえ、聞いてもいいですよ。

*듣다 他 聞く Ⅱ들으 Ⅲ들어。ㄷ変格

このご飯を私が一人でみんな食べてもいいですか？
　　　　　　　　　　　──いいえ、私にも少しだけ残してください。

*밥 [paᵖ パプ] ご飯　*남기다 [namgida ナムギダ] 他 残す Ⅱ남기 Ⅲ남겨

内容がやさしすぎてもだめだし、難しすぎてもいけません。
　　　　　　　　　　　──では、この本はどうですか？

*내용〈内容〉[nɛ:joŋ ネーヨん] 内容

昼食はさっき食べました

過去形〈～した〉その1

~しました：Ⅲ-ㅆ습니다／Ⅲ-ㅆ어요

야마다씨, 한국에는 언제 오셨습니까?
[jamadaʔʃi hangugenɯn ɔːndʒe oʃɔʔsɯmniʔka]
　　　　　　——며칠⌒전에 왔습니다.
　　　　　　　[mjɔtʃʰil dʒɔne waʔsɯmnida]

그⌒동안 안녕하셨습니까?
[kɯdoŋan annjɔŋhaʃɔʔsɯmniʔka]
　　　　　　——네, 덕분에 잘 있었습니다.
　　　　　　　[ne tɔkʔpune tʃar iʔsɔʔsɯmnida]

그런데, 점심식사는 하셨어요?
[kɯrɔnde tʃɔːmʃimʃikʔsanɯn haʃɔʔsɔjo]
　　　　　　——네, 점심은 아까 호텔에서 먹었습니다.
　　　　　　　[ne tʃɔːmʃimɯn aʔka hotʰeresɔ mɔgɔʔsɯmnida]

한국은 재미있었습니까?
[hangugɯn tʃɛmiiʔsɔʔsɯmniʔka]
——네, 아주 재미있었습니다. 전 좀 더 오래 있고⌒
　　[ne adʒu tʃɛmiiʔsɔʔsɯmnida] [tʃɔn tʃomdɔ ore iʔko
싶었어요.
ʃipʰɔʔsɔjo]

> **POINT**
> 「～した」という過去形には Ⅲ-ㅆ- という接尾辞を用いる。過去形の基本形は Ⅲ-ㅆ다。「～しました」にあたる形は합니다体で Ⅲ-ㅆ습니다、해요体で Ⅲ-ㅆ어요 となる。過去形はすべて第Ⅲ語基を用いるのでここでもう一度語基の作り方（→ p.79）や変格用言（→ pp.108～117）のⅢの形をしっかりと確認したい

오다（来る）	와	왔습니다	왔어요
주다（やる）	주어/줘	줬습니다	줬어요
받다（受ける）	받아	받았습니다	받았어요
있다（いる）	있어	있었습니다	있었어요

尊敬の接尾辞Ⅱ-시-のⅢは-셔-/-세-だが過去形では必ず -셔- を用いる。

| 오시다（来られる） | 오셔 | 오셨습니다 | 오셨어요 |
| 계시다（いらっしゃる） | 계셔 | 계셨습니다 | 계셨어요 |

山田さん、韓国にはいつ来られたのですか？
　　　　　　　　　　　　　　　　　──数日前に来ました。

その間、お元気でいらっしゃいましたか？
　　　　　　　　　　　　　　　──はい、おかげさまで元気でした。

＊그 동안 その間　＊안녕하셨습니까←안녕하다　＊덕분에〈德分−〉[tɔ͈pune トクプネ] おかげで　＊「잘 있다」は「元気でいる」

ところで昼食はなさいましたか？
　　　　　　　　　──はい、お昼はさきほどホテルで食べました。

＊그런데[kɯrɔnde クロンデ] [接] ところで。ところが　＊점심식사〈點心食事〉[tʃɔːmʃimʃikˀsa チョームシムシクサ] 昼食　＊점심〈點心〉[tʃɔːmʃim チョームシム] 昼食　＊점심식사는하다、점심은먹다を用いる

韓国はおもしろかったですか？
──はい、とてもおもしろかったです。私はもう少し長くいたかったですねえ。

＊재미있다 [tʃɛmiiˀta チェミイッタ] [存] 面白い　＊「좀 더」もう少し　＊오래 [orɛ オレ] 長い間　＊있고 싶었어요←있다のⅠ+-고 싶다（～したい）のⅢ+-ㅆ어요（過去形の해요体）

何が一番難しかったですか？

過去形〈～した〉その 2

～しました：Ⅲ-ㅆ습니다／Ⅲ-ㅆ어요

한국어 공부는 얼마⌒동안이나 하셨어요?
[haŋuɡɔ koŋbunɯn ɔːlmaʔtoŋanina haʃɔʔsɔjo]
——대학교에서 한 일년⌒정도 했습니다.
　　　[tɛhakʔkjoesɔ　han illjɔn　dʒɔŋdo hɛːʔsɯmnida]

요 며칠⌒동안은 회사 일로 많이 바빴습니다.
[jo mjɔtʃʰilʔtoŋanɯn hweːsa illo　maːni paʔpaʔsɯmnida]
——뭐가 그렇게 바쁘셨어요?
　　　　[mwɔːga kɯrɔkʰe paʔpɯʃɔʔsɔjo]

아니, 여태까지 그것도 모르셨어요?
[ani　jɔtʰɛʔkadʒi　kɯgɔtʔto　morɯʃɔʔsɔjo]
——네, 전 정말 전혀 몰랐습니다.
　　　　[ne　tʃɔn tʃɔːŋmal tʃɔn(h)jɔ mollaʔsɯmnida]

한국어 공부에서는 뭐가 제일 어려우셨습니까?
[haŋuɡɔ koŋbuesɔnɯn　mwɔːga tʃeːil　ɔrjouʃɔʔsɯmniʔka]
——전 발음이 제일 어려웠습니다.
　　　　[tʃɔn parɯmi tʃeːil　ɔrjɔwɔʔsɯnida]

POINT 過去形ではとくに変格用言の場合の第Ⅲ語基の形に注意。

基本形	Ⅲ	尊敬形の過去합니다体/疑問形	過去합니다体/해요体
하다	해	하셨습니까?	했습니다／했어요
알다	알아	아셨습니까?	알았습니다／알았어요
바쁘다	바빠	바쁘셨습니까?	바빴습니다／바빴어요
춥다	추워	추우셨습니까?	추웠습니다／추웠어요
모르다	몰라	모르셨습니까?	몰랐습니다／몰랐어요
그렇다	그래	그러셨습니까?	그랬습니다／그랬어요
듣다	들어	들으셨습니까?	들었습니다／들었어요
짓다	지어	지으셨습니까?	지었습니다／지었어요

指定詞-이다（～である）のⅢは-이어／-여だが、-이었습니다 が母音語幹につくときは -였습니다 となる。-이었어요／-였어요も同様。「회사였습니다」「会社でした」。

朝鮮語の勉強はどのくらいの間なさいましたか？
　　　　　　　　　──大学で約1年ぐらいやりました。

＊얼마〜동안이나どのくらいの間　＊대학교〈大學校〉[tɛhaᵏʲkjo テハッキョ] 大学　＊하셨어요・했습니다◀하다する

この数日は会社の仕事でとても忙しかったです。
　　　　　　　　　──何がそんなにお忙しかったのですか？

＊요 [jo ヨ]（過去の）この　＊바빴습니다・바쁘셨어요◀바쁘다忙しい。으語幹

おや、今までそれもご存じなかったのですか？
　　　　　　　　　──はい、私は本当に全然知りませんでした。

＊아니 [ani アニ] 間 あれ　＊여태까지 [jɔtʰɛʔkadʑi ヨテッカジ] 今まで　＊모르셨어요・몰랐습니다◀모르다知らない。わからない。르変格

朝鮮語の勉強では何が一番難しかったですか？
　　　　　　　　　──私は発音が一番難しかったです。

＊어려우셨습니까・어려웠습니다◀어렵다難しい。ㅂ変格

まだ昼食は食べていません

日本語と異なる過去形の使い方

점심식사는 벌써 하셨습니까 ?
[tʃɔmʃimʃikʔsanɯn pɔlʔsɔ haʃɔʔsɯmniʔka]
——아뇨, 아직 안⌒먹었습니다.
[aːnjo adʒiᵏ anmɔgɔʔsɯmnida]

댁의 아드님은 누구를 닮았습니까 ?
[tɛge adɯnimɯn nugurɯl talmaʔsɯmniʔka]
——그 아이는 우리 시어머님을 많이 닮았어요.
[kɯ ainɯn uri ʃiɔmɔnimɯl maːni talmaʔsɔjo]

그 책은 아직 다 안⌒읽으셨어요 ?
[kɯ tʃʰɛgɯn adʒiᵏ taː annilgɯʃɔʔsɔjo]
——네, 아직 조금 남았습니다.
[ne adʒiᵏ tʃogɯm namaʔsɯmnida]

아저씨, 아직 멀었어요 ?
[adʒɔʔʃi adʒiŋ mɔrɔʔsɔjo]
——아뇨, 이젠 거의 다 왔어요.
[aːnjo idʒen kɔːi taː waʔsɔjo]

POINT 「그 친구는 결혼했습니까？――네, 했습니다.」は「彼は結婚しましたか？――はい、しました」と「彼は結婚していますか？――はい、しています」の二つの意味がある。このように、**日本語では現在形を用いるのに朝鮮語では過去形で言う場合がある**。中でももっとも代表的なものをいくつか取り上げておいたのでしっかり覚えること。

（～）していない	안 했다／하지 않았다 ← 하다
～に似ている	-를／-을 （～を）닮았다 ← 닮다
結婚している	결혼했다 ← 결혼하다
ハンサムだ	잘생겼다 ← 생기다
残っている	남았다 ← 남다

また、例文のように一般に過去形で質問されたら同じく過去形を用いて答える点が日本語と異なっている。

昼食はもうなさいましたか？
　　　　　　　　　　――いいえ、まだ食べていません。

＊안 먹었습니다「食べていません」「食べませんでした」。否定には「Ⅰ-지 않았습니다」「Ⅰ-지 않았어요」の形もある

お宅の息子さんは誰に似ていますか？
　　　　　　　　――あの子はうちのしゅうとめによく似ています。

＊아드님 [adɯnim アドゥニム] 息子さん（尊敬形）　＊-를／-을 닮다 [tamʔta タムタ] ～に似る。Ⅱ닮으 Ⅲ닮아　＊시어머님 [ʃiɔmɔnim シオモニム] しゅうとめ（尊敬形）

その本はまだ全部お読みになっていらっしゃらないのですか？
　　　　　　　　　　――はい、まだ少し残っています。

＊남다 [naːmʔta ナームタ] 🈶 残る。Ⅱ남으 Ⅲ남아 [nama ナマ]。「남았습니다」は「残っています」あるいは「残りました」

運転士さん、まだですか？
　　　　　　　　　　――いいえ、もうそろそろ着きますよ。

＊아저씨 [adʒɔʔʃi アジョッシ] おじさん。運転士などへの呼びかけにも用いる　＊「아직 멀었습니다」で「（行程や実力が）まだまだです」。発音は [아징] となる➡口音の鼻音化 p.214　＊거의 [kɔːi コーイ] ほとんど　＊「다 왔어요」なら「もう着きました」

3 表現意図編

Disc2 33

よい映画

形容詞の連体形〈～な～〉/ 指定詞の連体形〈～である～〉

$$\text{II-ㄴ}$$

어제 시내에서 아주 좋은 영화를 하나 봤습니다.
[ɔdʒe ʃiːnɛesɔ   adʒu   tʃoːɯn jɔŋhwarɯl hana pwaːʔsɯmnida]
── 무슨 영환데요? 그렇게 좋은 영화면 저도
　　[musɯn jɔŋhwandejo] [kɯrɔkʰe tʃoːɯn jɔŋhwamjɔn tʃɔdo
　　보고⌒싶어요.
　　pogo ʃipʰɔjo]

이건 너무 비싼데요. 좀 더 싼⌒건 없어요?
[igɔn nɔmu   piʔsandejo]   [tʃomdɔ ʔsangɔn   ɔːpʔsɔjo]
── 없습니다. 우리 집에선 그게 제일 싼⌒겁니다.
　　[ɔːpʔsɯmnida] [uri   tʃibesɔn kɯge   tʃeːil ʔsangɔmnida]

호텔은 아무⌒데나 괜찮습니까?
[hotʰerɯn aːmudena   kwɛntʃʰanʔsɯmniʔka]
── 가능하면 역에서 먼⌒데보다 가까운⌒데로
　　[kanɯŋhamjɔn jɔgesɔ   mɔːndeboda   kaʔkaundero
　　해⌒주세요.
　　hɛːdʒusejo]

이번 시험에는 어떤 문제가 나왔어요?
[ibɔn ʃihɔmenɯn   ɔʔtɔn   mundʒega nawaʔsɔjo]
── 쉬운 문제보다는 어려운 문제가 많이 나왔습니다.
　　[ʃwiːun mundʒebodanɯn ɔrjɔun mundʒega maːni nawaʔsɯmnida]

POINT 日本語の場合、後ろに来る体言を修飾する連体形は、形容動詞以外の用言では、「この本は安い」「安い本」のように終止形と形が同じである。これに反して朝鮮語の用言は終止形と連体形の形が常に異なっており、その連体形も品詞によって形が異なる。形容詞の連体形はすべてⅡ-ㄴである。ㄹ語幹の形容詞ではㄹが落ちた第Ⅱ語基につく。멀다（遠い）➡먼（遠い～）。「～である」（-이다）と「～ではない」（아니다）にあたる指定詞も形容詞の場合と同じくⅡ-ㄴである。

싸다（安い）	싼 옷	安い服
길다（長い）	긴 머리	長い髪
좋다（よい）	좋은 책	よい本
-이다（～である）	대학생인 오빠	大学生である兄

昨日町でとても よい 映画を一本見ました。
――どんな映画ですか？ そんなに よい 映画なら私も見たいですね。

＊시내〈市内〉[ʃiːnɛ シーネ]市内。街中　＊좋은◀좋다のⅡ좋으＋-ㄴ　＊영환데요◀영화＋-이＋-ㄴ데요（婉曲形）　＊영화면◀영화＋-이-＋면映画であるならば

これはあまりに高すぎますね。もう少し 安い のはありませんか？
――ありません。うちではそれが一番 安い ものです。

＊비싼데요◀비싸다のⅡ-ㄴ데요　＊싼◀싸다（安い）のⅡ-ㄴ

ホテルはどこでもかまいませんか？
――できれば駅から 遠い ところより 近い ところにしてください。

＊아무～데나どこでも　＊가능하면◀가능하다〈可能ー〉[形] 可能だのⅡ-면　＊먼◀멀다（遠い）のⅡ-ㄴ　＊데（不完全名詞）ところ　＊가까운◀가깝다 [kaʔkaᵖta カッカプタ]（近い）のⅡ가까우＋-ㄴ。ㅂ変格

今度の試験には どんな 問題が出ましたか？
―― やさしい 問題よりは 難しい 問題がたくさん出ました。

※「今回」というニュアンスです。

＊시험〈試験〉[ʃihɔm シホㇺ] 試験　＊어떤◀어떻다のⅡ-ㄴ。ㅎ変格　＊나오다 [naoda ナオダ] [自] 出る。出てくる　＊쉬운◀쉽다　＊어려운◀어렵다。ㅂ変格

私が知っている人

動詞の現在連体形〈～する～〉

I -는

저⌒분은 야마다씨도 잘 아시는⌒분입니까?
[tʃɔbunɯn jamadaʔʃido tʃar aʃinɯn bunimniʔka]
――아뇨, 저는 모르는⌒분인데요.
　　[aːnjo tʃɔnɯn morɯnɯn bunindejo]

내일은 학교에 가는 날이에요? 안⌒가는 날이에요?
[nɛirɯn haᵏʔkjoe kanɯn nariejo] [anganɯn nariejo]
――내일은 안⌒가도 돼요. 학교는 노는 날이에요.
　[nɛirɯn angado twɛːjo] [haᵏʔkjonɯn noːnɯn nariejo]

이젠 시험 날도 얼마 안⌒남았네요.
[idʒen ʃihɔm naldo ɔːlma annamannejo]
――네, 그래서 요즘은 밥을 먹는 시간도, 잠을 자는
　[ne kɯrɛsɔ jodʒɯmɯn pabɯl mɔŋnɯn ʃigando tʃamɯl tʃanɯn
시간도 아깝습니다.
ʃigando aʔkapʔsɯmnida]

여기서 역까지는 걷는⌒게 좋습니까? 버스를
[jɔgisɔ jɔᵏʔkadʒinɯn kɔnnɯnge tʃoːʔsɯmniʔka] [ʔpɔsɯrɯl
타는⌒게 좋습니까?
tʰanɯnge tʃoːʔsɯmniʔka]
　　　　　　――저는 걷는⌒게 더 좋아요.
　　　　　　　　[tʃɔnɯn kɔnnɯnge tɔ tʃoːajo]

POINT 形容詞・指定詞の場合と違って「〜する〜」、「〜している〜」という動詞の連体形は Ⅰ-는 である。있다（ある・いる）、없다（ない・いない）などの存在詞の場合も連体形は動詞と同じく Ⅰ-는 である。なお、알다（わかる・知る）のような ㄹ語幹の場合だけは ㄹの落ちた Ⅱ 아に 는がつく。「아는 사람」「知っている人」。

사다（買う）	사 는 사람	買う人
살다（住む）〈ㄹ語幹〉	사 는 사람	住む人
입다（着る）	입 는 옷	着る服
있다（いる）	있 는 시간	いる時間
계시다（いらっしゃる）	계시 는 집	いらっしゃる家

あの方は山田さんもよく ご存じの 方ですか？
　　　　　——いいえ、私は 知らない 方ですが。

＊아시는←알다のⅡ아＋尊敬の-시-のⅠ＋連体形の-는　＊모르는←모르다のⅠ-는

明日は学校へ 行く 日ですか？ 行かない 日ですか？
　　　　　——明日は行かなくてもいいですよ。学校は 休みの 日です。

＊가는←가다のⅠ-는　＊날 [nal ナル] 日　＊「가도 돼요」「Ⅲ-도 되다」で「〜してもよい」
＊노는←놀다（遊ぶ。休む）のⅡ＋連体形の-는

もう試験の日までいくらもありませんね。
——はい、それでこの頃はご飯を 食べる 時間も 寝る 時間も惜しいのです。

＊「얼마 안 남았네요」「いくらも残っていませんね」　＊남았네요←남다（残る）のⅢ＋過去の接尾辞-ㅆ-＋-네요（〜ですね）　＊먹는発音は [멍는]　＊「잠을 자다」眠る　＊아깝다 [aʔkaᵖta アッカプタ] 形 惜しい。もったいない。ㅂ変格

ここから駅までは 歩く のがいいですか？ バスに 乗る のがいいですか？
　　　　　——私は 歩く ほうがいいです。

＊걷는←걷다（歩く）のⅠ-는　＊게←것（もの。の。こと）＋-이（〜が）　＊버스 [ʔpɔsɯ ポス] / [pɔsɯ] バス★뻐스　＊타는←타다 [tʰada タダ] 乗る。「〜に乗る」は「-를/-을 타다」
＊「더 좋아요」「よりよいです」

昨日買った本

動詞の過去連体形〈～した～〉

Ⅱ-ㄴ

이건 또 언제 사신 책이에요?
[igɔn ˀto ɔːndʒe saʃin tʃʰɛgiejo]
——아, 네, 그건 어제 산 책입니다.
[a ne kɯgɔn ɔdʒe san tʃʰɛgimnida]

이번에 읽은 소설은 별로 재미가 없었습니다.
[ibɔne ilgɯn sosɔrɯn pjɔllo tʃɛmiga ɔːpˀsɔˀsɯmnida]
——이번엔 무슨 소설을 읽으셨는데요?
[ibɔnen musɯn sosɔrɯl ilgɯʃɔnnɯndejo]

이 편지는 누가 쓰신 겁니까?
[i pʰjɔndʒinɯn nuga ˀsɯʃin gɔmniˀka]
——제가 쓴 겁니다.
[tʃeːga ˀsɯn gɔmnida]

저는 한 번 들은 이야기는 잊어버리지 않습니다.
[tʃɔnɯn hanbɔn tɯrɯnnijaginɯn idʒɔbɔridʒi anˀsɯmnida]
——그 이야기는 누구한테서 들으신 이야기입니까?
[kɯ ijaginɯn nuguhantʰesɔ tɯrɯʃinnijagimniˀka]

POINT 形容詞や指定詞にⅡ-ㄴ連体形を用いると「〜な〜」という現在連体形の意味になった。➡ p.184。ところが動詞にこの同じⅡ-ㄴ連体形を用いると「〜した〜」という過去連体形の意味になる。

사다（買う）	산 사람	산 사람
살다（住む）	산 사람	산 사람
먹다（食べる）	먹은 사람	먹은 사람

ㄹ語幹の動詞にはㄹの落ちた第Ⅱ語基に-ㄴがつく。このことから過去連体形で산（買った・住んだ）のようにたまたま同形になってしまうものもあるので注意を要する。

これはまたいつ お買いになった本 ですか？
　　　　　　　──あ、はい、それは昨日 買った 本です。

＊사신◀사다（買う）のⅡ＋尊敬の-시-のⅡ＋過去連体形-ㄴ

今度 읽은 小説はあまり面白くありませんでした。
　　　　　　──今度はどんな小説をお読みになったのですか？

＊읽은◀읽다のⅡ-ㄴ　＊읽으셨는데요◀읽다のⅡ＋尊敬の-시-のⅢ서＋過去の-ㅆ-＋婉曲形-는데요

この手紙は誰が お書きになった ものですか？
　　　　　　　　　　──私が 書いた ものです。

＊쓰신◀쓰다のⅡ＋尊敬の-시-のⅡ＋過去連体形-ㄴ　＊겁니까◀거（もの）＋指定詞-이-＋-ㅂ니까で、指定詞が落ちた形　＊쓴◀쓰다のⅡ-ㄴ

私は一度 聞いた 話は忘れません。
　　　　　──その話は誰から お聞きになった 話ですか？

＊들은◀듣다のⅡ-ㄴ　＊이야기 [ijagi イヤギ] 話　＊들은 이야기を続けて発音すると [n] が挿入され [드른니야기] と発音される。　＊잊어버리다 [idʒɔbɔrida イジョボリダ] 他 忘れる。忘れてしまう　＊들으신◀듣다のⅡ＋尊敬の-시-のⅡ-ㄴ。ㄷ変格

3 表現意図編

ソウルに行ったことがありますか？

経験を述べる〈〜したことがある〉

Ⅱ-ㄴ 적이 있다／없다
Ⅱ-ㄴ 일이 있다／없다

야마다씨는 서울에 가신 적이 있으세요？
[jamadaʔʃinɯn sɔure kaʃin dʒɔgi iʔsɯsejo]
——네, 몇 번 간 적이 있습니다.
[ne mjɔtʔpɔn kan dʒɔgi iʔsɯmnida]

그 분을 만나신 적이 있으십니까？
[kɯbunɯl mannaʃin dʒɔgi iʔsɯʃimniʔka]
——네, 작년에 동경에서 몇 번 만난 적이 있습니다.
[ne tʃaŋnjɔne toŋgjɔŋesɔ mjɔtʔpɔn mannan dʒɔgi iʔsɯmnida]

김 선생님도 그 소문을 들으신 적이 있으세요？
[kim sɔnsɛŋnimdo kɯ soːmunɯl tɯrɯʃin dʒɔgi iʔsɯsejo]
——아뇨, 전 그런 소문은 들은 적이 없습니다.
[aːnjo tʃɔn kɯrɔn soːmunɯn tɯrɯn dʒɔgi ɔːpʔsɯmnida]

어젯밤엔 야마다씨가 저한테 전화를 하셨습니까？
[ɔdʒeʔpamen jamadaʔʃiga tʃɔhantʰe tʃɔːn(h)warɯl haʃɔʔsɯmniʔka]
——아뇨, 전 어젯밤엔 아무한테도 전화를
[aːnjo tʃɔn ɔdʒeʔpamen aːmuhantʰedo tʃɔːn(h)warɯl
한 일이 없는데요.
hanniri ɔːmnɯndejo]

POINT 経験を述べる「〜したことがある」は動詞の過去連体形Ⅱ-ㄴを用いて「 Ⅱ-ㄴ 적이 있다 」あるいは「 Ⅱ-ㄴ 일이 있다 」という。적は単独では用いない不完全名詞で「時」の意、일は「事」の意の名詞。있다は「ある」。否定形「〜したことがない」は있다のかわりに없다(ない)を用いればよい。「Ⅱ-ㄴ 적이 있다」と「Ⅱ-ㄴ 일이 있다」はほぼ同じような意味で、大抵の場合は置きかえがきく。ただ「時」と「事」という元の意味からして적の方は「そういうときがある／ない」の意で、どちらかというと経験の有無を、일の方は「そういう事がある／ない」といった事例の有無を問題にしている感がある。したがって4番目の例文のように、事例や経験の発生が昨日や数日前など非常に近い過去である場合は적のほうは、やや不自然な感じになる。

山田さんはソウルに 行かれたことがおありですか ？
――はい、何度か 行ったことがあります 。

＊「〜したことがおありですか？」という尊敬形は있다を있으십니까？／있으세요？にかえればよい　＊몇〜번〈一番〉何度。何度か

あの方に お会いになったことがおありですか ？
――はい、昨年東京で何度か 会ったことがあります 。

＊만나신◀만나다のⅡ＋尊敬の-시-のⅡ＋-ㄴ　＊작년〈昨年〉[tʃaŋnjɔn チャンニョン] 昨年

金先生もその噂を お聞きになったことがおありですか ？
――いいえ、私はそんな噂は 聞いたことがありません 。

＊소문〈所聞〉[so:mun ソームン] 噂　＊들으신◀듣다聞く。ㄷ変格

昨夜は山田さんが私に電話をなさいましたか？
――いいえ、私は昨夜は誰にも電話を していませんが (＝したことがありませんが)。

＊어젯밤 [ɔdʒeʔpam オジェッパム] 昨夜　＊엔◀에＋-는の短縮形　＊「Ⅱ-ㄴ 일」の発音は[ㄴ닐]となる➡ [n] の出現 p.220

明日韓国に行かれる方

用言の未来連体形〈〜する〜〉〈〜すべき〜〉

Ⅱ-ㄹ

이번주 안으로 한국에 가실 분은 안 계십니까？
[ibɔnʔtʃu anɯro hanguge kaʃilʔpunɯn ange:ʃimniʔka]
――전 이번주에는 갈 일이 없습니다．
[tʃɔn ibɔnʔtʃuenɯn kalliri ɔ:pʔsɯmnida]

오늘은 손님이 한 분 오십니다만，내일은 아무도
[onɯrɯn sonnimi hanbun oʃimnidaman nɛirɯn a:mudo
올 사람이 없습니다．
olʔsa:rami ɔ:pʔsɯmnida]
――오늘 오실 손님은 가끔 오시는 분입니까？
[onɯl oʃilʔsonimɯn kaʔkɯm oʃinɯn bunimniʔka]

오늘 할 일을 내일로 미루면 안 돼요．
[onɯl hallirɯl nɛillo mirumjɔn andwɛjo]
――그래도 오늘 안으로는 도저히 다 못합니다．
[kɯrɛdo onɯl anɯronɯn todʒɔ(h)i ta: mo:ʔtʰamnida]

여기가 우리가 앞으로 이년 동안 살 집입니다．
[jɔgiga uriga apʰɯro i:njɔn ʔtoŋan salʔtʃibimnida]
――제가 묵을 방도 하나 있습니까？
[tʃega mugɯlʔpaŋdo hana iʔsɯmniʔka]

POINT　「（これから）～する～」「～すべき～」といった、発話の時点でまだ実現されていない動作や状態を表す連体形として II-ㄹ という**未来連体形**がある。日本語では「行く（行きつつある）人」と「（明日）行く人」のいずれも同じ「行く」という形だが、朝鮮語では前者は I -는（➡ p.186）、後者は II-ㄹ と区別する。現在連体形は品詞により I -는と II-ㄴ（➡ p.184）の 2 通りがあったが、未来連体形は II-ㄹ の 1 通りである。ただし**ㄹ語幹の用言にはㄹが落ちた第 II 語基**につく。

母音語幹	사다（買う）	살 사람 （これから）買う人
ㄹ語幹	살다（住む）	살 사람 （これから）住む人
子音語幹	입다（着る）	입을 옷 （これから）着る服

今週中に韓国に 行かれる 方はいらっしゃいませんか？
　　　　　　　　　　――私は今週は 行く 用事がありません。

＊이번주 [ibɔnʔtʃu イボンチュ]〈一番週〉今週　＊안으로 [anɯro アヌロ]（期間の）うちに
＊가실◀가다（行く）の II＋尊敬の-시-の II＋未来連体形ㄹ　＊분 [ʔpun]のように II-ㄹ連体形の直後の平音は普通濃音化する　＊「갈 일」は [kallil カルリル] と発音する➡[n]の出現と流音化 p.216　＊일 [iːl イール] 仕事。こと。用事

今日はお客様がお一方来られますが明日は誰も 来る 人がいません。
　　　　　　――今日 来られる お客様は時たま来られる方なのですか？

＊손님 [sonnim ソンニム] お客様。お客さん　＊아무도 [aːmudo アームド] 誰も（～ない）
＊올◀오다（来る）の II＋未来連体形ㄹ

今日 なすべき ことを明日に延ばしてはいけません。
　　　　　　　　　――それでも今日中には到底全部はできません。

＊할◀하다（する）の II＋未来連体形ㄹ　＊미루다 [miruda ミルダ]［他］延ばす。延期する
＊「～に延ばす」の「～に」は -로／-으로。-에는使えない　＊그래도 [kɯrɛdo クレド]［接］それでも　＊도저히 [toːdʒɔ(h)i トージョイ]〈到底-〉到底（～できない）

ここが私たちがこれから 2 年間 住む 家です。
　　　　　　　　　――私が 泊まる 部屋もひとつありますか？

＊앞으로 [apʰuro アプロ] 将来。これから先。앞は「前」　＊동안 [toŋan トンアン]［不］（時間的な）～の間。名詞や名数詞につくときは「똥안」と濃音で発音される　＊살◀살다（住む）のㄹが落ちた II である사-に未来連体形ㄹのついた形　＊묵다 [mukʔta ムクタ]［自］泊まる

3 表現意図編

あのホテルに泊まるつもりです

意図・予定を述べる〈～するつもりだ〉

> 動詞・存在詞のⅡ-ㄹ 생각이다
> Ⅱ-ㄹ 예정이다

서울에 가시면 어디서 묵으실 생각이세요?
[sɔure kaʃimjʌn ɔdisɔ muguɰʃil sɛŋgagisejo]

──이번에도 또 같은 호텔에 묵을 생각입니다.
[ibɔnedo ʔto katʰɯn hotʰere mugɯl sɛŋgagimnida]

일주일 동안 쭉 서울에만 계실 예정이십니까?
[ilʔtʃuilʔtoŋan ʔtʃu:ᵏ sɔureman ke:ʃil je:dʑɔŋiʃimniʔka]

──아뇨, 하루만 서울에 묵고 그 다음날부터는
[a:njo haruman sɔure muᵏʔko gɯ taɯmnalbutʰɔnɯn]

경주로 갈 예정입니다.
kjɔ:ŋdʑuro kallje:dʑɔŋimnida]

졸업을 하시면 뭘 하실 생각이십니까?
[tʃorɔbɯl haʃimjʌn mwɔ:l sɛŋgagiʃimniʔka]
             haʃil

──회사에 취직할 생각입니다.
[hwe:sae tʃʰwidʑiᵏkʰal sɛŋgagimnida]

그럼 결혼은 안 하실 생각이세요?
[kɯrʌm kjɔr(h)onɯn an(h)aʃil sɛŋgagisejo]

──아뇨, 물론 결혼도 좋은 사람이 있으면
[a:njo mullon kjɔr(h)ondo tʃo:ɯn sa:rami iʔsɯmjʌn]

할 생각입니다.
hal sɛŋgagimnida]

POINT 動詞・存在詞のⅡ-ㄹ連体形に 생각 [sɛŋgaᵏ センガク]（考え）や 예정〈予定〉[イェージョン]（予定）という名詞を連ねて「〜するつもり」「〜する予定」の意を表す。
「Ⅱ-ㄹ 생각이다」（〜するつもりだ）や「Ⅱ-ㄹ 예정이다」（〜する予定だ）のように指定詞をつけても用いるし、「Ⅱ-ㄹ 생각이 있다」（〜するつもりがある）、「Ⅱ-ㄹ 생각이 없다」（〜するつもりがない）、「Ⅱ-ㄹ 예정이 있다」（〜する予定がある）、「Ⅱ-ㄹ 예정이 없다」（する予定がない）のように存在詞と組み合わせても用いる

ソウルに行かれたらどこに お泊まりになるおつもりですか ？
　　　　　　──今度もまた同じホテルに 泊まるつもりです 。

＊묵다 [muᵏᵒta ムクタ] 自 泊まる。「〜に泊まる」の「〜に」は -에、-에서 (-서) が使える
＊묵으실◀묵다のⅡ＋尊敬の-시-のⅡ＋未来連体形ㄹ　＊이번〈一番〉今度　＊또 [ʔto ト] 副 また　＊호텔 [hotʰel ホテル] ホテル

一週間のあいだずっとソウルにだけ いらっしゃるおつもりですか ？
──いいえ、１日だけソウルに泊まってその次の日からは慶州へ 行く予定です 。

＊일주일〈一週日〉[ilʔt∫uil イルチュイル] 一週間　＊쭉 [t∫uːᵏ チューク] 副 ずっと。続けて
＊서울에만◀서울（ソウル）＋에（〜に）＋만（〜だけ）　＊계실◀계시다のⅡ＋未来連体形ㄹ
＊묵고◀묵다のⅠ-고▶ p.130　＊다음날 [taɯmnal タウムナル] 翌日　＊경주〈慶州〉[kjɔːŋdʒu キョーンジュ] 慶州（韓国の古都）

卒業をなさったら何を なさるおつもりですか ？
　　　　　　　　──会社に 就職するつもりです 。

＊졸업〈卒業〉[t∫orʌᵖ チョロプ] 卒業　＊뭘◀뭐＋ㄹ。뭐は무엇（何）の短縮形。-ㄹは-를（〜を）の短縮形。話しことばで使われる▶ p.65　＊회사〈會社〉[hweːsa フェーサ] 会社　＊취직하다〈就職─〉[t∫ʰwiːdʒiᵏʰada チュィージッカダ] 自 就職する

では結婚は なさらないおつもりですか ？
──いいえ、もちろん結婚もよい人がいれば するつもりです 。

＊결혼〈結婚〉[kjɔr(h)on キョロン] 結婚　＊例文のように 「〜しないつもりだ」 は否定の안を用いればよい　＊물론〈勿論〉[mullon ムルロン] 副 もちろん

3 表現意図編

日本でも買えますか？

可能を述べる 〈～することができる〉

Ⅱ-ㄹ⌒수(가). 있다

그 사전은 일본에서도 살⌒수 있습니까?
[kɯ sadʒɔnɯn ilbonesɔdo salʔsu iʔsɯmniʔka]

——아뇨, 이건 일본에서는 살⌒수 없습니다.
[a:njo igɔn ilbonesɔnɯn salʔsu ɔ:pʔsɯmnida]

한국 음식은 아무⌒거나 다 잡수실⌒수 있으세요?
[hangugɯmʃigɯn a:mugɔna ta: tʃapʔsusilʔsu iʔsɯsejo]

——네, 전 아무⌒거나 잘 먹습니다. 아주 매운
[ne tʃɔn a:mugɔna tʃal mɔkʔsɯmnida] [adʒu mɛun

음식도 얼마든지 먹을⌒수 있습니다.
ɯ:mʃikʔto ɔ:lmadɯndʒi mɔgɯlʔsu iʔsɯmnida]

저하고 같이 미국에 가 주실⌒수 없으세요?
[tʃɔhago katʃʰi miguge kadʒuʃilʔsu ɔ:pʔsɯsejo]

——죄송합니다만, 전 절대로 한국을
[tʃwe:soŋ(h)amnidaman tʃɔn tʃɔlʔtɛro hangugɯl

떠날⌒수가 없습니다.
ʔtɔnalʔsuga ɔ:pʔsɯmnida]

전 이젠 그 사람하고는 도저히 살⌒수가 없습니다.
[tʃɔn idʒen kɯ saram(h)agonɯn to:dʒɔi salʔsuga ɔ:pʔsɯmnida]

——그럼 헤어질⌒생각이세요?
[kɯrɔm heɔdʒil ʔsɛŋgagisejo]

POINT 「Ⅱ-ㄹ～수 (가) 있다」の形で「~することができる」「~しうる」「~でありうる」の意を表す。元来수は「すべ、手だて、方法」の意の名詞。逐語訳すると「~するすべがある」の意である。なおこの場合の수は常に [ˀsu] と濃音化して発音する。「Ⅱ-ㄹ～수 (가) 없다」は「~することができない」「~しえない」「~でありえない」の意。動詞にばかりでなく、「있을～수 있다」(ありうる) のような使い方もできるし、「좋을～수도 있다」(良くもありうる、良いこともある) のように-가の代わりに-도 (~も) や-는 (~は) を付けることもできる

その辞典は日本でも 買えますか ?
　　　　　　　──いいえ、これは日本では 買えません 。

*사전 〈辭典〉 [sadʒɔn サジョン] 辞典　*사다 [sada サダ] 買う。ⅠⅡⅢ사。살は사다のⅡ-ㄹ連体形　*-에서도←에서 (~で) +-도 (~も)　*-에서는←에서 (~で) +-는 (~は)

韓国の食べ物は何でもみんな お召し上がりになれますか ?
──はい、私は何でもよく食べます。とても辛い食べ物もいくらでも
食べられます 。

*아무～거나 [a:mugɔna アームゴナ] 何でも　*잡수시다 他 召し上がる　*맵다 [mɛᵖta メプタ] 形 (唐辛子などが) 辛い。Ⅱ매우 Ⅲ매워。ㅂ変格⇒ p.112。매운はⅡ-ㄴ　*얼마든지 [ɔ:lmadɯndʒi オールマドゥンジ] いくらでも

私と一緒にアメリカに 行っていただけませんか ?
──申し訳ありませんが、私は絶対に韓国を 離れられないのです 。

*가～주실←가～주시다 (行ってくださる) のⅡ-ㄹ連体形。Ⅲ～주다 は「~してくれる」「~してやる」「~してあげる」を表す。⇒ p.148。逐語訳すると「行ってくださることがおできになりませんか」　*떠나다 [ˀtɔnada ットナダ] 発つ。出発する。離れる。떠날はⅡ-ㄹ

私はもうあの人とは到底 暮らすことができません 。
　　　　　　　　　　──では別れるおつもりですか ?

*이젠 [idʒen イジェン] 副 もう。今や←이제는　*-하고는←하고 (~と) +-는 (~は)
*살←살다 (生きる・暮らす) のⅡ-ㄹ　*헤어지다 [heɔdʒida ヘオジダ] もしくは [hejɔdʒida ヘヨジダ] 自 (人が) 別れる★헤여지다

3 表現意図編

たぶんとても高いと思いますよ

推量を述べる〈～だろう〉　意志を述べる〈～する〉

Ⅱ-ㄹ ⌒것이다

그것보다 좀 더 크고 좋은⌒건 없었습니까？
[kɯgɔtʔpoda tʃomdə kʰɯgo tʃoːɯngɔn ɔːpʔsɔʔsɯmniʔka]

――글쎄요, 그런⌒건 아마 값이 무척 비쌀⌒거에요.
　　　[kɯlʔsejo kɯrɔngɔn　ama　kapʔʃi mutʃʰɔᵏpiʔsalʔkɔejo]

박⌒사장님은 내일은 아마 댁에 계실⌒겁니다.
[pakʔsadʒaŋnimɯn nɛirɯn　ama　tɛge　keːʃilʔkɔmnida]

――왜요？ 일요일날은 대개 댁에 계세요？
　　　[wɛːjo]　[irjoillarɯn　tɛːgɛ　tɛge　keːsejo]

그 때 먹은 그 집 비빔밥은 맛이 있었어요？
[kɯ ʔtɛ　mɔgɯn kɯ　tʃiᵖ pibimʔpabɯn maʃi iʔsɔʔsɔjo]

――아뇨, 별로 맛이 없었을⌒거에요.
　　　　[aːnjo　pjɔllo　maʃi　ɔːpʔsɔʔsɯlʔkɔejo]

선생님은 한국에 언제 가실⌒거에요？
[sɔnsɛŋnimɯnhanguge ɔːndʒe kaʃilʔkɔejo]

――내일 갈⌒겁니다.
　　　　　　[nɛil　kalʔkɔmnida]

POINT　「～だろう」という、話し手の推量を表すには「 II-ㄹ 것이다 」という形を用いる。것이다は「것＋指定詞-이다」なので것입니다はもちろん、거에요などという形にもなる。これらの形には아마（おそらく、たぶん）という副詞がしばしば一緒に用いられる。日本語では「～でしょう」だけでなく「～だと思います」のように訳すとぴったりくる場合も多い。推量の意味の場合は動作の主体が３人称であることが多い。１人称と２人称の場合は推量よりは意志を表すことが多い

それよりもう少し大きくて良いのはありませんでしたか？
――そうですねえ。そういうのはおそらく値段がひどく 高いと思いますよ 。

＊더 [tɔト] 副 もっと。より。「좀 더」で「もう少し」　＊크고◀크다のⅠ-고➡ p.130　＊값 [kaᵖ カプ] 値段　＊무척 [mutʃʰɔᵏ ムチョク] 副 とても。ひどく。すごく　＊비싸다 [piʔsada ピッサダ] 形 （値が）高い。高さが「高い」のは높다➡ pp.85、163。背が「高い」はクロ➡ p.107

朴社長は明日はおそらくお宅に いらっしゃるでしょう 。
――どうしてですか？日曜はたいていお宅にいらっしゃるのですか？

＊사장님〈社長ー〉[sadʒaŋnim サジャんニム] 社長（尊敬形）　＊계실◀계시다（いらっしゃる）のⅡ-ㄹ連体形　＊일요일날〈日曜日ー〉[irjoillal イリョイルラル] 日曜。曜日名に-날をつける形は話しことばで多用される　＊대개〈大概〉[tɛ:gɛ テーゲ] 大概。大抵

あの時食べたあの店のピビンパプはおいしかったですか？
――いいえ、あんまり おいしくなかったと思いますよ 。

＊때 [ʔtɛ テ] 時　＊집 [tʃiᵖ チプ] 家。店　＊맛 [maᵗ マッ] 味。「맛이 있다」で「おいしい」、「맛이 없다」で「おいしくない」➡ p.55　＊「맛이 없었을 거에요」「おいしくなかったと思います」。このように 過去のことを推量 して述べるのには「 Ⅲ-ㅆ을 것이다 」という形を用いる

先生は韓国にいつ お行きになるおつもりですか ？
　　　　　　　――明日 行くつもりです 。

＊主体が聞き手、即ち２人称で疑問文ならⅡ-ㄹ 것이다は聞き手の意志を尋ねる表現になる
＊主体が話し手、つまり１人称の場合はⅡ-ㄹ 것이다は「～する」「～するつもりだ」という意志を表す。ただし「저는 못 갈 거에요.」（私は行けないと思います。）のように、１人称でも못がつくと話し手自らのことについての推量となる

コーヒーでも飲みましょうか

聞き手を誘う、判断を仰ぐ〈～しましょうか〉〈～でしょうか〉

Ⅱ-ㄹ까요？

우리 어디 다방에 가서 커피나 한 잔 하면서
[uri ɔdi tabaŋe kasɔ kʰɔ:pʰina handʒan hamjɔnsɔ
애기할까요?
jɛ:gihalʔkajo]

　　　　　　　　　　——네, 그게 좋겠군요.
　　　　　　　　　　　[ne kɯge tʃo:kʰeʔkunnjo]

저기 저 집은 어떨까요? 찻값은 좀 비싸도 아주
[tʃɔgi tʃɔ tʃibɯn ɔʔtɔlʔkajo] [tʃʰaʔkapʔsɯntʃom piʔsado adʒu
깨끗하고 조용하고 분위기도 좋습니다.
ʔkɛʔkɯtʰago tʃojo:ŋhago punwigido tʃo:ʔsɯmnida]

　——네, 저 집이 괜찮겠군요.　　커피 맛도
　　[ne tʃɔ tʃibi kwɛntʃʰankʰeʔkunnjo] [kʰɔ:pʰi maʔto
괜찮을까요?
kwɛntʃʰanɯlʔkajo]

네, 괜찮을 겁니다. 한 번 들어가서
[ne kwɛntʃʰanɯlʔkɔmnida hanbɔn tɯrɔgasɔ
마셔 볼까요?
masjɔ bolʔkajo]

　——어머나, 빈 자리가 하나도 없네요. 좀
　　[ɔmɔna pin tʃariga hanado ɔ:mnejo] [tʃom
기다려 볼까요? 아니면 그냥 나갈까요?
kidarjɔ bolʔkajo] [animjɔn kɯnjaŋ nagalʔkajo]

> **POINT**
> 「〜しましょうか」「〜でしょうか」と聞き手の判断を仰ぐには II-ㄹ까요 という形を用いる。「우리 같이 갈까요?」(私たち、一緒に行きましょうか?) なら、가다 (行く) という動作の主体は우리 (私たち) だが、このように動作の主体が話し手と聞き手両方を含む場合は「一緒に〜しましょうか」と聞き手に判断を仰ぐ形の、やわらかい勧誘の表現として使える。「내일은 그 사람도 올까요?」(明日は彼も来るでしょうか?) なら、오다 (来る) という動作の主体は「그 사람」(彼) だが、このように動作の主体が話し手と聞き手以外の場合は、聞き手にことの判断をやわらかく仰ぐ表現になる。

私たち、どこか喫茶店に行ってコーヒーでも1杯飲みながら
話しましょうか。　　　　　　　——はい、それが良さそうですね。

＊-나 [na ナ] 〜でも。〜なんか。消極的選択を表す体言語尾。子音で終わる体言には-이나がつく　＊가서「行って」⇐가다のⅢ-서。Ⅲ-서は「〜して」という動作の先行を表す接続形　＊「커피를 한~잔 하다」で「コーヒーを1杯やる」の意。女性でも使える　＊하면서⇐하다のⅡ-면서　＊Ⅱ-면서 [mjɔnsɔ ミョンソ] 〜しながら。〜しつつ。2つの動作が同時に並行して行われることを表す接続形　＊얘기하다[jɛːgi イェーギハダ]他 話しする　＊좋겠군요⇐좋다のⅠ+-겠-+-군요。この接尾辞Ⅰ-겠- は「〜しそうだ」の意 ➡ p.128

あそこのあの店はどうでしょうか。値段はちょっと高くても
とてもきれいで静かで雰囲気もいいですよ。
——はい、あの店が良さそうですね。コーヒーの味もいいでしょうか。

＊어떨까요⇐어떻다のⅡ-ㄹ까요　＊찻값 [tʃʰaʔkaᵖ チャッカプ] コーヒー代。お茶など飲物の値段。차〈茶〉は「お茶」、값は「値段」　＊비싸도⇐비싸다 (高い) のⅢ-도。Ⅲ-도は「〜しても」「〜であっても」。➡「Ⅲ-도 되다」p.176　＊깨끗하다 [ⁿkɛʔkuɾtʰada ケックッタダ] 形 きれいだ。清潔だ　＊조용하다[tʃojoŋ(h)ada チョヨンハダ] 形 静かだ　＊분위기〈雰圍氣〉[punwigi プヌィギ] 雰囲気　＊괜찮다 (形) まあまあ良い。悪くない。

はい、悪くないと思いますよ。一度入って飲んでみましょうか。
——あら、席が1つもありませんね。ちょっと待ってみますか、それ
　　ともこのまま出ましょうか。

＊괜찮을~거에요⇐괜찮다のⅡ-ㄹ~거에요。　＊번〈番〉[pɔn ポン] (固有語数詞について)〜回。〜度 ➡ p.135　＊들어가서⇐들어가다のⅢ-서。このⅢ-서は動作の先行を表す　＊들어가다 [turɔgada トゥロガダ] 自 入る。入って行く　＊마시다 [maʃida マシダ] 他 飲む。Ⅲ마셔＊「Ⅲ 보다」は「(試しに) 〜してみる」　＊아니면 [animjɔn アニミョン] でなかったら。それとも。아니다のⅡ-면　＊그냥 [kɯnjaŋ クニャン] 副 ただ。そのまま。このまま　＊나다 [nagada ナガダ] 自 出る。出て行く

3 表現意図編

いつまでにしなければなりませんか

当為を述べる〈～しなければならない〉

> Ⅰ-지 않으면 안◠되다
> Ⅲ-야 하다

이 일을 언제까지 다 하지 않으면 안◠됩니까?
[i iːrɯl ɔːndʒeʔkadʒi taː hadʒi anɯmjɔn andwemniʔka]

──늦어도 내일 아침까지는 다 해야 합니다.
[nɯdʒɔdo nɛiratʃʰimʔkadʒinɯn taː hɛja hamnida]

제가 돌아올 때까지 여기서 꼭 기다리셔야 합니다.
[tʃega toraolʔtɛʔkadʒi jɔgisɔ ʔkoᵏ kidarisjɔja hamnida]

──왜요? 그냥 가면 안◠돼요? 꼭 기다려야
[wɛːjo] [kɯnjaŋ kamjɔn andwɛjo] [ʔkoᵏ kidarjɔja

하는 이유가 뭐에요?
hanɯn ijuga mwɔːejo]

내일은 집에서 어머님의 일을 도와야 해요.
[nɛirɯn tʃibesɔ ɔmɔnime iːrɯl towaja hɛːjo]

──그럼, 하루종일 집에 있어야 합니까?
[kɯrm harudʒoŋil tʃibe iʔsɔja hamniʔka]

이 약은 식전에 먹어야 합니까? 식후에
[i jagɯn ʃiᵏtʃɔne mɔgɔja hamniʔka] [ʃiᵏkʰue

먹어야 합니까?
mɔgɔja hamniʔka]

──그 약은 식후에 잡수셔야 됩니다.
[kɯ jagɯn ʃiᵏkʰue tʃapʔsusjɔja twemnida]

POINT　「～しなければならない」という当為の表現には

　　　Ⅰ-지 않으면 안∕되다
　　　Ⅲ-야 하다

という２つがある。前者の方が意味が強く、特に話しことばでは後者の方が多く用いられる。また「Ⅲ-야 하다」の他に「Ⅲ-야 되다」という形もある。このほか、「Ⅲ-야지요」という、やややわらかい当為の表現もある。「～しなければいけませんね」「～しなくては」ほどの意である
　　　빨리 가셔야지요.　早くお行きにならなくては。

この仕事はいつまでに しなければなりませんか ？
　　――遅くとも明日の朝までには皆 しなければなりません 。

＊언제까지 [ɔːndʒeʔkadʒi オーンジェッカジ] いつまで。언제＋-까지。「～まで」と「～までに」はいずれも-까지　＊해야←하다のⅢ-야　＊늦어도←늦다のⅢ-도。Ⅲ-도 は「～しても」「～であっても」の意の接続形➡ p.201　＊늦다 [nɯtʔta ヌッタ] 形 遅い。Ⅱ늦으、Ⅲ늦어

私が戻ってくるまでここで必ず お待ちにならなければいけませんよ 。
　　――どうしてですか？このまま帰っちゃだめですか？
　　　　必ず 待たなければならない 理由は何なんですか？

＊돌아올←돌아오다のⅡ-ㄹ　＊돌아오다 [toraoda トラオダ] 自 帰ってくる。Ⅲ돌아와　＊때 [ʔtɛ テ] 時。「～する時」は普通「Ⅱ-ㄹ 때」という　＊하는←하다のⅠ-는連体形　＊이유〈理由〉[iju イユ] 理由。★리유

明日は家で母の仕事を 手伝わなければなりません 。
　　――では一日中家に いなくちゃいけないんですか ？

＊돕다 [toptʔta トプタ] 他 手伝う。Ⅱ도우、Ⅲ도와。ㅂ変格➡ p.113　＊하루종일〈－終日〉[harudʒoŋil ハルジョンイル] 一日中

この薬は食前に 飲まなければならないんですか 、食後に
 飲まなければならないんですか ？
　　――食後に お飲みにならなければいけません 。

＊약〈薬〉[jak ヤク] 薬。「薬を飲む」は薬が液体なら「약을 마시다」も可能だが、薬が錠剤の場合は「약을 먹다」という。尊敬形は「약을 잡수시다」或いは「약을 드시다」　＊식전〈食前〉[ʃiktʃɔn シクチョン] 食前　＊식후〈食後〉[ʃikʰu シック] 食後

３　表現意図編

時間がなくてできませんでした

原因・理由を述べる〈〜なので〉〈〜だから〉

Ⅲ-서

시험공부는 많이 하셨습니까?
[ʃihɔmʔkoŋbunɯn maːni haʃɔʔsɯmniʔka]

——네, 그런대로 했습니다만, 수학은 시간이
[ne kɯrɔndɛro hɛːʔsɯmnidaman suhagɯn ʃigani

없어서 전혀 못 했습니다.
ɔːpʔsɔsɔ tʃɔn(h)jɔ moːtʰɛʔsɯmnida]

어제는 왜 안 오셨어요?
[ɔdʒenɯn wɛː anoʃɔʔsɔjo]

——정말 죄송합니다. 갑자기 바쁜 일이 생겨서
[tʃɔŋmal tweːsoŋ(h)amnida] [kapʔtʃagi paʔpunniri sɛŋgjɔsɔ

못 왔습니다.
moːdwaʔsɯmnida]

이 김치는 너무 매워서 못 잡수실 거에요.
[i kimtʃʰinɯn nɔmu mɛwɔsɔ moːtʔtʃapʔsuʃilʔkɔejo]

——아뇨, 그래도 전 먹을 수 있을 겁니다.
[aːnjo kɯrɛdo tʃɔn mɔgɯlʔsu iʔsɯlʔkɔmnida]

죄송합니다만, 저는 다리가 아파서 더 이상
[tʃweːsoŋ(h)amnidaman tʃɔnɯn tariga apʰasɔ tɔ isaŋ

못 걷겠습니다.
moːtʔkɔtʔkeʔsɯmnida]

——저런, 너무 많이 걸으셔서 그래요.
[tʃɔrɔn nɔmu maːni kɔrɯʃɔsɔ kɯrɛjo]

> **POINT**
> 「～なので～だ」「～だから～だった」と、原因・理由を述べ、そのあとに事実や判断を述べる場合には接続形Ⅲ-서を用いる。このⅢ-서は「～して」という動作の先行を表す用法もある ➡ p.201。原因・理由のⅢ-서は「 Ⅲ-서 그래요 」「 Ⅲ-서 그렇습니다 」の形でも良く使われる。逐語訳すると「～なのでそうなのですよ」となるが、「～だからですよ」ほどの意。
> また、同じく理由を述べる場合でも、後ろで事実や判断が来るのではなく、「～なので～して下さい」「～だから～しましょうか」のように、依頼や命令、勧誘、約束の表現が来る場合はⅢ-서ではなく、Ⅱ-니까 [ni²kaニッカ] という接続形を用いる
> > 시간이 없으니까 빨리 가세요.
> > 時間がないから早く行って下さい。

試験勉強はたくさんなさいましたか？
――はい、それなりにやりましたが、数学は時間が なくて 全然できませんでした。

＊시험공부〈試験工夫〉試験勉強　＊그런대로 [kɯrɔndɛro クロンデロ] 副 それなりに　＊수학〈数学〉[suhaᵏ スハク] 数学　＊전혀〈全一〉[tʃʌn(h)jɔ チョニョ] 全然（後ろには必ず否定がくる）

昨日はどうしていらっしゃらなかったのですか？
――本当に申し訳ありません。急に急ぎの仕事が できて 来れませんでした。

＊갑자기 [kaᵏtʃagi カプチャギ] 副 急に。突然　＊바쁜 일は [pa²pɯnnil パップンニル] と発音する ➡ [n]の出現 p.216。なお바쁘다は [바뿌다] と発音することが多い　＊생기다 [sɛŋgida センギダ] 生ずる。できる。Ⅲ생겨

このキムチは 辛すぎて 召し上がれないと思います。
　　　　　　――いいえ、それでも私は食べれると思いますよ。

＊맵다 [mɛᵖta メプタ] 形 辛い。Ⅱ매우、Ⅲ매워。ㅂ変格 ➡ p.112　＊먹을⌒수 있을⌒겁니다 ⇐「먹을⌒수 있다」+「Ⅱ-ㄹ⌒것이다」➡ p.198

申し訳ありませんが私は脚が 痛くて これ以上歩けそうもありません。　　　　――それはそれは。たくさん 歩きすぎたからですよ 。

＊다리 [tari タリ] 脚。足首から先の「足」は발 [pal パル]　＊아파서 ⇐ 아프다のⅢ-서　＊아프다 [apʰuda] [apʰuda アプダ] 形 痛い。体の具合が悪い ➡ p.107　＊이상〈以上〉[isaŋ イサン] 以上　＊걷겠습니다の Ⅰ-겠- は「～しそうだ」の意の接尾辞　＊저런 [tʃɔrɔn チョロン] 間 それはそれは。これはこれは

3 表現意図編

205

■ことわざを少しだけ 2

□시작이 반이다
[ʃiːdʒagi paːnida
シージャギ パーニダ]

（始めが半分だ）

　ことの始めが即ち半ばだの意で、何事も着手したらもう半分やり遂げたようなものだということ。もちろん朝鮮語の勉強も同じだ。言ってみれば「案ずるより生むがやすし」。시작〈始作〉は「始め」、반〈半〉は「半分」、-이다は指定詞「…である」の下称終止形。下称終止形は文章などで用いるのだが、指定詞や形容詞は辞書に載る基本形がそのまま下称終止形になる。

□가는 말이 고와야 오는 말이 곱다
[kanɯn maːri kowaja onɯn maːri koːᵖta
カヌン マーリ コワヤ オヌン マリ コプタ]

（行くことばが美しくてこそ来ることばが美しい）

　自分が発することばが優しく丁重であって初めて相手からも丁重なことばが返って来るということ。「売りことばに買いことば」になってはいけませんね。가는は가다（行く）の現在連体形➡ p.186。말は「ことば」、고와야は形容詞곱다 [koːᵖta]（きれいだ。ㅂ変格）のⅢ-야（…でこそ）、오는は오다（来る）の現在連体形。곱다は形容詞なので下称終止形と基本形が同じになる。

□뛰는 놈 위에 나는 놈 있다
[ˀtwiːnɯn nom wiːe nanɯn nom iˀta
トゥィヌン ノム ウィーエ ナヌン ノム イッタ]

（走っている奴の上に飛んでいる奴がいる）

　走っている者を見て驚いていたらなんとその上を飛んでいる者がいた。「上には上がある」ということ。뛰는は뛰다（走る）の現在連体形、놈は「奴」、위は「上」、나는は날다（飛ぶ）の現在連体形、있다は存在詞「ある。いる」の下称終止形。

発音の変化について

　朝鮮語にはさまざまな音の変化がある。これらの音の変化は基本的に発音の上でのみ起こる。ごく特殊な場合を除いて発音通りに表記されることはまずない。そしてまた音の変化は１単語の中で１回しか起こらないとは限らず、場合によっては２度以上あるいは２か所以上起こることもある。したがって音の変化の規則をすべてについて理解し習得することが大事である。以下、[　]内のハングルは発音を示す。

１　終声の初声化

①終声の初声化・その１

　終声(＝音節末の子音)は、直後に母音、つまりつづりの上では○で始まる音節が来る場合、その音節の初声のように発音される。これを**終声の初声化**と呼ぶ。初声の位置の○[イウん]は子音がなく、空いていることを示すものだが、この空いているところに前の音節の終声の〈字母〉が初声の字母としていわば入り込んで発音されるのである。

　　산＋이　➡ 산이[사니]　　옷＋은　➡ 옷은[오슨]
　　[san サン][i イ]　　[sani サニ]　　[oᵗ オッ][ɯn ウン]　　[osɯn オスン]
　　　山＋が　　　　　山が　　　　　服＋は　　　　　　服は

　参考までに言えば、単独で発音するなら「옷」を「옫」と終声字母を「ㄷ」で書いても発音は同じ[oᵗ オッ]だが、あえて「옷」と表記することになっているのは、実は「옷은」のように、母音で始まる語尾がつくと[osɯn オスン]と、[s]の音で発音されるからなのである。終声の音は７個しかないのに終声の位置に書かれる字母がたくさんあるのは、実はこうした点を考慮しての約束ごとなのである。

　終声が初声化する際、終声の位置に平音字のㅂ、ㄷ、ㄱ、ㅈが来てい

る場合は終声の初声化と同時に**有声音化（濁音化）**が起こる。

밥＋이 ➡ 밥이[바비]　　국＋입니다 ➡ 국입니다[구김니다]
[pa^p][i]　　[pabi パビ]　　[ku^k][imnida]　　[ku g imnida クギムニダ]
　飯＋が　　　　飯が　　　　スープ＋です　　　　スープです

먹이　　　[머기 mɔgi モギ] 餌
맞아요　　[마자요 madʒajo マジャヨ] その通りですよ
받아요　　[바다요 padajo パダヨ] 受け取ります

ただし、**平音字のㄷ [t] は母音の ㅣ [i] の前でだけは [d] で初声化せず必ずㅈ [dʒ] となって初声化**する。また**激音字のㅌ [tʰ] はㅣ [i] の前ではㅊ [tʃʰ] となって初声化**する。これらをとくに**口蓋音化**という。

굳이　　[구지 kudʒi クジ]　敢えて　口蓋音化
参考：믿어요　　[미더요 midɔjo ミドヨ]　信じますよ

口　蓋　音　化	参考：
밭＋이 ➡ 밭이[바치]	밭＋에 ➡ 밭에[바테]
[pa^t パッ][i イ]　 [patʃʰi パチ]	[pa^t パッ][e エ]　 [patʰe パテ]
畑＋が　　　　　畑が	畑＋に　　　　畑に

なお、ゆっくり発音すると 밭이 [pa^ttʃʰi]、밭에 [pa^ttʰe] のように [^t] が入り込む。

また、**終声の流音ㄹ [l] は初声化すると [r] で発音**される。もともとㄹは初声の位置では [r] 音で発音されるからである。

달＋이 ➡ 달이[다리]　　말＋을 ➡ 말을[마를]
[tal タル][i イ]　　[tari タリ]　　[maːl マール][ɯl ウル]　　[maːrɯl マールル]
　月＋が　　　　月が　　　　言葉＋を　　　　言葉を

以上の初声化はすべて基本的に**1単語内で起こるもの**である。詳しくは、子音語幹の単語の本体の後ろに母音で始まる①-이（〜が）、-에（〜に）などの語尾、②接尾辞、③指定詞の-이다（〜である）がつく場合である。

②終声の初声化・その2

　「못⌒옵니다」（来られません）は [mosomnida モソムニダ] ではなく [modomnida モドムニダ] と発音するが、このように、**二つの異なった単語が「子音語幹の単語＋母音で始まる単語」という形で接触して一息で発音される場合**の「終声＋母音」の発音は、①で見た〈終声の初声化・その1〉とは若干異なる。こちらの場合は、「못」なら [몯moᵗ モッ] と**単独で発音された場合の終声の〈音〉[ㄷ] が、いわばその音価を保ったまま次の音節の初声として発音される**のである。「못」の終声の〈字母〉「ㅅ」が次の音節に繰り上がって [s] で発音されるのではないことに注意。なお「ㄷ」は語中あつかいとなり [d] と濁って発音される。

못⌒옵니다	[몯옵니다] ➡ [모돕니다] [modomnida モドムニダ] 来られません …2単語。못（〜できない）＋오다（来る） 終声の初声化・その2
参考： 못이	[모시] [moʃi モシ] 釘が …1単語。못（釘）＋語尾-이（〜が） 終声の初声化・その1

　この〈終声の初声化その2〉のタイプでは、上に挙げた**否定の副詞못と動詞の結合**の場合のほか、母音で始まる위（上）・아래（下）・안（中）・앞（前）など、**位置を表す名詞**が他の子音語幹の単語の後ろにつく場合が重要である。位置を表すこれらの名詞は、日本語のように「〜の」にあたる語尾は用いないばかりか、あたかも1単語のように一息に発音するので、この現象が起こるわけである。例を見てみよう。次の表の右側に〈その1〉の場合を対照させておく。

終声の初声化　その2	その1
[ᵖ] ➡ [b] 입〰️위　[이뷔 ibwi イブゥィ] 口の上 잎〰️위　[입위➡이뷔 ibwi イブゥィ] 葉の上	입이　[이비 イビ] 口が 잎이　[이피 イピ] 葉が
[ᵗ] ➡ [d] 옷〰️위　[오뒤 odwi オドゥィ] 服の上 젖〰️위　[저뒤 tʃɔdwi チョドゥィ] 乳の上 꽃〰️아래 [꼬다래 ˀkodare コダレ] 花の下 밭〰️앞　[바답 padaᵖ パダブ] 畑の前	옷이　[오시 オシ] 服が 젖이　[저지 チョジ] 乳が 꽃이　[꼬치 コチ] 花が 밭이　[바치 パチ] 畑が
[ᵏ] ➡ [g] 부엌〰️안 [부어간 puɔgan プオガン] 台所の中	부엌이 [부어키 プオキ] 台所が

なお2単語が結合して1単語となった**合成語の場合**も〈終声の初声化その2〉の現象が起こる。頻度は少ないが、合成語は韓国でも分かち書きしないので注意が必要である。

젖어미 ⬅ [젇 tʃɔt チョッ] + [어미 ɔmi オミ]
　　　➡ [저더미 tʃɔdɔmi チョドミ] 乳母（卑語）
　　　　　　　　　　　┌ここは終声の初声化その1

헛웃음 ⬅ [헏 hɔt ホッ] + [웃음 usɯm ウスム]
　　　➡ [허두슴 hɔdusɯm ホドゥスム] つくり笑い
　　　↖こちらは終声の初声化その2

2　濃音化

基本的には　口音の終声に続く平音で起きる現象　である。また②、③のように条件付きで鼻音の後ろの平音、流音の後ろの平音で起きる場合もある。

① 〈口音＋平音〉　➡　〈口音＋濃音〉

　口音の終声つまり [ᵖ] [ᵗ] [ᵏ] の後ろに平音ㅂ・ㄷ・ㄱ・ㅈ・ㅅが続くと、それらの平音は濃音に変わって発音される。口音の終声は [ᵖ] [ᵗ] [ᵏ]の三つだが、口音で発音される終声字母は[ᵖ]はㅂ・ㅍ、[ᵗ]はㄷ・ㅌ・ㅅ・ㅈ・ㅊ・ㅆ・ㅎ、[ᵏ]はㄱ、ㅋ、ㄲと、全部で12もある。この中で終声のㅎだけは別の音の変化の規則（➡激音化）にしたがうので省いて考えなければならない。しかし、残りの11の子音字母の場合は後ろに平音が続くと、必ずこの濃音化の規則にしたがわなければならないので、かなりのバリエーションが考えられる。

[ᵖ]＋平音	합격	[합껵 haᵖʔkjɔᵏ ハプキョク]	〈合格〉合格
	밥도	[밥또 paᵖʔto パプト]	ご飯も
	접시	[접씨 tʃɔpʔʃi チョプシ]	皿
	앞도	[압또 aᵖʔto アプト]	前も
	압도	[압또 aᵖʔto アプト]	〈壓倒〉圧倒
	입⌒속	[입쏙 ipʔsoᵏ イプソク]	口の中
[ᵗ]＋平音	닫다	[닫따 taᵗʔta タッタ]	閉める
	닫고	[닫꼬 taᵗʔko タッコ]	閉めて
	닫습니다	[tasʔsɯmnida タッスムニダ]	閉めます
	꽃도	[꼳또 ʔkoᵗʔto コット]	花も
	같다	[갇따 kaᵗʔta カッタ]	同じだ
	옷⌒겉	[옫껃 oᵗʔkɔᵗ オッコッ]	服の表
	낮잠	[낟짬 naᵗʔtʃam ナッチャム]	昼寝
[ᵏ]＋平音	책방	[책빵 tʃɛᵏʔpaŋ チェクパン]	〈冊房〉本屋
	복도	[복또 poᵏʔto ポクト]	廊下
	학교	[학꾜 haᵏʔkjo ハッキョ]	〈學校〉学校
	걱정	[걱쩡 kɔᵏʔtʃɔŋ コクチョン]	心配
	학생	[학쌩 haᵏʔsɛŋ ハクセン]	〈學生〉学生
	부엌도	[부억또 puɔᵏʔto プオクト]	台所も
	부엌⌒밖	[부억빡 puɔᵏʔpaᵏ プオクパク]	台所の外
	밖도	[박또 paᵏʔto パクト]	外も

この場合、[ᵖ]と[ᵏ]は初声の[s]と[ʃ]の前でのみ内破音としてではなく、はっきりと破裂した[p]と[k]で発音される。なお[ᵗ]は[s]になる。

②子音語幹の用言における濃音化

　子音語幹の用言は、語幹末の終声が口音に限らず鼻音の場合でも後ろに続く語尾・接尾辞が平音で始まっている場合には（例えばⅠ-고やⅠ-습니다など）その頭の平音を必ず濃音に変えて発音する。鼻音は有声音なので鼻音の後ろの平音は本来は有声音化（濁音化）すべきであるが、子音語幹の用言の場合は濃音化するのである。なお語幹末が流音の場合は当てはまらない。알다 [aːlda]（知る・わかる）など語幹が流音で終わる場合は子音語幹ではなくㄹ語幹だからである。

	語幹	語尾 ＋다	語尾 ＋고	語尾 ＋습니다
덥다(暑い)	덥-	덥다[덥따]	덥고[덥꼬]	덥습니다[덥씀니다]
찾다(捜す)	찾-	찾다[찯따]	찾고[찯꼬]	찾습니다[찯씀니다]
먹다(食べる)	먹-	먹다[먹따]	먹고[먹꼬]	먹습니다[먹씀니다]

　以上はすぐ上の〈口音＋平音〉➡〈口音＋濃音〉の規則にも当てはまるが、以下のような終声が鼻音の場合に注意。

> 鼻音 [m]＋平音　　　➡　　　[m]＋濃音
> 남다(残る)　남-｜남다[남따]　남고[남꼬]　남습니다[남씀니다]
> 鼻音 [n]＋平音　　　➡　　　[n]＋濃音
> 신다(履く)　신-｜신다[신따]　신고[신꼬]　신습니다[신씀니다]

③漢字語における濃音化

　終声の口音に平音が続けばその平音は濃音で発音されるのは漢字語においても同様だが、漢字語の場合はまた、音節末のㄹ（流音）に続く平音のうちのㄷ・ㅈ・ㅅ（ㅂ・ㄱは除く）も濃音で発音される。流音も有声音なので漢字語という条件がなければ本来は有声音（濁音）で発音されるところである。

　　漢字語
　　　〈口音＋平音〉➡〈口音＋濃音〉…今までと同じ

[ᵖ]＋ㄱ ➡ [ᵖ]＋ㄲ　　합격 ➡ [합격 ハプキョク]〈合格〉合格
[ᵏ]＋ㄱ ➡ [ᵏ]＋ㄲ　　학교 ➡ [학교 ハッキョ]〈學校〉学校

〈流音＋平音〉➡〈流音＋濃音〉…ㄹ＋ㄷ・ㅅ・ㅈ
　　　　　　　　　　　　　　　　↓　↓　↓
　　　　　　　　　　　　　ㄹ＋ㄸ・ㅆ・ㅉ

[l]＋ㄷ ➡ [l]＋ㄸ　　발달 ➡ [발딸 パルタル]〈發達〉発達
　　　　　　　　　　철도 ➡ [철또 チョルト]〈鐵道〉鉄道
[l]＋ㅈ ➡ [l]＋ㅉ　　결정 ➡ [결쩡 キョルチョン]〈決定〉決定
　　　　　　　　　　물질 ➡ [물찔 ムルチル]〈物質〉物質
[l]＋ㅅ ➡ [l]＋ㅆ　　칠십 ➡ [칠씹 チルシプ]〈七十〉七十
　　　　　　　　　　결심 ➡ [결씸 キョルシム]〈決心〉決心

平音のㅂとㄱはこれには当てはまらない…有声音化(濁音化)
[l]＋ㅂ[p] ➡ [l]＋ㅂ[b]　칠백 [tʃilbɛᵏ チルベク]〈七百〉七百
[l]＋ㄱ[k] ➡ [l]＋ㄱ[g]　물건 [mulgɔn ムルゴン]〈物件〉品物

固有語
〈流音＋平音〉 ➡ 　平音の有声音化(濁音化)
[l]＋ㄷ[t] ➡ [l]＋ㄷ[d]　알다 [aːlda アールダ]わかる・知る
　　　　　　　　　　　　살자 [saːldʒa サールジャ]暮らそう

④漢字語における例外的な濃音化

　漢字語においては母音や鼻音など、有声音の後ろの平音でも濁音化せずに濃音で発音される例外的なものがある。なお教科書〈教科書〉[kjoːgwasɔ/kjoːʔkwasɔ] などのように濁音化した発音と濃音化した発音を両方もっているものもある。

사건〈事件〉[사껀]　내과〈内科〉[내꽈]　안과〈眼科〉[안꽈]
한자〈漢字〉[한짜]　인기〈人氣〉[인끼]　헌법〈憲法〉[헌뻡]
민법〈民法〉[민뻡]　물가〈物價〉[물까]

⑤合成語における濃音化

바닷가　[바닫까 pada¹ˀka/padaᵏˀka] 海辺　⬅　바다(海)＋가(縁・へり)
길가　　[길까 kilˀka キルカ] 道端　⬅　길(道)＋가(縁・へり)
비빔밥　[비빔빱 pibimˀpaᵖ ピビンパ]ピビンパ　⬅　비빔(まぜること)＋밥(ご飯)

3　鼻音化

鼻音化には①口音の鼻音化と②流音の鼻音化の二つがある。

①口音の鼻音化

口音の終声 [ᵖ] [ᵗ] [ᵏ] は鼻音の初声、つまりㅁ [m] とㄴ [n] の前では必ず鼻音に変えて発音される。このとき口音はそれぞれ同じ調音点（発音する位置）の鼻音、つまり [ᵖ] は [m] に、[ᵗ] は [n] に、[ᵏ] は [ŋ] に変わる。したがって口音の次に鼻音が続くことは決してない。

口音＋鼻音ㅁ [m] の場合

[ᵖ]＋ㅁ[m] ➡ [m]＋ㅁ[m]　밥만　[밤만 pamman パムマン] 飯だけ
　　　　　　　　　　　　입만　[임만 イムマン] 口だけ
　　　　　　　　　　　　잎만　[임만 イムマン] 葉だけ
　　　　　　　　　　　　집⌒밑 [짐믿 チムミッ] 家の下
　　　　　　参考：짐⌒밑 [짐믿 チムミッ] 荷物の下

[ᵗ]＋ㅁ[m] ➡ [n]＋ㅁ[m]　꽃만　[꼰만 ˀkonman コンマン] 花だけ
　　　　　　　　　　　　빛만　[빈만 ピンマン] 光だけ
　　　　　　　　　　　　빗만　[빈만 ピンマン] 櫛だけ
　　　　　　　　　　　　빚만　[빈만 ピンマン] 借金だけ
　　　　　　　　　　　　꽃⌒밑 [꼰믿 コンミッ] 花の下
　　　　　　　　　　　　꽃말　[꼰말 コンマル] 花言葉

[ᵏ]＋ㅁ[m] ➡ [ŋ]＋ㅁ[m]　식물　[싱물 ʃiŋmul シンムル] 〈植物〉植物
　　　　　　　　　　　　밖만　[방만 パンマン] 外だけ
　　　　　　　　　　　　부엌만 [부엉만 プオンマん] 台所だけ
　　　　　　　　　　　　책⌒밑 [챙믿 チェンミッ] 本の下

口音＋鼻音ㄴ[n]の場合

[ᵖ]＋ㄴ[n] ➡ [m]＋ㄴ[n]‐입니다[임니다 imnida イムニダ] 〜です
　　　　　　　　　　　　　갚는　[감는 カムヌン] 返す〜（動詞の連体形）
[ᵗ]＋ㄴ[n] ➡ [n]＋ㄴ[n]　꽃놀이[꼰노리 ʔkonnori コンノリ] 花見
　　　　　　　　　　　　　빛나다[빈나다 ピンナダ] 輝く
　　　　　　　　　　　　　믿는　[민는 ミンヌン] 信じる〜（動詞の連体形）
[ᵏ]＋ㄴ[n] ➡ [ŋ]＋ㄴ[n]　박는　[방는 パンヌン] 打つ〜（動詞の連体形）
　　　　　　　　　　　　　깎는　[깡는 カンヌン] 削る〜（動詞の連体形）

②流音の鼻音化＝ㄹ[r]のㄴ[n]化

　初声のㄹ[r]は前にㄹ[l]やㄴ[n]以外の終声、つまり七つの終声のうちの五つである**口音の [ᵖ] [ᵗ] [ᵏ] 鼻音の [m] [ŋ] がひかえている場合はㄹ[r]で発音されず、必ず鼻音のㄴ[n]に変えて発音**される。

鼻音＋流音ㄹ[r]の場合 ➡ 流音が鼻音[n]に変わって終わり
[m]＋[r] ➡ [m]＋[n]　금리 [금니 kɯmni クムニ]〈金利〉
[ŋ]＋[r] ➡ [ŋ]＋[n]　생략 [생냑 sɛŋnjaᵏ センニャク]〈省略〉

口音＋流音ㄹ[r]の場合 ➡ 流音が鼻音[n]に変わった後、もう一度口音の鼻音化が起こる
[ᵖ]＋[r] ➡ [ᵖ]＋[n] ➡ [m]＋[n]
법률 ➡ [법눌] ➡ [범눌 pɔmnjul ポムニュル]〈法律〉法律
[ᵗ]＋[r] ➡ [ᵗ]＋[n] ➡ [n]＋[n]
몇리 ➡ [몇니] ➡ [면니 mjɔnni ミョンニ] 〈－里〉何里
[ᵏ]＋[r] ➡ [ᵏ]＋[n] ➡ [ŋ]＋[n]
국력 ➡ [국녁] ➡ [궁녁 kuŋnjɔᵏ クンニョク]〈國力〉国力

　なお、初声のㄹ[r]はㄹとㄴの直後では[l]で発音される。[ll]は終声の[l]を少し長めに発音するような感じでよい。

終声のㄹ[l]＋初声のㄹ[r]の場合
[l]＋[r] ➡ [l]＋[l]　　실력 [ʃilljɔk シルリョク]〈實力〉実力
　　　　　　　　　　　실례 [ʃille シルレ]〈失禮〉失礼
終声のㄴ[n]＋初声のㄹ[r]の場合 ➡
　　次項の〈[n]の流音化〉という法則に従う

4　流音化＝[n]のㄹ[l]化

①ㄹ[l]＋ㄴ[n]、ㄴ[n]＋ㄹ[r]のように〈終声＋初声〉の形でㄹとㄴがとなり合う場合は、漢字語の接尾辞の場合を除きㄴはすべてㄹに変わりㄹㄹ[ll]と発音される。

```
終声のㄴ[n]　＋　初声のㄹ[r]
  [n]＋[r] ➡ [l]＋[r] ➡ [ll]
    신라　　[실라 ʃilla シルラ]　　　　〈新羅〉新羅
    연락　　[열락 jɔllak ヨルラク]　　　〈連絡〉連絡
終声のㄹ[l]　＋　初声のㄴ[n]
  [l]＋[n] ➡ [l]＋[r] ➡ [ll]
    팔년　　[팔련 pʰalljɔn パルリョン]　〈八年〉八年
    달나라　[달라라 tallara タルララ]　　月世界
```

②**漢字語の場合**

　漢字語で語幹末音のㄴ[n]と接尾辞の頭音ㄹ[r]とが結合すると、この場合のㄴ＋ㄹは、ㄹ＋ㄹつまり[ll]とはならず、ㄴ＋ㄴつまり[nn]となる。

　　　　생산력　[생산녁 sɛŋsannjɔk センサンニョク]〈生産力〉生産力
　　　　구인란　[구인난 kuinnan クインナン]　〈求人欄〉求人欄

　したがってㄹが[r]として発音されるのは結局語頭と母音の後ろ、および[h]の前だけということになる。

라면　[ramjɔn ラミョン]　ラーメン　우리　[uri ウリ]　我々
발행　[par(h)ɛŋ パレん]　〈發行〉発行

5　ㅎ[h]による激音化

　子音字母ㅎは口音の終声や音節の頭の平音とぶつかると自らが他の激音に変わって発音されるか、次に来る平音を激音に変えてしまう。とにかく口音の[ᵖ][ᵗ][ᵏ]とㅎ、終声字母ㅎと平音が接していたら激音化を意識すべきである。

①口音+ㅎ[h]の場合

　口音の終声[ᵖ]・[ᵗ]・[ᵏ]の次に初声のㅎ[h]が後続するとㅎはそれぞれ対応する激音ㅍ[pʰ]・ㅌ[tʰ]・ㅋ[kʰ]で発音される。また早い発音では終声の口音がとれた形で激音化する。

〈早い発音〉

[ᵖ]+ㅎ[h]　➡　[ᵖ]+ㅍ[pʰ]　➡　ㅍ[pʰ]
협회　　[협페 hjɔᵖpʰe ヒョプペ]　➡　[혀페 hjɔpʰe ヒョペ]　〈協會〉協会
입학　　[입팍 iᵖpʰaᵏ イプパク]　➡　[이팍 ipʰaᵏ イパク]　〈入學〉入学
[ᵗ]+ㅎ[h]　➡　[ᵗ]+ㅌ[tʰ]　➡　ㅌ[tʰ]
잘못하다　　[잘몯타다 tʃalmo(ᵗ)tʰada チャルモッタダ]　誤る。間違える
뜻하다　　[뜯타다 ʔtɯ(ᵗ)tʰada トゥッタダ]　志す。意味する
[ᵏ]+ㅎ[h]　➡　[ᵏ]+ㅋ[kʰ]　➡　ㅋ[kʰ]
백화점　[백콰점 pɛᵏkʰwadʒɔm ペックァジョム]➡[배콰점 pɛkʰwadʒɔm ペクァジョム]
〈百貨店〉デパート

②終声のㅎ+平音のㄷ・ㄱ・ㅈ

　終声のㅎの次に来る平音のㄷ[t]・ㄱ[k]・ㅈ[tʃ]はすべて激音に変わって発音される。この場合も早い発音では終声の[ᵗ]が落ちる。またㅎを含む2文字の終声の場合はやはりㅎが次に来る平音を激音化する形で読まれる。

ㅎ[ᵗ]+ㄷ[t] ➡ ㅎ[ᵗ]+ㅌ[tʰ] ➡ ㅌ[tʰ]
  좋다 [졷타 ➡ 조타 tʃoː(ᵗ)tʰa チョータ]　よい
  싫다 [실타 ʃiltʰa シルタ]　　　　嫌だ
  많다 [만타 maːntʰa マーンタ]　多い

ㅎ[ᵗ]+ㄱ[k] ➡ ㅎ[ᵗ]+ㅋ[kʰ] ➡ ㅋ[kʰ]
  좋게 [졷케 ➡ 조케 tʃoː(ᵗ)kʰe チョーケ]　よく
  싫고 [실코 ʃilkʰo シルコ]　　　　嫌だし

ㅎ[ᵗ]+ㅈ[tʃ] ➡ ㅎ[ᵗ]+ㅊ[tʃʰ] ➡ ㅊ[tʃʰ]
  좋지 [졷치 ➡ 조치 tʃoː(ᵗ)tʃʰi チョーチ]　いいよ
  많지 [만치 maːntʃʰi マーンチ]　多いよ

なお、終声のㅎの次にㅅ[s]が続く場合はㅅは濃音化されて発音される。また終声の[ᵗ]は[s]の前では後ろにつられて同じく[s]で発音される。

ㅎ[ᵗ]+ㅅ[s] ➡ ㅎ[ᵗ]+ㅆ[ʔs] ➡ ㅆ[ʔs]
좋습니다 [좓씀니다➡조씀니다 tʃoː(s)ʔsɯmnida チョースムニダ] よいです
싫습니다 [실씀니다 ʃilʔsɯmnida シルスムニダ] 嫌です

　以上の激音化はすべてㅎ[h]が口音や平音など、いわゆる無声音と隣接した場合に起こる現象である。鼻音や母音など、いわゆる有声音と隣接した場合は以下次項の通りである。

6　ㅎ[h]の弱化と発音しない字母 ㅎ

　有声音の間に挟まれたㅎ[h]はとくに話し言葉の早い発音では聞きとれないほど弱まって発音されるか、場合によってはまったく発音されない。
① 〈有声音＋ㅎ[h]〉 ➡ [h]の弱化
　ㅎの前の終声が鼻音や流音などの有声音である場合は[h]が弱化してほとんど発音されなくなる。すると、前の終声が次の母音の初声のようになって発音される。ただ、初心者はこの[h]をはっきり発音するようにしてもかまわない。

전화	[저놔 tʃɔːn(h)wa チョーヌァ] 〈電話〉	電話
번호	[버노 pɔn(h)o ポノ] 〈番號〉	番號
조용히	[조용이 tʃojoŋ(h)i チョヨんイ]	静かに
일하다	[iːlhada] ➡ [iːr(h)ada] ➡ [이라다 iːrada イーラダ]	働く
미안합니다	[미아남니다 mian(h)amnida ミアナムニダ]	すみません

② 〈終声字母ㅎ＋母音〉 ➡ ㅎ [h] は発音しない

この場合は必ずㅎ [h] はないものとして考えればよい。

좋아요 [조아요 tʃoːajo チョーアヨ] よいです
싫어요 [시러요 ʃirɔjo シロヨ] 嫌です
많아요 [마나요 maːnajo マーナヨ] 多いです

母音の前では発音しないのに字母ㅎを書く理由は、先の5）の②の激音化を示すためである。좋다で終声字母ㅎがなければ [tʃoː(ᵗ)tʰa チョータ] ではなく [tʃoːda チョーダ] になってしまうことでわかるだろう。

7　終声の脱落や同化

早い発音では終声の [ᵖ] [ᵗ] [ᵏ] が脱落することがある。[ᵖ] は主に [p] の前で、[ᵗ] は [s] などの前で、[ᵏ] は主に [k] の前でしばしば落ちる。また、[ᵗ] の場合、ㅂ [p] やㄱ [k] やㅅ [s] の前では後ろに同化してそれぞれ [ᵖ] や [ᵏ] や [s] で発音される。ただしこれらについては初心者はあまり気にしなくてもよい。なお本文の発音表記はこの早い発音を示したところもある。

①終声の脱落

[ᵖ]＋[pʰ] ➡ [pʰ]
　밥풀 [paᵖ]＋[pʰul] ➡ 바풀 [papʰul] ごはんつぶ
[ᵗ]＋[s] ➡ [s]＋[ʔs] ➡ [ʔs]
　있- [iᵗ イッ]
　있습니다 [isʔsɯmnida] ➡ [이씀니다 iʔsɯmnida] あります
[ᵏ]＋[k] ➡ [ᵏ]＋[ʔk] ➡ [ʔk]
　학교 [haᵏ]＋[kjo] ➡ 학꾜 [haᵏʔkjo] ➡ 하꾜 [haʔkjo] 〈學校〉学校

②終声の同化と脱落

[ᵗ]+[p] ➡ [ᵗ]+[ʔp] ➡ [ᵖ]+[ʔp] ➡ [ʔp]

못[moᵗ モッ]

못〰봅니다[몯뽐니다 moᵗʔpomnida]
　同化 ➡ [몹뽐니다 moᵖʔpomnida モッポムニダ]
　脱落 ➡ [모뽐니다 moʔpomnida モッポムニダ]見れません

꽃병[꼳뼝ʔkoᵗʔpjɔŋ] 同化 ➡ [꼽뼝 ʔkoᵖʔpjɔŋ コッピョン]
　　　　　　　　　 脱落 ➡ [꼬뼝 ʔkoʔpjɔŋ コッピョン]花瓶

[ᵗ]+[k] ➡ [ᵗ]+[ʔk] ➡ [ᵏ]+[ʔk] ➡ [ʔk]

못〰가요[몯까요moᵗʔkajo]同化 ➡ [목까요 moᵏʔkajo モッカヨ]
　　　　脱落 ➡ [모까요 moʔkajo モッカヨ]行けません

[ᵗ]+[s] ➡ [ᵗ]+[ʔs] ➡ [s][ʔs] ➡ [ʔs]

못〰사요[몯싸요moᵗ ʔsajo]同化 ➡ [moˢʔsajo モッサヨ]
　　　　脱落 ➡ [모싸요 moʔsajo モッサヨ]買えません

좋습니다[졷씀니다 tʃo:ᵗʔsɯmnida]
　同化 ➡ [tʃo:ˢʔsɯmnida チョーッスムニダ]
　脱落 ➡ [조씀니다 tʃo:ʔsɯmnida チョーッスムニダ]よいです

③鼻音の終声[n]の同化

早い発音では鼻音ㅁ[m]の前の終声の鼻音ㄴ[n]は、後ろのㅁに同化してㅁで発音されることがある。

신문〈新聞〉 [ʃin・mun ➡ 심문 ʃimmun]
　参考：심문〈審問〉
전무〈専務〉 [tʃɔn・mu ➡ 점무 tʃɔmmu]

8　[n]の出現（リエーゾン）

子音語幹の単語の後ろに母音の[i]または半母音の[j]で始まる単語が続く場合や合成語を構成している場合、[i]や[j]の前に発音上[n]が挿入されることがある。本書ではこれをリエーゾンと呼ぶ。学者によっ

ては〈終声の初声化〉のことをリエーゾンとして扱っている場合もあるので混同しないこと。このリエーゾンも他の音の変化と同じくあくまでも発音上のことなので表記には現れない。

  문⌒엳 [문녑 munnjɔᵖ ムンニョㇷ゚] ドアの横
  일본⌒요리 [일본뇨리 ilbonnjori イルボンニョリ]〈日本料理〉日本料理
  짐⌒엳 [짐녑 tʃimnjɔᵖ チムニョㇷ゚] 荷物の横
  부산역 [부산녁 pusannjɔᵏ プサンニョㇰ]〈釜山驛〉プサン駅
  맹장염 [맹장념 mɛdʒaŋnjɔm メンジャンニョム]〈盲腸炎〉盲腸炎

また、このリエーゾンによって**挿入された鼻音[n]の前に口音が控えていれば、〈口音の鼻音化〉によりもう一度音の変化が起こる。**

[ᵖ] 집⌒엳 [집+녑] ➡ [짐녑 tʃimnjɔᵖ チムニョㇷ゚] 家の横
  십육   [십+뉵] ➡ [심뉵 simnjuᵏ シムニュㇰ]〈十六〉十六
[ᵗ] 꽃⌒엳 [꽃+녑] ➡ [꼰녑ᵗ konnjɔᵖ コンニョㇷ゚] 花の横
  밭⌒엳 [받+녑] ➡ [반녑 pannjɔᵖ パンニョㇷ゚] 畑の横
  밭일   [받+닐] ➡ [반닐 pannil パンニル] 畑仕事
  옛이야기 [옛+니야기] ➡ [옌니야기 jeːnnijagi イェーンニヤギ] 昔話
[ᵏ] 책⌒엳 [책+녑] ➡ [챙녑 tʃʰɛŋnjɔᵖ チェンニョㇷ゚] 本の横
  백육〈百六〉 [백+뉵] ➡ [뱅뉵 pɛŋnjuᵏ ぺンニュㇰ] 百六
  한국⌒요리 [한궁뇨리 haŋuŋnjori ハングンニョリ]〈韓國料理〉朝鮮料理
  수학⌒여행 [수항녀행 suhaŋnjɔhɛŋ スハンニョへン]〈修學旅行〉修学旅行
  부엌⌒엳 [부엌+녑] ➡ [부엉녑 puɔŋnjɔᵖ プオンニョㇷ゚] 台所の横

リエーゾンによる[n]の前に流音のㄹ[l]が控えている場合は〈流音化〉の規則、つまりㄹ[l]＋ㄴ[n]➡ㄹ＋ㄹ[ll]にしたがってㄹ[l]で発音される。

  볼일 [볼닐] ➡ [볼릴 pollil ポルリル] 用事
  할⌒일 [할닐] ➡ [할릴 hallil ハルリル] すること
  물약 [물냑] ➡ [물략 mulljaᵏ ムルリャㇰ] 水薬
  서울역 [서울녁] ➡ [서울력 sɔulljɔᵏ ソウルリョㇰ] ソウル駅

9　2文字の終声とその発音

終声の位置に子音字母が2つ書かれた文字があるが、その文字を単独で読む場合は2つのうちのどちらか一方を読む。

●前の子音字を読むもの

ㅄ　ㄳ　ㄵ　ㄱㅅ　ㄾ　ㄻ　ㄶ　ㅀ

값 [갑 ka^p カプ] 値段　삯 [삭 sa^k サク] 賃金

●後ろの子音字を読むもの

ㄺ　（ㄼ）　ㄿ　ㄻ

닭 [닥 ta^k タク] 鶏　삶 [삼 sa:m サーム] 生

여덟 [여덜 jədɔl ヨドル]（八つ）のようにㄼは普通ㄹの方で読まれるが、動詞の밟다 [밥따 pa:^{p}ta]（踏む）だけは例外的に後ろのㅂの方を読む。**2文字の終声の後ろに母音で始まる体言語尾や-이다（～である）がつくと**〈終声の初声化・その1〉のように二つの子音字母のうち、後ろの子音字母が次の母音の初声のように発音される形で**両方読まれる**。

값이　　　　　[갑시] ➡ [갑씨 kap$^?$ʃi カプシ]　　　　値段が
값입니다　　　[갑씸니다 kap$^?$ʃimnida カプシムニダ]　値段です
삶이　　　　　[살미 sa:lmi サールミ]　　　　　　　生が
삶입니다　　　[살밈니다 sa:lmimnida サールミムニダ] 生です

原則としては以上の通りだが、話し言葉においてはしばしば単独で読まれた場合の終声の発音が次の母音の初声として発音される。

　　　　　　　〈原則〉　　　　　　　　〈話し言葉で〉

닭이 [달기 talgi]　　　　➡ [닥]+이➡[다기 tagi タギ] 鶏が
삯이 [삭시] ➡ [삭씨 sak$^?$si] ➡ [삭]+이➡[사기 sagi サギ] 賃金が

2文字の終声の後ろに子音が来ている場合は普通どちらか一方を読む。そして2文字の終声の後ろに来ている子音の種類によってまた濃音化や激音化、鼻音化などの音の変化が起こる。例えばㅀ・ㄶなど、ㅎと組み

合わさっている2文字の終声の場合は、ㅎの後ろに平音のㄷ[t]・ㄱ[k]・ㅈ[tʃ] が来ているとそれらを激音化する役割を果たすなど。

濃音化

값지다 [갑] + [지다] ➡ [갑찌다 kaᵖʔtʃida]
　　　　　　　　　　　　　　　　めぼしい。高価だ。貴重だ

없다　　[업]+[다] ➡ [업따 ɔːᵖʔta] ない。いない

앉다　　[안]+[다] ➡ [안따 anʔta] 抱く(子音語幹)
　　　　　　参考：안다 [안따 anʔta] 座る。(子音語幹)

넓다　　[널]+[다] ➡ [널따 nɔlʔta] 広い(子音語幹)
　　　　　　参考：살다 [saːlda] 住む(ㄹ語幹)

鼻音化

값나가다 [갑]+[나가다] ➡ [감나가다 kamnagada]
　　　　　　　　　　　　　　　　値打ちがある。高価である

激音化

값하다　[갑]+[하다] ➡ [갑파다 kaᵖpʰda]
　　　　　　　　　　　　　　　　その値に等しいことをする

無変化

값치르다 [갑]+[치르다] ➡ [갑치르다 kaᵖtʃʰirɯda]
　　　　　　　　　　　　　　　　代金を支払う

〈2文字の終声＋母音〉であっても後ろの母音が体言語尾や-이다（〜である）ではなく、合成語や語結合など、前後の関係が異なった二つの単語同士の組み合わせであれば〈終声の初声化・その2〉のように2文字の終声の音が次の母音の初声のように発音される。

값없다 [갑・없다 kaᵖ・ɔːᵖʔta]
　　　➡ [가법따 ka・pɔᵖʔta] ➡ [kabɔᵖʔta]
　　　　　　　　　　　　　　　　値がつけられない。値打ちがない

값어치 [갑・어치 kaᵖ・ɔtʃʰi]
　　　➡ [가버치 ka・pɔtʃʰi] ➡ [kabɔtʃʰi] 値打ち

10　長母音の短母音化

　朝鮮語の場合、**長母音は普通第一音節にしか現れない**。長母音である単語であっても合成語や単語結合によって**第一音節以外に置かれれば普通短く発音**される。

　　말 [maːl] ことば ➡ 정말 [tʃʰɔːŋmal] 本当

　また、語幹が長母音である用言は없다（ない・いない）・얻다（得る）・작다（小さい）・적다（少ない）・벌다（稼ぐ）など、一部の例外を除いて一般に第Ⅱ語基と第Ⅲ語基では母音が短くなる。ただし、長母音かどうかの区別そのものがソウルではすでに失われつつあるので、用言における短母音化は実用上まったく気にしなくてもよい。

　以上の音の変化のうち、主要なものをまとめると次のようになる。

●初声の場合

ゼロ（ㅇ）		終声の初声化・有声音化（濁音化）・[n] の挿入（リエーゾン）に注意
平音	ㅂ ㄷ ㄱ ㅈ	有声音の間では有声音化（濁音化）に注意 [ᵖ] [ᵗ] [ᵏ] の後ろでは濃音化に注意 終声字母ㅎの後ろでは激音化に注意
	ㅅ	[ᵖ] [ᵗ] [ᵏ] の後ろと終声字母ㅎの後ろでは濃音化に注意
濃音	ㅃ	常に [ʔp]
	ㄸ	常に [ʔt]
	ㄲ	常に [ʔk]
	ㅉ	常に [ʔtʃ]
	ㅆ	常に [ʔs] / [ʔʃ]

激音	ㅍ	常に [pʰ]
	ㅌ	常に [tʰ]
	ㅋ	常に [kʰ]
	ㅊ	常に [tʃʰ]
	ㅎ	激音化・[h] の弱化に注意
鼻音	ㅁ	常に [m]
	ㄴ	普通は [n]。ㄹ [l] の後ろでのみ [l]
流音	ㄹ	母音の後ろで [r] と発音 ㄴ [n] とㄹ [l] の後ろでのみ [l] と発音 ㄴ [n] とㄹ [l] 以外の終声の後ろでは [n] で発音

●終声の場合

有声音	鼻音	ㅁ [m]	常に [m] で発音
		ㅇ [ŋ]	常に [ŋ] で発音
		ㄴ [n]	ㄹと隣接すると [l] で発音＝流音化
	流音	ㄹ [l]	母音の前では [r] で発音 （終声の初声化）
無声音	口音	ㅂ [ᵖ] ㄷ・ㅅ [ᵗ] ㄱ [ᵏ]	終声の初声化・有声音化（濁音化）・ 鼻音化に注意

索　引

ことがら索引

●ハングル
ㄷ変格／116
ㄹ語幹／52
ㄹ語幹の用言／100−103
르変格／108−111
ㅂ変格／112
ㅅ変格／117
으語幹／106
ㅎ[h]による激音化／217
ㅎ[h]の弱化／218
ㅎ変格／114
하다用言／82，104
합니다体／31
해요体／31

●あ行
あいさつ／30−33，36−39
アクセント／14
位置を表す名詞／209
意図／194
依頼／148
詠嘆／159，161
[n]の[l]化／216
[n]の出現／220
婉曲／154−157
お金／145
驚き／158−163
音節／19

●か行
開音節／21
外来語／16
確認的な驚き／160−163
過去形／178−183
過去連体形／188
可能／196
漢字／16
漢字語／16，25

漢字語数詞
　　／134，138，140，144
漢字語における濃音化
　　／212，213
仮定／165
願望／168
聞き返す／124
基本形／31，78
疑問詞／68，143
許可／176
禁止／152
訓民正音／15
経験／190
敬語／14
継続進行形／170
形容詞／78
激音／22−23
原因／204
現在進行／171
現在連体形／186
口音／25
口音の鼻音化／214，221
口蓋音化／208
合成語／210，214
膠着語／13
語幹／78−83
語基／78−83
語順／13
こそあど／62−67
語尾／13，51，78，79
固有語／16
固有語数詞／135，136，138

●さ行
子音／21−27
子音語幹／52，80
子音語幹の用言／84−89

時間／142
時刻／138
指定詞／43，70，72，78
字母／18
助詞／51
初声／21−25
終止形／165
終声／21−22，25−28
終声の初声化／207−210
終声の脱落や同化／219
主語／43
条件／165
状態持続形／172
好き嫌い／122
清音／22
接続形／165
接尾辞（Ⅰ-ㅈㅣ-）
　　／128，201，205
接尾辞（過去の）／179
接尾辞（尊敬の）
　　／45，50，87，89，147，179
尊敬形／45，59，61
尊敬の接尾辞／45，167
存在詞／54−59，72，78

●た行
第Ⅰ語基／79
体言語尾／13
第Ⅲ語基／79
第Ⅱ語基／79
濁音／22
濁音化／208
単母音／18−20
中声／21
長母音／15
長母音の単母音化／224
てにをは／49，50，52

同意を求める／150	表記／17	曜日名／74
動作の継続／171	ピリオド／17	予定／194
動詞／78	不可能形／98	●ら行
●な行	平音／22	リエーゾン／220
二重母音／18，20	閉音節／21	略号／5
2文字の終声／222	母音／18-21	理由／204
人称／14	母音語幹／52，80-82	流音／22，25，26
年月日／140	母音語幹の用言	流音化／216，221
濃音／22，24	／81-82，90-95	流音の鼻音化／215
濃音化／210-214	母音調和／81	連体形(形容詞・指定詞の)
●は行	●ま行	／184
発音／14，18-28	未来連体形／192	連体形(固有語数詞の)
発音の変化／207	無声音／22-24	／137
発見的な驚き／158	命令／146	連体形(動詞・存在詞の)
ハングル／13，15，18-28	●や行	／186，188
半母音／18-20	有声音／22	連体形(未来)／192
鼻音／22，24，26	有声音化／208	●わ行
鼻音化／214-215	用言／78	分かち書き／17
否定形／96	用言語尾／13	
否定の指定詞／70	用言の活用／78-83	

語尾などの索引

-가	～が	50
-가 되다	～になる	169
-가 아니다	～ではない	70
-가 아니라	～ではなくて	72
-겠-	「～しそうだ」などの意を表す接尾辞	128，201，205
-고	～して。～だし	130
-고⌒싶다	願望。～したい	168
-고⌒있다	～している	170，174
-과	並列。～と	53
-군요	形容詞と指定詞の確認的な驚きの形。～なのですね	162
-까지	時間や順序・距離。～まで	117
-까지	までに。まで	167
-까지는	までは	117
-께	～に（尊敬形）	53，107
-께서는	～は（尊敬形）	53
-께서도	～も（尊敬形）	53，105，153
-ㄴ	形容詞・指定詞の連体形。～な～。～である～	184

-ㄴ	動詞の過去連体形。～した～	188
-ㄴ데요	形容詞・指定詞の婉曲形。～なのですが	156
-나	（몇／얼마などと共に）～くらい。～ほど	137
-나	驚き・強調。～も	143
-나	～でも。～なんか（消極的選択）	201
-네요	発見的な驚きの形。～ですね	158
-는	～は	48, 50
-는	動詞の現在連体形。～する～	186
-는군요	動詞と存在詞の確認的な驚きの形。～するのですね	160
-는데요	動詞と存在詞の婉曲形。～するのですが	154
-니까	理由。～だから。～なので	205
-도	～も	50
-도 되다	～してもよい	176, 187
-도 아니다	～でもない	71
-들	～たち	169
-ㄹ	用言の未来連体形。～する～。～すべき～	193, 195
-ㄹ 것이다	推量。意志。～だろう。～する	198
-ㄹ까요	～しましょうか。～でしょうか	200
-ㄹ 수(가) 있다	可能。～することができる	196
-로	～で	121
-로	道具・手段。～で。方向。～へ	95, 111
-를	～を	52, 123, 169
-마다	～ごとに	161
-만	（I-습니다・II-ㅂ니다の後ろで）～ですが	72, 127
-만	（体言について）～のみ。～だけ	50, 61
-면	仮定。～すれば	164
-면 되다	～すればよい	166
-면 안되다	～してはならない	167
-면서	～しながら。動作の同時進行	201
-ㅂ니까	～ですか。～ますか	90, 103
-ㅂ니다	～です。～ます	90, 101, 103
-보다	～より。～よりも	163
-보다	～より。～よりも	89
-부터	時間の起点や順序。～から	107
-서	～で。から	67
-서	（III-서）～して。～なので。～だから	201, 205
-서는 안되다	～してはならない	177
-세요	～なさいます。～なさいますか	88, 101, 103
-세요	ていねいな命令。～なさいませ。～してください	146
-세요	指定詞-이-＋II-세요で指定詞の-이-が落ちた形。～でいらっしゃいます。～でいらっしゃいますか	48
-습니까	～ですか。～ますか	84
-습니다	～です。～ます	84

-시-	尊敬の意を表わす接尾辞	45, 50, 87, 89, 147, 179
-십니까	～なさいますか	86, 91
-십니다	～です。～ます	86, 91
-ㅆ-	過去形を作る接尾辞	178
-ㅆ습니까	～しましたか	178, 180
-ㅆ습니다	～しました	178, 180
-ㅆ어요	～しました。～しましたか	178, 180
-씨	～さん	63, 133
-씩	～ずつ。(単位あたり)～	137, 145
-아	第Ⅲ語基を作る母音	80, 81
-야	～こそ	129
-야지요	～しなくては	203
-야 하다	当為。～しなければならない	202
-야말로	～こそ	35
-와	並列。～と	53
-요	(Ⅲ-요) ～です。～ます	88, 92
-어	第Ⅲ語基を作る母音	80, 81
-에	～に。～につき	52, 67, 137, 145
-에게	～(人)に	52
-에게서	～(人)から	53
-에는	～には。←-에(に)+-는(は)	57, 75
-에도	～にも。←-에(に)+-도(は)	75
-에서	場所。～で。場所の起点。～から	52, 67, 113
-에서는	～では	91
-에요	指定詞-이다の해요体即ちⅢ-요の形で、-이-が落ちた形。～です。～ですか	46
-엔	←에+는～には	113
-엔	←에는～には	93
-였습니다	指定詞の過去形。～でした	181
-원	ウォン。韓国の通貨単位。漢字語数詞につく	135
-으-	子音語幹について第Ⅱ語基を作る母音	80
-으로	道具・手段。～で。方向。～へ	95
-은	～は	48, 50
-을	～を	52, 123
-의	(体言について) ～の	52, 109, 20
-이	～が	50
-이	名を表わす子音語幹の名詞につく接尾辞	54
-이 되다	～になる	169
-이 아니다	～ではない	70
-이 아니라	～ではなくて	72
-이나	(몇/얼마などと共に) ～くらい。～ほど	137
-이나	驚き・強調。～も	143
-이나	～でも。～なんか (消極的選択)	201

-이다	（指定詞）〜である	37, 78
-이세요	指定詞-이다のⅡに尊敬のⅡ-세요がついた形。〜でいらっしゃいます。〜でいらっしゃいますか	48
-이십니까	指定詞-이-＋Ⅱ-십니까の形。〜でいらっしゃいますか	44
-이십니다	指定詞-이-＋Ⅱ-십니다の形。〜でいらっしゃいますか	44
-이야	〜こそ	129
-이에요	指定詞-이다の해요体すなわちⅢ-요の形。〜です。〜ですか	46
-이었습니다	指定詞-이다の過去形。〜でしたか	181
-입니다	指定詞の합니다体。-이다のⅡ＋ㅂ니다の形。〜です	37, 42
-입니까	指定詞の합니다体疑問形。-이다のⅡ＋-ㅂ니까の形。〜ですか	42
(Ⅲ)있다	〜している	172
(Ⅲ)주세요	ていねいな依頼。〜してください	148
(Ⅲ)주십시오	ていねいな依頼。〜してください	148
-지 마세요	ていねいな禁止。〜しないでください	152
-지 마십시오	ていねいな禁止。〜しないでください	152
-지 못하다	不可能。〜できない	98
-지 않다	否定。〜しない	98
-지 않으면 안⌒되다	当為。〜しなければならない	202
-지요	同意を求める形。〜でしょう	150
-하고	並列。〜と	53
-한테	〜（人）に	52, 101
-한테서	〜（人）から	52, 89
Ⅰ-겠-	「〜しそうだ」などの意を表す接尾辞	128, 201, 205
Ⅰ-고	〜して。〜だし	130
Ⅰ-고⌒계시다	〜していらっしゃる（尊敬形）	171
Ⅰ-고⌒싶다	願望。〜したい	168
Ⅰ-고⌒있다	〜している	170, 174
Ⅰ-군요	形容詞と指定詞の確認的な驚きの形。〜なのですね	162
Ⅰ-네요	発見的な驚きの形。〜ですね	158
Ⅰ-는	動詞の現在連体形。〜する〜	186
Ⅰ-는군요	動詞と存在詞の確認的な驚きの形。〜するのですね	160
Ⅰ-는데요	動詞と存在詞の婉曲形。〜するのですが	154
Ⅰ-지 마세요	ていねいな禁止。〜しないでください	152
Ⅰ-지 마십시오	ていねいな禁止。〜しないでください	152
Ⅰ-지 말고	〜しないで	165
Ⅰ-지 못하다	不可能。〜できない	98
Ⅰ-지 않다	否定。〜しない	98

Ⅰ-지 않으면 안 되다	当為。～しなければならない	202
Ⅰ-지요	同意を求める形。～でしょう	150
Ⅱ-ㄴ	形容詞・指定詞の連体形。～な～。～である～	184
Ⅱ-ㄴ	動詞の過去連体形。～した～	188
Ⅱ-ㄴ데요	形容詞・指定詞の婉曲形。～なのですが	156
Ⅱ-ㄴ 적이 있다/없다	経験。～したことがある/ない	190
Ⅱ-ㄴ 일이 있다/없다	経験。～したことがある/ない	190
Ⅱ-니까	～だから。～なので。理由	205
Ⅱ-ㄹ	用言の未来連体形。～する～。～すべき～	193, 195
Ⅱ-ㄹ 것이다	推量。意思。～だろう。～する	198
Ⅱ-ㄹ까요	～しましょうか。～でしょうか	200
Ⅱ-ㄹ 수(가) 있다	可能。～することができる	196
Ⅱ-면	仮定。条件。～すれば	164
Ⅱ-면 괜찮다	～すればかまわない。大丈夫だ。問題ない	167
Ⅱ-면 되다	～すればよい	166
Ⅱ-면 안 되다	～してはならない	167
Ⅱ-면서	～しながら。動作の同時進行	201
Ⅱ-ㅂ니까	～ですか。～ますか	90, 103
Ⅱ-ㅂ니다	～です。～ます	90, 101, 103
Ⅱ-세요	～なさいます。～なさいますか	88, 101, 103
Ⅱ-세요	ていねいな命令。～なさいませ。～してください	146
Ⅱ-시-	尊敬の意を表わす接尾辞	45, 50, 87, 89, 147, 179
Ⅱ-십니까	～なさいますか	86, 91
Ⅱ-십니다	～なさいます	86, 91
Ⅲ-도	～しても。～であっても	201, 203
Ⅲ-도 되다	～してもよい	176, 187
Ⅲ-보다	～してみる	201
Ⅲ-서	～して。動作の先行	201
Ⅲ-서	～なので。～だから。原因・理由	205
Ⅲ-서는 안되다	～してはならない	177
Ⅲ-ㅆ-	過去形を作る接尾辞	178
Ⅲ-ㅆ습니까	～しましたか	178, 180
Ⅲ-ㅆ습니다	～しました	178, 180
Ⅲ-ㅆ어요	～しました。～しましたか	178, 180
Ⅲ-야지요	～しなくては	203
Ⅲ-야 하다	当為。～しなければならない	202
Ⅲ-요	～です。～ます	88, 92
Ⅲ-있다	～している	172
Ⅲ-주다	～してくれる。～してやる。～してあげる	197
Ⅲ-주세요	ていねいな依頼。～してください	148
Ⅲ-주십시오	ていねいな依頼。～してください	148

単語索引

*ハングルの字母順。()内は字母の名称を示す。
★印は朝鮮民主主義人民共和国での表記。

ㄱ(기역★기윽)

가게	店/101
가까이	近く/161
가깝다	近い/185
가끔	たまに/87
가능하다	可能だ/185
가다	行く/33, 93
가을	秋/113
가족	家族/61
갈색	褐色/175
감기	風邪/49, 165
감사하다	感謝する。ありがたい/35
갑자기	急に。突然/205
값	値段/131, 199
강	(大きな)河/111
같다	同じだ/121
같이	一緒に/61, 147
개	〜個/137
거	←것 もの。こと/47
거기	そこ/66
거의	ほとんど/183
거짓말	嘘/73
걷다	歩く/117, 187
걸	←것을 ものを/157
걸다	かける/101, 147
걸리다	(時間が)かかる/143
것	もの。こと/43
겉	おもて/28
게	←것(もの)+-이(〜が)/187
겨울	冬/95, 105
결혼	結婚/195
경주	慶州/195
계시다	いらっしゃる/33
고급	高級/161
고맙다	ありがたい/35
고속버스	長距離バス/109
고프다	(腹が)すいている/111
고향	故郷/73
공	(電話番号の)ゼロ/135
공부	勉強/105
공항	空港/163
과장님	課長(尊敬形)/171
관계	関係/127
괜찮다	かまわない。大丈夫だ/35, 95, 133
교수님	教授(尊敬形)/169
교포	僑胞。同胞/45
구	九/135
구두	靴/87
국	スープ/151, 165
국민학교	小学校/169
국밥	クッパプ/49
국적	国籍/73
권	〜冊/137
귤	みかん/121
그	その。あの/62, 179
그거	それ/64
그것	それ/28, 62
그냥	ただ。ただの/73, 201
그대로	そのまま/127
그〜동안	そのかん/179
그래도	それでも/193
그래서	それで/161
그래요	そうですか。そうです/97
그러면	それでは/133
그런	そんな/71
그런대로	それなりに/133, 205
그런데	ところで。ところが/179
그럼	では。じゃあ/39, 65, 71, 93
그럼요	もちろんです/57
그렇게	そんなに。そのように/59, 113
그렇다	そうだ/41, 115
글쎄요	そうですね。ええっと/85, 115
글씨	文字。字/149
금방	すぐ/67, 103
금요일	金曜日/75
기다리다	待つ/147, 149
기운	元気/59
기차	汽車/109
기침	咳/49
길	道/163
김	(姓)金/31
김명자	金明子(人名)/63

김윤식	金允植（人名）／101
김주원	金周源（人名）／125
김치	キムチ／97

ㄲ(쌍기역★된기윽)

깨끗하다	きれいだ。清潔だ／201
꼭	ぜひ。必ず。きっと／149, 165
꽤	かなり。なかなか／145, 151

ㄴ(니은)

나다	出る／165
나라	国／63
나가다	出る。出て行く／201
나오다	出る。出てくる／99, 165, 185
낚시	釣り／161
날	日／187
남기다	残す／177
남다	残る／183
내년	来年／93
내용	内容／159, 177
내일	明日／49
너무	あまりにも／95, 103
넣다	入れる／165
네	（肯定の返事）はい／31
네	ええ？（聞き返し）／111
네	4つの／137
넷	4つ／137
년	～年／140, 145
년생	～年生まれ／141
노래	歌／109
노트	ノート／137
논문	論文／159
놀다	遊ぶ。休む／103
높다	（高さが）高い／85, 163
누구	誰。誰の／68
누이	（兄からみた）妹／71
눈	雪／47
늦다	遅れる。遅い／167, 203

ㄷ(디귿★디읃)

다	全部。皆／61, 129, 161
다니다	通う／93
다르다	違う。異なる／109
다리	脚／205
다방	喫茶店／91
다섯	5つ／137
다음날	翌日／195

닦다	磨く／87
단어	単語／151
달	～月（ツキ）／145
달다	甘い／103
닮다	似る／183
대	～台／159
대개	大概。大抵／199
대로	～通りに／157
대학교	大学／93, 181
댁	お宅／61
더	もっと。より／107, 199
덕분	おかげで／179
덕분에요	おかげさまで／105
데	ところ／101, 185
도저히	到底／165, 193
도쿄	東京／73
독일	ドイツ／125
돈	お金／73
돈이 들다	お金がかかる／145
돌아오다	帰ってくる／203
돕다	手伝う／113, 203
동경	東京／73
동생	弟。妹／131
동생분	弟さん／61
동아일보	東亜日報／91
동안	～の間／193
되다	なる。できる／41, 95
두	2つの／107, 127, 137
둘	2つ／65, 137
드리다	差し上げる／177
드시다	召し上がる／39, 147
듣다	聞く／117, 153, 177, 191
들다	入る／103, 123, 173
들다	持つ。挙げる／173, 175
들다	（食べるの意）いただく／137
들어가다	入る。入ってゆく／201

ㄸ(쌍디귿★된디읃)

따뜻하다	暖かい／105
따로	別（の所）に／61
딱	ちょうど。ぴったり／151
딴	他の／101
때	時／129, 199, 203
떠나다	発つ。出発する／111, 165, 197
떡	餅／28

233

또	また／47, 195
뜻	意味。志／109, 129

ㄹ(리을)

래년	来年★／93
래일	明日★／49
량	量★／133
런던	ロンドン／139
령	零★／135
론문	論文★／159
류월	六月★／141
류학생	留学生★／43
륙	六★／135
리	（姓）李★／155
리유	理由★／203

ㅁ(미음)

마시다	飲む／167, 201
마음	心。気持ち／103, 123
만	万／135
만나다	会う／91, 93
많다	多い／89, 133
많이	たくさん／39
말	ことば／109, 153
말씀	お言葉／35
말씀하다	おっしゃる／157
말하다	言う。語る／153
맑다	澄んでいる。きれいだ／163
맛	味／55, 199
맞다	合う。合っている／87, 133
매일	毎日／87
맵다	辛い／197, 205
먹다	食べる。食う／39, 97
멀다	遠い／103, 163
멋	趣。粋／87
멋이 있다	素敵だ／87
몇〜번	何度。何度か／191
몇〜시	何時／139
몇	いくつ。いくつの。いくつか／137
몇년생	何年生まれ／141
모두	全部。全部で／28, 137
모든	すべての／157
모레	あさって／93, 99, 135
모르다	わからない。知らない／109, 181
모으다	集める／107
모임	集まり／67

모자	帽子／175
목요일	木曜日／75
몸	体／165
못	不可能を表す副詞／99
무겁다	重い／113
무슨	何の。何かの／68, 147
무엇	何／63, 68
무척	すごく／159, 199
묵다	泊まる／87, 195
문	門。ドア／101
문법	文法／151
문제	問題／135
묻다	尋ねる。聞く／117
물건	品物／161
물론	もちろん／195
뭐	何／121
뭘	何を／65, 89, 195
미국	アメリカ／61
미루다	延ばす。延期する／193
미안하다	すまない／35

ㅂ(비읍)

바다	海／111
바로	ちょうど。まさに／69
바쁘다	忙しい／163, 181
박	（姓）朴／37
밖에	〜しか／145
반	半／139
반갑다	嬉しい。懐かしい／37
받다	受け取る。(電話を)取る／78, 85, 89, 155
발	足／205
발음	発音／113, 121
밥	ご飯／177
방	部屋／55
배	おなか／111
배우다	学ぶ。習う／171
배편	船便／95
백	百／135
백화점	デパート／67, 125
버스	バス／91, 187
번	〜番。〜回。度／135, 201
벌써	もう／47
별로	別に。あまり。それほど／97
보내다	送る／95
보다	見る／91

보통	普通／75
볼일	用事／75
봄	春／93
뵙다	お目にかかる／37
부끄럽다	恥ずかしい。／159
부디	なにとぞ。どうか／153
부르다	（腹が）一杯だ／111
부르다	歌う。呼ぶ／111
부모님	ご両親／61
부부	夫婦／71，127
부자	金持ち／73
부탁	頼み／153
부탁드리다	お願い申し上げる／37
부탁하다	頼む。お願いする／37
북해도	北海道／73
분	分／138
분	方（かた）／49
분위기	雰囲気／201
불고기	焼き肉／145
비	雨／47
비밀	秘密／69
비빔밥	ピビンパプ／49
비싸다	高い／185，199
비원	秘苑／67
비행기편	航空便／95

ㅃ (쌍비읍★된비읍)

빠르다	速い／109 187
빨리	早く／109
빵	パン／89
뻐스	バス／91，187

ㅅ (시옷★시읏)

사	四／135
사건	事件／175
사과	リンゴ／137
사다	買う／99，197
사람	人／87
사랑	愛／71
사모님	奥様／99
사실	事実／109，157
사실은	実は。事実は／65
사장님	社長（尊敬形）／153，199
사전	辞典／63，197
사탕	飴／103
산	山／85

살다	生きる。暮らす。住む／101，161，173
삼	三／135
삼박사일	三泊四日／135
색깔	色／133
생각	考え／115，163
생각하다	考える。思う／105
생기다	生ずる。できる／205
생선초밥	（魚の）寿司／161
생신	お誕生日／141
생일	誕生日／65，141
생일날	誕生日／69
생활비	生活費／145
서다	立つ。（車などが）止まる／91，93
서두르다	急ぐ。慌てる／163
서울	ソウル／157，173
서울역	ソウル駅／67
선물	贈り物／65
선생님	先生（尊敬形）／31
성격	性格／123
성함	お名前（尊敬形）／127
세	3つの／139
셋	3つ／137
소금	塩／165
소문	噂／191
소설	小説／89，151
소포	小包／95
손	手／175
손님	お客さん。お客様／50，91，125，193
수업	授業／75
수요일	水曜日／75
수학	数学／205
순자	（女性の名）スンジャ／37
쉬다	休む／165
쉽다	やさしい／113，151
스물	20／137
스테레오	ステレオ／117
슬프다	悲しい／107
시	～時／138
시	詩／89，121
시간	時間／55，143
시골	田舎／105
시내	市内。街中／185
시어머님	しゅうとめ（尊敬形）／183
시월	十月／141

시장	市場／161
시험	試験／185
시험공부	試験勉強／205
식욕	食欲／59
식전	食前／203
식후	食後／203
신문	新聞／28，91
실례하다	失礼する／41
싫어하다	嫌う。嫌いだ／123
십	十／135，139
싱겁다	（味が）薄い／165

ㅆ(쌍시옷★된시옷)..............................

싸다	安い／91，131
써비스	サービス／115
쓰다	（帽子を）かぶる。使う／145，175
쓰다	書く／107
씨름	相撲／28

ㅇ(이응)..............................

아까	さっき／107
아깝다	惜しい。もったいない／187
아뇨	いいえ／41
아니	いや。あれ／35，181
아니다	（～では）ない／71
아니라	（～では）なくて／72
아드님	息子さん（尊敬形）／183
아름답다	美しい／113，163
아리랑	アリラン／28
아무거나	何でも／197
아무것도	何も（～ない）／71，105
아무데나	どこでも／185
아무때나	いつでも／167
아무도	誰も（～ない）／155，193
아무한테도	誰にも／153
아버님	お父様（尊敬形）／129
아버지	お父さん／28，95
아빠	（幼児語）パパ／161
아이	子供／169
아저씨	おじさん／183
아주	とても／55，73，101
아주머니	おばさん／105
아직	まだ／47，109，111，183
아직도	まだ。未だに／129
아침	朝／89
아프다	痛い。体の具合が悪い／107，205

아홉	9つ／137
안	（空間的な）中／105，193
안	否定を表す副詞／183
안녕하다	お元気だ。お健やかだ／31
안녕히	ご無事に。お健やかに／33
안색	顔色／159
앉다	座る／89，147
알다	わかる。知る／149，187
알맞다	合う。ふさわしい／151
앞	前／67
앞으로	今後。これから先／153，193
애기	赤ん坊／161
애인	恋人／101
야마다	（日本の姓）山田／37
약	薬／203
약간	若干／111
약속	約束／59
양	量／133
양복	スーツ。背広。洋服／87，133
얘기하다	話しする／201
어느	どの／62，93
어느거	どれ／64
어느것	どれ／62
어디	どこ。どこに／55，66，135
어떤	どんな／71，185
어떻게	どのように。いかに／109，127
어떻다	どうだ。どんなだ／115
어렵다	難しい／113，135，151，181
어머	あら。あらまあ／95
어머나	あら／103
어머니	お母さん／28，63
어머님	お母様（尊敬形）／63
어서	さあ。早く／39，147
어제	昨日／173
어젯밤	昨夜／191
억	億／135
언제	いつ／68，203
얼마	いくら／135
얼마	（否定の前で）いくらも／117
얼마나	どのくらい／117
얼마동안이나	どのくらいの間／181
얼마든지	いくらでも／197
여기	ここ／49，50，57，66
여름	夏／95

여덟	8つ／137
여태까지	今まで／181
여행	旅行／135
역	駅／103
연구실	研究室／155
열	熱／59, 159, 165
열	10／137
열〔네	14の／137
열〔두	12の／139
열심히	熱心に。一所懸命／171
영	零／135
영국	イギリス／139
영숙	ヨンスク（人名）／55, 63
영어	英語／131
영화	映画／107
옛날	昔／101, 127
오	五／135
오늘	今日／55
오다	来る。(雨や雪が)降る／33, 39, 93, 165
오래	長い間／179
오분	5分／139
오빠	（妹からみた）兄。お兄さん／71
오전	午前／139
옷	服。洋服／103
왜	なぜ。どうして／59, 68
왜요	なぜですか／87, 147
외국	外国／107
왼쪽	左／28
요	この／85, 181
요즘	この頃。最近／93
우리	私たち。我々／67
우표	切手／103
울다	泣く／101
원래	もともと／101
월	（暦の）〜月／140
월급	月給／89
월요일	月曜日／75
유학생	留学生／43
유월	六月／141
육	六／135
은행	銀行／85
음식	料理。食べ物／87, 123
음악	音楽／117
의사선생님	お医者さま（尊敬形）／95

이	二／135
이	この／62
이	（姓）李／155
이거	これ／64
이것	これ／62
-이다	〜である／37
이렇게	このように。こう／117, 165
이렇다	こうだ。こんなだ／115
이르다	（時間が）早い／111
이름	名前／127
이리	こちらへ／147
이번	今度。今回。今度の／71, 95, 155
이번주	今週／75, 193
이상	以上／163
이야기	話／189
이유	理由／203
이젠	もう。今や／115, 129, 197
이쪽	こっち／57, 131
이천	2000／135
인민학교	小学校／169
인삼차	朝鮮人参茶／47
일	一／135, 145
일	こと。仕事／113, 147, 193
일	（暦の）〜日／140
일곱	7つ／136, 139
일본	日本／173
일본분	日本の方／45
일본사람	日本人／71
일본음식	日本食／161
일요일	日曜日／75
일요일날	日曜日／199
일인분	1人前／145
일주일	一週間／195
일찍	早く／101
읽다	読む／89, 99
입	口／28, 87
입다	着る／87
있다	ある。いる／78
잊다	忘れる／153
잊어버리다	忘れる。忘れてしまう／189

●ㅈ(지읒)……………………………

자리	席／89
자연스럽다	自然だ。／133
자제분	お子様／61

자주	しばしば／89，93
작년	昨年／191
작다	小さい／78，85
잔	さかずき。〜杯／137
잘	よく／37
잘 있다	元気でいる／179
잘하다	上手だ／131
잠깐만	ちょっとだけ／147
잠을 자다	眠る／187
잡수시다	召し上がる／39，89，147，197
재미	面白味／107
재미있다	面白い／179
재일교포	在日同胞／63
저	あの／49，50，62
저	あの。そのう／59
저	私／35，49
저거	あれ／64
저것	あれ／62
저기	あそこ／66，159
저녁	夕方／139
저런	それはそれは／205
저야말로	私こそ／35
저쪽	あっち／55，131，159
저희	私たち。私たちの。／50，87，135
적다	少ない／85
전	前。以前／139
전	◀저는 私は／71
전공	専攻／127
전기제품	電気製品／91
전혀	全然／59，205
전화	電話／101
전화번호	電話番号／135
절대로	絶対に／161
점심	昼食／179
점심식사	昼食／179
정각	（時刻が）ちょうど／139
정도	程度。くらい。ほど／137，143
정말	本当。本当に／35，73
제	私の／43，47，65
제가	私が／85
제로	ゼロ／135
제발	どうか。なんとか／153
제일	一番／85，123
조금	少し／145，165

조선	朝鮮／28
조선어	朝鮮語／63
조선어학	朝鮮語学／127
조용하다	静かだ／201
졸업	卒業／195
좀	ちょっと／59，149
좋다	よい／41，85
좋아하다	好む。好きだ／123
죄송하다	申し訳ない／35
주로	主に。主として／89，113，117
주말	週末／161
주문	注文／85
주소	住所／127
주재원	駐在員／49
중	なか。うち／85，123
지금	今／55
질문	質問／59
짐	荷物／113
집	家。店／50，57，87，91，131

ㅉ(쌍지읒★된지읒)・・・・・・・・・・・・・・・・・・・・・・・・・・・・・・・・・・・

짜다	塩辛い／151
쭉	ずっと。続けて／195

ㅊ(치읓)・・

차	お茶／201
찻값	コーヒー代／201
참	本当に／87
찾다	探す。見つける。（金を）おろす／85
책	本／28
처	妻／131
처음	初め。初めて／37，45
천	千／135
천만에요	どういたしまして／35，159
체중	体重／85
초등학교	小学校／169
취직하다	就職する／195
출발	出発／47
친구	友達／73
칠	七／135

★ㅋ(키읔)・・・

카메라	カメラ／173
커피	コーヒー／28，43
컴퓨터	コンピュータ／28
크기	大きさ／133
크다	大きい／107

크기	大きさ／133	혼자	一人。ひとりで／105
크다	大きい／107	혼자서	一人で／173
키가 작다	背が低い／85	홍차	紅茶／43

ㅌ(티읕)‥‥‥‥‥‥‥‥‥‥‥‥‥‥‥‥‥‥‥‥

		화요일	火曜日／75
타다	乗る／187	화장실	トイレ／55
태풍	台風／173	회사	会社／75，195
택시	タクシー／159	회사원	会社員／43
토요일	土曜日／75	휴가	休暇／89
특별히	特に。特別に／163		

ㅍ(피읖)‥‥‥‥‥‥‥‥‥‥‥‥‥‥‥‥‥‥‥‥

판소리	パンソリ／125
팔	八／135
팔다	売る／103，161
편지	手紙／89，107，153
편찮다	（目上の人の体の）具合が悪い／107
평양	ピョンヤン／169
폐	迷惑／95
푹	ぐっすり／165
필름	フィルム／173
필림	フィルム／173
필요하다	必要だ／137

ㅎ(히읗)‥‥‥‥‥‥‥‥‥‥‥‥‥‥‥‥‥‥‥‥

하나	一つ／59，65，89，137
하늘	空／113，163
하루	一日／137
하루종일	一日中／203
학교	学校／49
학생	学生／43
한	一つの／61，137，139
한	約。およそ／137，143
한국	韓国／28，61
한국분	韓国の方／45
한국사람	韓国人／45
한국어	朝鮮語／63
한국어학	朝鮮語学／127
한글	ハングル／28
한번	一度。ちょっと／149
한일사전	韓日辞典／65
헤어지다	別れる／197
헤여지다★	別れる／197
형님	（弟から見た）お兄さま（尊敬形）／61
호텔	ホテル／67，195
혹시	もしかすると。ひょっとして／65

239

意味別単語リスト

＊このリストは、本書に現れた単語に加え、名詞を中心に単語を補充し、日本語を見出しにして意味別に配列したものである。日本語見出しの総数は841語である。数字は頁を示す。数字のない単語は補充した単語である。

目 次

名　詞 ——————————— 240	名数詞 ——————————— 248
人と職業/240	副　詞 ——————————— 248
家族/241	程度/248
身体と健康/241	様子その他の副詞/248
時間/242	
日と月/242	疑問詞 ——————————— 249
季節と年/242	間投詞 ——————————— 249
期間と頻度の名詞と副詞/242	接続詞 ——————————— 249
天候と自然/243	
地名/243	形容詞 ——————————— 249
場所・方角/243	気持ちの形容詞/249
身につけるものと所持品/244	形と程度の形容詞/249
飲食物/244	状態の形容詞/250
交通と旅行/245	味覚の形容詞/250
郵便と電話/245	
芸術と文化/246	動　詞 ——————————— 250
ことば/246	移動や動作を表す自動詞/250
勉強/246	人の活動を表す動詞/250
仕事/247	その他の自動詞/250
歴史/247	人に対する行為を表す他動詞/251
宗教/247	知覚や精神活動などを表す他動詞/251
抽象名詞/247	飲食を表す他動詞/251
不完全名詞 ——————————— 248	その他の動作や行いなどを表す他動詞/251

名　詞

●人と職業

人	사람/87
男	남자
女	여자
おとな	어른
子供	아이/169
老人	노인
	로인★
おじさん	아저씨/183
おばさん	아주머니/105
恋人	애인/101
友達	친구/73
金持ち	부자/73
日本の方（尊敬形）	일본분/45
日本人	일본사람/71
韓国の方（尊敬形）	한국분/45
韓国人	한국사람/45
在日同胞	재일교포/63

僑胞。同胞	교포／45		(姓)朴	박／37
お医者様(尊敬形)	의사선생님／95		(姓)李	이／155
社長(尊敬形)	사장님／153,199			리★／155
部長(尊敬形)	부장님		一人。ひとりで	혼자／105,173
課長(尊敬形)	과장님／171			
係長(尊敬形)	계장님		●家族	
会社員	회사원／43			
駐在員	주재원／49		家族	가족
特派員	특파원		夫婦	부부／71,127
公務員	공무원		両親	부모
看護婦(男女とも)	간호원		ご両親(尊敬形)	부모님／61
工員	공원		父親	아버지／95
乗務員	승무원		母親	어머니
銀行員	은행원		お父様(尊敬形)	아버님／129
警察官	경찰관		お母様(尊敬形)	어머님／63
軍人	군인		パパ(幼児語)	아빠／161
労働者	노동자		ママ(幼児語)	엄마
	로동자★		子供	아이,애／169
農民	농민		赤ん坊	애기／161
市民	시민		夫	남편
教師	교사		妻	처／131
新聞記者	신문기자		奥様	사모님／99
通訳	통역		お子様	자제분／61
歌手	가수		息子	아들
俳優	배우		娘	딸
スチュワーデス	스튜어디스		息子さん(尊敬形)	아드님／183
作家	작가		娘さん(尊敬形)	따님
美術家	미술작가		兄(弟から見た)	형
音楽家	음악가		お兄様(尊敬形)	형님／61
先生(尊敬形)	선생님／31		兄(妹から見た)	오빠／71
教授(尊敬形)	교수님／169		姉(弟から見た)	누나
学生。生徒	학생／43		お姉様(尊敬形)	누님
留学生	유학생／43		姉(妹から見た)	언니
	류학생★／43		弟。妹	동생／131
お客さん。お客様(尊敬形)	손님／50,91,125,193		弟	남동생
代私	저／35,49		弟さん。妹さん(尊敬形)	동생분／61
代私が	제가／85		妹	여동생
代僕。私	나		妹(兄からみた)	누이／71
代私たち。我々	우리／67		おじいさん	할아버지
代私たち。私たちの。私ど			おばあさん	할머니
も。私どもの	저희／50,87,135		しゅうと(尊敬形)	시아버님
代私の	제／43,47,65		しゅうとめ(尊敬形)	시어머님／183
代誰。誰の	누구／69			
代誰にも	아무한테도／153		●身体と健康	
代誰も(〜ない)	아무도／155,193			
(姓)金	김／31		頭。髪	머리／106

顔	얼굴
目	눈
口	입／87
歯	이
鼻	코
耳	귀
のど。首	목
肩	어깨
胸	가슴
背中	등
腰	허리
腕	팔
手(手首から先)	손／175
脚	다리／205
足(足首から先)	발／205
血	피
骨	뼈
腹	배／111
体重	체중／85
体	몸／165
心。気持ち	마음／103,123
健康	건강
病気	병
薬	약／203
顔色	안색／159
元気	기운／59
咳	기침／49
熱	열／59,159,165
風邪	감기／49,165

●時間

時	때／199,203
〜分	분／139
〜時	시／139
何時	몇 시／139
時間	시간／55
何時間ぐらい	몇 시간이나／143
時	때／129
朝	아침／89
昼	낮
夕方	저녁／139
夜	밤
昨夜	어젯밤／191
午前	오전／139
午後	오후

●日と月

日	날／187
一日	하루／137
一日中	하루종일／203
今日	오늘／55
明日	내일／49
	래일★／49
明後日	모레／99,135
昨日	어제／173
翌日	다음날／195
毎日	매일／87
今週	이번주／75,193
日曜日	일요일／75
＊曜日名は75頁参照	
一週間	일주일／193
週末	주말／161
三泊四日	삼박사일／135
誕生日	생일／65,69,141
お誕生日(尊敬形)	생신／141

●季節と年

春	봄／93
夏	여름／95
秋	가을／113
冬	겨울／95,105
〜年	년／145
昨年	작년／191
来年	내년／93
	래년★／93
今年	올해

●期間と頻度の名詞と副詞

今	지금／55
今まで	여태까지／181
今は。今度は。もう	이젠／129
今度。今回。今度の	이번／71,95,155
さっき	아까／107
前。以前	전／139
昔	옛 날／101,127
この頃。最近	요즘／93
今後。これから先	앞으로／153,193
ずっと。続けて	쭉／195
一日中	하루종일／203

すぐ。たった今	금방／67,103	葉	잎
そのかん	그〜동안／179	根	뿌리
ちょっとだけ	잠깐만／147	枝	가지
一度。ちょっと	한번／149	実	열매
どのくらいの間	얼마〜동안이나／181	木	나무
長い間	오래／179	石	돌
うちに	안으로／193	砂	모래
何度。何度か	몇〜번／191	土	흙
大概。大抵	대개／199	火	불
しばしば	자주／93	煙	연기
たまに	가끔／87	動物	동물
また	또／47,195	植物	식물
まだ	아직／47,109,111	電気	전기
まだ。未だに	아직도／129		
もう。今や	이젠／115	●地名	
もう	벌써／47		
早く	일찍／101	韓国	한국／61
初め。初めて	처음／37,45	日本	일본／173
休暇	휴가／89	東京	도쿄／73
			동경／73
●天候と自然		アメリカ	미국／61
		イギリス	영국／139
天。空	하늘	ドイツ	독일／125
太陽	해, 태양	ロシア	러시아
地球	지구	ソウル	서울／157,173
月	달	ソウル駅	서울역／67
星	별	秘苑(旧王室の庭園)	비원／67
土地。地	땅	ピョンヤン	평양／169
野。野原	들	慶州	경주／195
森	숲	ロンドン	런던／139
山	산		
河	강	●場所・方角	
海	바다		
島	섬	ここ	여기／49,50,57
水	물	そこ	거기／66
氷	얼음	あそこ	저기／159
雲	구름	どこ。どこに	어디／55
雨	비／47	どこでも	아무〜데나／185
雪	눈／47	どこへ	어디로／135
風	바람	こっち	이쪽／57,131
台風	태풍／173	そっち	그쪽
地震	지진	あっち	저쪽／55,131,159
火事	불	こちらへ	이리／147
天気	날씨	東	동쪽
気温	기온	西	서쪽
花	꽃	北	북쪽

243

南	남쪽	お金	돈／73
前	앞／67	〜ウォン	〜원／135
（空間的な）中	안／105	財布	지갑
国	나라／63	旅券	여권[jɔʔkwʌn]
空	하늘／113,163		려권[rjɔʔkwʌn]★
海	바다／111	服。洋服	옷／103
山	산／85	スーツ。背広。洋服	양복／87,133
（大きな）河	강／111	チョゴリ（上衣）	저고리
デパート	백화점／67,125	チマ（スカート）	치마
市場	시장／161	パジ（ズボン）	바지
ホテル	호텔／67,195	シャツ	샤쓰
家。店	집／50,57,87,91,131,199	雨傘	우산
		ハンカチ	손수건
店	가게／101	帽子	모자／175
お宅	댁／61	靴	구두／87
駅	역／103	靴下	양말
道	길／163	時計	시계
博物館	박물관	眼鏡	안경
公園	공원	ノート	노트／137
会社	회사／75,195	ボールペン	볼펜
トイレ	화장실／55	カメラ	카메라／173
学校	학교／49	フィルム	필림, 필름／173
小学校	국민학교／169	荷物	짐／113
	초등학교／169	電気製品	전기제품／91
	인민학교★／169	品物	물건／161
大学	대학교／93,181	贈り物	선물／65
研究室	연구실／155		
図書館	도서관	●飲食物	
本屋	책방		
薬屋	약방	料理	요리
病院	병원		료리★
銀行	은행／85	食べ物。料理	음식／123
空港	공항／163	日本食	일본음식／161
喫茶店	다방／91	料理。食べ物	음식／87
外国	외국／107	メニュー	메뉴
故郷	고향／73	おかず	반찬
田舎	시골／105	昼食	점심식사／179
市内。街中	시내／185		점심／179
門。ドア	문／101	ご飯	밥／177
窓	창문	パン	빵／89
部屋	방／55	肉	고기
席	자리／89	魚	생선
㊦ところ	데／101,185	野菜	야채
		果物	과일
●身につけるものと所持品		菓子	과자
		（魚の）寿司	생선초밥／161

スープ	국／151, 165
ククパプ（おじや）	국밥／49
ピビンパプ（まぜご飯）	비빔밥／49
焼き肉	불고기／145
カルビ	갈비
チゲ（鍋物）	찌개
冷麺	냉면
キムチ	김치／97
塩	소금／165
砂糖	설탕
醤油	간장
味噌	된장
飴	사탕／103
茶	차
麦茶	보리차
コーヒー	커피／43
紅茶	홍차／43
朝鮮人参茶	인삼차／47
酒	술
ビール	맥주
水	물
林檎	사과／137
みかん	귤／121
食欲	식욕／59
注文	주문／85
１人前	일인분／145
コーヒー代（お茶代）	찻값／201
たばこ	담배
禁煙	금연

●交通と旅行

飛行機	비행기
船	배
車	차
地下鉄	지하철
電車	전차
汽車	기차／109
食堂車	식당차
バス	버스／91, 187
	뻐스★／91, 187
長距離バス	고속버스／109
タクシー	택시／159
自転車	자전거
旅行	여행／135
	려행

ホテル	호텔／67, 195
空港	공항／163
港	항구
駅	역／103
道	길／163
道路	도로
高速道路	고속도로
旅券	여권[jɔʔkwɔn]
	려권[rjɔʔkwɔn]★
査証	사증[saʔtʃɯŋ]
ビザ	비자
国籍	국적／73
入国	입국
再入国	재입국
出国	출국
切符	표
予約	예약
確認	확인
申告	신고
税関	세관
案内所	안내소
入口	입구
出口	출구, 나가는곳
搭乗口	탑승구
乗り場	타는곳
切符売場	표파는곳, 매표소
トイレ	화장실／55
シルバーシート	경로석
出発	출발／47
地図	지도
時刻表	시각표
事故	사고

●郵便と電話

郵便局	우체국
	우편국★
手紙	편지／89, 107, 153
航空便	비행기편／95
船便	배편／95
速達	속달
書留	등기
小包	소포／95
封筒	봉투
葉書	엽서
切手	우표／103

住所	주소／127		朝鮮語	한국어／63
電話番号	전화번호／135		朝鮮語	조선어★／63
名前	이름／127		英語	영어／131
お名前(尊敬形)	성함／127		発音	발음／113,121
電話	전화／101		文字。字	글씨／149
市外電話	시외전화		文法	문법／151
国際電話	국제전화		話	이야기／189
公衆電話	공중전화		ことば	말／109,153
ファクシミリ	팩시밀리		単語	단어／151
ファクス	팩스		意味。志	뜻／109,129
もしもし	여보세요／157		辞典	사전／63
			韓日辞典	한일사전／65
●芸術と文化			嘘	거짓말／73
			噂	소문／191
芸術	예술		質問	질문／59
文化	문화			
映画	영화／107		●勉強	
ビデオ	비디오			
演劇	연극		勉強	공부／105
パンソリ	판소리／125		学校	학교／49
歌	노래／109		幼稚園	유치원
音楽	음악／117		小学校	국민학교／169
ステレオ	스테레오／117			초등학교／169
文学	문학			인민학교★／169
詩	시／89,121		中学校	중학교
小説	소설／89,151		高校	고등학교
新聞	신문／91		大学	대학교／93,181
論文	논문／159		大学院	대학원
	론문★／159		予備校	학원
東亜日報	동아일보／91		専攻	전공／127
スポーツ	스포츠		学科	학과
サッカー	축구		学部	학부
野球	야구		修士課程	석사과정
相撲	씨름		博士課程	박사과정
卓球	탁구		研究室	연구실／155
ビリヤード	당구		図書館	도서관
ボーリング	볼링		本屋	책방
趣味	취미		試験	시험／185
囲碁	바둑		試験勉強	시험공부／205
将棋(朝鮮将棋)	장기		授業	수업／75
釣り	낚시／161		教育	교육
			卒業	졸업／195
●ことば			宿題	숙제
			論文	논문／159
朝鮮語学	한국어학／127			론문★／159
	조선어학★／127		数学	수학／205

教科書	교과서	解放	해방
参考書	참고서	侵略	침략
辞典	사전／63, 197	日帝	일제[ilʔtʃe]
韓日辞典	한일사전／65	植民地	식민지
年表	연표	三一運動	삼일운동
地図	지도	八・一五(1945年の)	팔일오
留学	유학	六・二五(1950年の)	육이오
	류학★	独立	독립
		抵抗	저항
●仕事		運動	운동

仕事。こと	일／113, 147, 193	●宗教	
事務	사무		
報告	보고	民族	민족
会議	회의	宗教	종교
招待	초대	仏教	불교
取引	거래	キリスト教(カトリック以外の)	기독교
値段	값／131, 199, 201		
サービス	서비스／115	キリスト教(カトリック)	천주교
注文	주문／85	儒教	유교
税金	세금	天道教	천도교
資本	자본	ムーダン(シャーマン)	무당
賃金	임금	信仰	신앙
予算	예산		
経済	경제	●抽象名詞	
社会	사회		
職業	직업	愛	사랑／71
結婚	결혼／195	考え	생각／115, 163, 195
ストライキ	파업	予定	예정／195
法律	법률	主義	주의
産業	산업	意識	의식
月給	월급／89	思想	사상
問題	문제／135	理想	이상
内容	내용／159, 177		리상★
電話	전화／101	理論	이론
複写	복사		리론★
書類	서류	問題	문제135
		内容	내용／159, 177
●歴史		方法	방법
		関係	관계／127
歴史	역사	理由	이유／203
	력사★		리유★／203
事件	사건／175	高級	고급／161
戦争	전쟁	性格	성격／123
平和	평화	事実	사실／109, 157
革命	혁명	秘密	비밀／69

247

迷惑	폐／95
	폐★／95
用事	볼일／75
約束	약속／59
頼み	부탁／153
おかげ	덕분／179
趣。粋	멋／87
味	맛／55,199
面白味	재미／107
雰囲気	분위기／201
色	색깔／133
集まり	모임／67
量	양／133
	량★／133
値段	값／131,199
以上	이상／163
名前	이름／127
お名前(尊敬形)	성함／127

不完全名詞

なか。うち	중／85,123
方(かた)。(尊敬形)	분／49,50,63
もの	것／43,47,157
あいだ	동안／193
ところ	데／101,185

名数詞

(固有語数詞について)〜台	대／159
(漢字語数詞について)〜番	번／135
(固有語数詞について)	
〜回。〜度	번／201
(固有語数詞について)〜冊	권／137
(固有語数詞について)〜個	개／137
(固有語数詞について)〜杯	잔／137
(固有語数詞について)〜方	
(かた)。(尊敬形)	분／61,127
＊数詞は134〜145参照	

副詞

●程度

一番	제일／85,123
絶対に	절대로／161
あまりにも	너무／95,103

すごく	무척／159,199
本当。本当に	정말／35,73
本当に	참／87
とても	아주／55,73,101
よく	잘／37
かなり。なかなか	꽤／151
もっと。より	더／107,199
たくさん	많이／39
若干	약간／111
(量的な)少し	조금／145,165
ちょうど。ぴったり	딱／151
ちょうど。まさに	바로／69
(時刻が)ちょうど	정각／139
ちょっと	좀／59,199
ただ。ただの	그냥／73
全然。	전혀／59,205
到底	도저히／165,193
別に。あまり。それほど	별로／97
特に。特別に	특별히／163
主に。主として	주로／113,117
必ず。きっと。ぜひ	꼭／149,165
全部。皆	다／61,129,161
全部。全部で	모두／137
すべての	모든／157
ほとんど	거의／183
普通	보통／75
程度。くらい。ほど	정도／137,143
半	반／139
そのまま	그대로／127
それなりに	그런대로／133,205
熱心に。一所懸命	열심히／171
どのくらい	얼마나／117
いくら	얼마／135
(否定の前で)いくらも	얼마／117

●様子その他の副詞

ぐっすり	푹／165
ご無事に。お健やかに	안녕히／33
静かに	조용히／201
さあ。早く	어서／39,147
急に。突然	갑자기／205
どうか。なんとか	제발／153
なにとぞ。どうか	부디／153
一緒に	같이／61,147
もしかすると。ひょっとして	혹시／65

もちろん	물론／195
実は。事実は	사실은／65
もともと	원래／101
おかげさまで	덕분에요／105
別(の所)に	따로／61
用言の前について否定を表す	안／183
用言の前に付いて不可能を表す副詞	못／99
(数詞の前で)約。およそ	한／137,143
このように。こう	이렇게／117,165
そのように	그렇게／59,113

疑問詞

誰。誰の	누구／69
何	무엇／63
何	뭐／121
何かことが	무슨 일이／147
何でも(ない)。何も(ない)	아무～것도／71,105
何の。何かの	무슨／69,147
何年生まれ	몇년생／141
どの	어느／93
どんな	어떤／71,185
どのように。いかに	어떻게／127
なぜ。どうして	왜／59
どうしてですか	왜요／87,147
幾つ。幾つの。いくつか	몇／137
どこ。どこに	어디／55
いつ	언제／68

間投詞

あの。その	저／59
あら。あらまあ	어머／95
あら(女性が使う)	어머나／103
あれ	아니／181
いいえ	아뇨／41
いや	아니／35
そうですね。ええっと	글쎄요／85,115
とんでもありません。どういたしまして	천만에요／35,159
(肯定の返事)はい	네／31
ええ？(聞き返し)	네／111
そうですか。そうです	그래요／97
そうですとも。もちろんです	그럼요／57
それはそれは。これはこれは	저런／205

接続詞

では。じゃあ	그럼／39,65,71,93
それでは	그러면／133
それで	그래서／161
ところで。ところが	그런데／179

形容詞

●気持ちの形容詞

ありがたい	고맙다／35
嬉しい。懐かしい	반갑다／37
嬉しい	기쁘다
楽しい	즐겁다
すまない	미안하다／35
恥ずかしい。	부끄럽다／159
悲しい	슬프다／107
惜しい。もったいない	아깝다／187
申し訳ない	죄송하다／35
構わない。大丈夫だ。悪くない	괜찮다／35,95,133,201
良い	좋다／41,85
嫌だ	싫다
苦しい	괴롭다
恐ろしい	무섭다
存面白い	재미있다／179
存素敵だ	멋이있다／87

●形と程度の形容詞

大きい	크다／107
小さい	작다／78,85
長い	길다
短い	짧다
広い	넓다
狭い	좁다
多い	많다／89,133
少ない	적다／85
重い	무겁다／113
軽い	가볍다
高い(高さが)	높다／85,163
低い	낮다

低い(背が)	작다／85
高い(値段が)	비싸다／199
安い	싸다／91, 131
難しい	어렵다／113, 135, 151, 181
易しい	쉽다／113, 151
遠い	멀다／103, 163, 183
近い	가깝다／185
速い	빠르다／109
(時間が)早い	이르다／111
遅い。動遅れる。遅くなる	늦다／167, 203

● 状態の形容詞

静かだ	조용하다／201
美しい。	아름답다／113, 163
きれいだ	깨끗하다／201
澄んでいる。きれいだ	맑다／163
忙しい	바쁘다／163, 181, 205
(目上の人が)お元気だ。お健やかだ	안녕하다／31
痛い。体の具合が悪い	아프다／107, 205
(目上の人の体の)具合が悪い。楽でない	편찮다／107
(おなかが)すいている。ひもじい	고프다／111
(おなかが)一杯だ。脹らんでいる	부르다／111
同じだ	같다／121
違う。異なる	다르다／109
可能だ	가능하다／185
自然だ。	자연스럽다／133
必要だ	필요하다／137
良い	좋다／41, 85
悪い	나쁘다
暖かい	따뜻하다／105
寒い	춥다
暑い	덥다
涼しい	시원하다
こうだ。こんなだ	이렇다／115
そうだ。そんなだ	그렇다／41, 115
ああだ。あんなだ	저렇다
どうだ。どんなだ	어떻다／115
指～である	-이다／37

● 味覚の形容詞

(味が)薄い。塩気が足りない	싱겁다／165
辛い	맵다／197, 205
塩辛い	짜다／151
甘い	달다／103

動詞 ─────────────

● 移動や動作を表す自動詞

行く	가다／33, 93
歩く	걷다／187
来る	오다／33, 39, 93, 165
通う	다니다／93
立つ。止まる。	서다／93
出る	나다／165
出る。出て行く	나가다／201
出る。出て来る	나오다／99, 165, 185
入る	들다／103, 123, 173
入る。入って行く	들어가다／201
発つ。出発する	떠나다／111, 165, 197
帰る。帰って来る	돌아오다／203
歩く	걷다／117
立つ。(車などが)止まる	서다／91
座る	앉다／89, 147

● 人の活動を表す動詞

生きる。暮らす。住む	살다／101, 161, 173
泊まる	묵다／87, 193, 195
別れる(人が)	헤어지다／197
	헤여지다★／197
居らっしゃる	계시다／33
泣く	울다／101
眠る	잠을 자다／187
遊ぶ。(学校や会社などが)休む。休みだ	놀다／103
失礼する	실례하다／41
就職する	취직하다／195
おっしゃる	말씀하다／157
感謝する。ありがたい	감사하다／35

● その他の自動詞

| 生ずる。できる | 생기다／205 |
| かかる(時間が) | 걸리다／143 |

かかる(お金が)	들다／145
合う。ふさわしい	알맞다／151
合う。合っている	맞다／87,133
なる。できる	되다／41,95
残る	남다／183
作ある。いる	있다／78

●人に対する行為を表す他動詞

頼む。お願いする	부탁하다／37
お願い申し上げる	부탁드리다／37
お目にかかる	뵙다／37
会う	만나다／91,93
言う。語る	말하다／153
話する	얘기하다／201
差し上げる	드리다／177
手伝う	돕다／113,203
尋ねる。聞く	묻다／117
待つ	기다리다／147,149
買う	사다／99,197
売る	팔다／103,161
受ける。受け取る。もらう。 (電話を)取る	받다／78,85,89,155

●知覚や精神活動などを表す他動詞

わからない。知らない	모르다／109,181
知る。わかる	알다／149,187
学ぶ。習う	배우다／171
見る	보다／91
考える。思う	생각하다／105
読む	읽다／89,99
書く	쓰다／107
(話や音楽・音を)聞く	듣다／117,153,177,191
忘れる	잊다／153
忘れる。忘れてしまう	잊어버리다／189
嫌う。嫌いだ	싫어하다／123
急ぐ。慌てる	서두르다／163
上手だ	잘하다／131
歌う。呼ぶ	부르다／111

●飲食を表す他動詞

食べる。食う	먹다／39,97
飲む	마시다／167,201
(食べるの意の)いただく	들다／137
(目上の人が主に食べ物を) 召し上がる	잡수시다／39,89,147,197
(目上の人が食べ物・飲物を)召し上がる	드시다／39,147

●その他の動作や行いなどを表す他動詞

掛ける	걸다／101,147
持つ。挙げる	들다／173,175
上げる	들다／173
入れる	넣다／165
磨く	닦다／87
使う。用いる	쓰다／145
着る	입다／87
(帽子を)かぶる。使う	쓰다／175
探す。見つける。(お金を)おろす	찾다／85
乗る	타다／187
集める	모으다／107
送る	보내다／95
残す	남기다／177
延ばす。延期する	미루다／193
そうする。そういう	그러다／201
休む	쉬다／165
似る	닮다／183

初声の子音字母と10個の基本母音字母との組み合わせ（反切表）

- この表の順序が一般の韓国の辞書の字母順となっている。
- □平音 □濃音 ■激音
- この表を「反切表」(가갸表) というが、一般には濃音の行は表から省かれることが多い。

가	갸	거	겨	고	교	구	규	그	기
ka	kja	kɔ	kjɔ	ko	kjo	ku	kju	kɯ	ki
カ	キャ	コ	キョ	コ	キョ	ク	キュ	ク	キ
까	꺄	꺼	껴	꼬	꾜	꾸	뀨	끄	끼
ʔka	ʔkja	ʔkɔ	ʔkjɔ	ʔko	ʔkjo	ʔku	ʔkju	ʔkɯ	ʔki
カ	キャ	コ	キョ	コ	キョ	ク	キュ	ク	キ
나	냐	너	녀	노	뇨	누	뉴	느	니
na	nja	nɔ	njɔ	no	njo	nu	nju	nɯ	ni
ナ	ニャ	ノ	ニョ	ノ	ニョ	ヌ	ニュ	ヌ	ニ
다	댜	더	뎌	도	됴	두	듀	드	디
ta	tja	tɔ	tjɔ	to	tjo	tu	tju	tɯ	ti
タ	テャ	ト	テョ	ト	テョ	トゥ	テュ	トゥ	ティ
따	땨	떠	뗘	또	뚀	뚜	뜌	뜨	띠
ʔta	ʔtja	ʔtɔ	ʔtjɔ	ʔto	ʔtjo	ʔtu	ʔtju	ʔtɯ	ʔti
タ	テャ	ト	テョ	ト	テョ	トゥ	テュ	トゥ	ティ
라	랴	러	려	로	료	루	류	르	리
ra	rja	rɔ	rjɔ	ro	rjo	ru	rju	rɯ	ri
ラ	リャ	ロ	リョ	ロ	リョ	ル	リュ	ル	リ
마	먀	머	며	모	묘	무	뮤	므	미
ma	mja	mɔ	mjɔ	mo	mjo	mu	mju	mɯ	mi
マ	ミャ	モ	ミョ	モ	ミョ	ム	ミュ	ム	ミ
바	뱌	버	벼	보	뵤	부	뷰	브	비
pa	pja	pɔ	pjɔ	po	pjo	pu	pju	pɯ	pi
パ	ピャ	ポ	ピョ	ポ	ピョ	プ	ピュ	プ	ピ
빠	뺘	뻐	뼈	뽀	뾰	뿌	쀼	쁘	삐
ʔpa	ʔpja	ʔpɔ	ʔpjɔ	ʔpo	ʔpjo	ʔpu	ʔpju	ʔpɯ	ʔpi
パ	ピャ	ポ	ピョ	ポ	ピョ	プ	ピュ	プ	ピ

사	샤	서	셔	소	쇼	수	슈	스	시
sa	ʃa	sɔ	ʃɔ	so	ʃo	su	ʃu	sɯ	si
サ	シャ	ソ	ショ	ソ	ショ	ス	シュ	ス	シ
싸	쌰	써	쎠	쏘	쑈	쑤	쓔	쓰	씨
ʔsa	ʔʃa	ʔsɔ	ʔʃɔ	ʔso	ʔʃo	ʔsu	ʔʃu	ʔsɯ	ʔsi
サ	シャ	ソ	ショ	ソ	ショ	ス	シュ	ス	シ
아	야	어	여	오	요	우	유	으	이
a	ja	ɔ	jɔ	o	jo	u	ju	ɯ	i
ア	ヤ	オ	ヨ	オ	ヨ	ウ	ユ	ウ	イ
자	쟈	저	져	조	죠	주	쥬	즈	지
tʃa	tʃa	tʃɔ	tʃɔ	tʃo	tʃo	tʃu	tʃu	tʃɯ	tʃi
チャ	チャ	チョ	チョ	チョ	チョ	チュ	チュ	チュ	チ
짜	쨔	쩌	쪄	쪼	쬬	쭈	쮸	쯔	찌
ʔtʃa	ʔtʃa	ʔtʃɔ	ʔtʃɔ	ʔtʃo	ʔtʃo	ʔtʃu	ʔtʃu	ʔtʃɯ	ʔtʃi
チャ	チャ	チョ	チョ	チョ	チョ	チュ	チュ	チュ	チ
차	챠	처	쳐	초	쵸	추	츄	츠	치
tʃʰa	tʃʰa	tʃʰɔ	tʃʰɔ	tʃʰo	tʃʰo	tʃʰu	tʃʰu	tʃʰɯ	tʃʰi
チャ	チャ	チョ	チョ	チョ	チョ	チュ	チュ	チュ	チ
카	캬	커	켜	코	쿄	쿠	큐	크	키
kʰa	kʰja	kʰɔ	kʰjɔ	kʰo	kʰjo	kʰu	kʰju	kʰɯ	kʰi
カ	キャ	コ	キョ	コ	キョ	ク	キュ	ク	キ
타	탸	터	텨	토	툐	투	튜	트	티
tʰa	tʰja	tʰɔ	tʰjɔ	tʰo	tʰjo	tʰu	tʰju	tʰɯ	tʰi
タ	テャ	ト	テョ	ト	テョ	トゥ	テュ	トゥ	ティ
파	퍄	퍼	펴	포	표	푸	퓨	프	피
pʰa	pʰja	pʰɔ	pʰjɔ	pʰo	pʰjo	pʰu	pʰju	pʰɯ	pʰi
パ	ピャ	ポ	ピョ	ポ	ピョ	プ	ピュ	プ	ピ
하	햐	허	혀	호	효	후	휴	흐	히
ha	hja	hɔ	hjɔ	ho	hjo	hu	hju	hɯ	hi
ハ	ヒャ	ホ	ヒョ	ホ	ヒョ	フ	ヒュ	フ	ヒ

■終声字母とその発音

終声の発音	平声の字母					激音の字母		
[ᵏ ク]	각					억		
[n ン]		간						
[ᵗ ッ]			갇		갓	갖	같	갛
[l ル]			갈					
[m ム]				감				
[ᵖ ブ]					갑			값
[ŋ ん]						강		

■母音字母とその発音（番号は韓国の辞書の字母の順序を示す）

基本的な母音字母 10個	[a ア] 1 아	[ja ヤ] 3 야	[ɔ オ] 5 어	[jo ヨ] 7 여	[o オ] 9 오	[jo ヨ] 13 요
合成母音字母 11個		[ɛ エ] 2 애	[jɛ イェ] 4 얘	[e エ] 6 에	[je イェ] 8 예	[wa ワ] 10 와
						[wɛ ウェ] 11 왜
						[we ウェ] 12 외

濃音の字母	2文字の終声字母 (➡ p.222参照)			
밖	삯	닭		
	앉	않		
갔				
	덟	핥	돐	잃
	삶			
	밟	읊	값	

[u ウ] 14 우	[ju ユ] 18 유	[ɯ ウ] 19 으	[i イ] 21 이
[wɔ ウォ] 15 워		[ɯi ウィ] 20 의	
[we ウェ] 16 웨			
[wi ウィ] 17 위			

権在淑(クォン・チェスク)

韓国に生まれる。ソウル淑明女子高等学校卒。お茶の水女子大学卒。同大学院修士課程修了。東京都立大学大学院博士課程満期退学。教育学・言語教育専攻。論文に「現代朝鮮の用言の接続形 -니까 について」等、訳書に「普通学校　朝鮮語読本一〜六」(あゆみ出版『日本は朝鮮で何を教えたか』所収)。1987年以来、東京外国語大学・上智大学・大正大学・聖心女子大学などで韓国語(朝鮮語)教育に携わる。

CD2枚付　表現が広がる
これからの韓国語 会話＋文法

2007年 3 月10日　第 1 刷発行
2020年 3 月10日　第 4 刷発行

著　者　権在淑
発行者　前田俊秀
発行所　株式会社　三修社
　　　　〒150-0001 東京都渋谷区神宮前 2-2-22
　　　　TEL03-3405-4511
　　　　FAX03-3405-4522
　　　　https://www.sanshusha.co.jp/
　　　　振替口座　00190-9-72758
印刷製本　壮光舎印刷株式会社

© 2007 Printed in Japan
ISBN978-4-384-05246-6 C1087

JCOPY 〈出版者著作権管理機構 委託出版物〉

本書の無断複製は著作権法上での例外を除き禁じられています。複製される場合は、そのつど事前に、出版者著作権管理機構(電話 03-5244-5088 FAX 03-5244-5089 e-mail: info@jcopy.or.jp)の許諾を得てください。

カバーデザイン　峯岸孝之(Comix Brand)